高等职业院校重点建设专业校企合作教材

Caijing Fagui yu Kuaiji Zhiye Daode

财经法规与会计职业道德

主　编　吕　雯
副主编　李怡雯
主　审　郭晓红

人民交通出版社股份有限公司
China Communications Press Co.,Ltd.

内 容 提 要

本教材是按照财政部2014年制定的最新会计从业资格考试大纲“财经法规与会计职业道德”的内容编写的。依据最新的教学模式、理念，具有构思新巧、内容实用等特色，本着“理论够用，突出操作，学历证书与职业资格证书融通”的原则，突出学历证书教育与会计从业资格证书教育的双重功能；既准确地将国家的有关法律法规传授给学生，又结合实际，便于学生理解和掌握，通过模拟自测、案例等形式激发学生的学习兴趣，帮助其理解相关法规的内容。另外，本教材还通过案例加深对内容的理解，具有引导学生形成良好职业道德素养的重要作用。

本书可作为高职高专会计专业学生的教材，也可作为会计工作者的应用手册。

图书在版编目(CIP)数据

财经法规与会计职业道德 / 吕雯主编. —北京：人民交通出版社股份有限公司，2017.9

高等职业院校重点建设专业校企合作教材

ISBN 978-7-114-14206-2

Ⅰ.①财… Ⅱ.①吕… Ⅲ.①财政法—中国—高等职业教—教材②经济法—中国—高等职业教育—教材③会计人员—职业道德—高等职业教育—教材 Ⅳ.①D922.2②F233

中国版本图书馆CIP数据核字(2017)第232584号

高等职业院校重点建设专业校企合作教材

书　　名：财经法规与会计职业道德
著 作 者：吕　雯
责任编辑：司昌静　周　凯
出版发行：人民交通出版社股份有限公司
地　　址：(100011)北京市朝阳区安定门外外馆斜街3号
网　　址：http://www.ccpress.com.cn
销售电话：(010)59757973
总 经 销：人民交通出版社股份有限公司发行部
经　　销：各地新华书店
印　　刷：北京盈盛恒通印刷有限公司
开　　本：787×1092　1/16
印　　张：14.25
字　　数：360千
版　　次：2017年9月　第1版
印　　次：2017年9月　第1次印刷
书　　号：ISBN 978-7-114-14206-2
定　　价：39.00元

前言
FOREWORD

为了宣传财经法规、加强会计人员的职业道德教育，同时满足高职院校学生参加会计从业资格考试的实际需要，我们依据2014年10月1日施行的最新《会计从业资格考试大纲》及2012年颁布的《会计从业资格管理办法》，结合高职院校实际教学的需要编写了本书。其特点如下：

（1）紧扣大纲、博采众长。本书根据最新考试大纲编写，内容与考试大纲完全一致，并且借鉴和吸收了多个省（市）《财经法规与会计职业道德》考试辅导教材的精华，使本书具有广泛的适用性。

（2）习题配套、学做合一。本书将教材与习题整合为一体，在教师完成单元教学的同时，学生通过及时完成配套习题的练习，达到理论知识和考证技能并重。

（3）最新法规、考证助手。本书内容讲解透彻，同时习题和模拟试题是广大考生进行会计从业资格考试不可多得的考证助手，具有很高的应试价值。

本书由新疆交通职业技术学院吕雯担任主编，李怡雯担任副主编。具体编写分工如下：吕雯编写第一章、第四章和第五章，李怡雯编写第二章、第三章。本书由新疆华源集团财务总监郭晓红审稿，由吕雯统稿定稿。作为学院课程改革重要成果之一，本教材经过精心的组织编写，所担负的教学责任重大，我们将虚心听取各职业院校师生的意见，不断修改和完善。

作　者

2017年5月

目录 CONTENTS

第一章　会计法律制度

知识目标

(1)掌握会计法律制度的概念及构成,会计工作管理体制的内容,会计核算和会计监督的内容,会计机构和会计人员的有关规定。

(2)熟悉会计法律责任。

能力目标

(1)掌握我国现行会计法律制度的概念及构成。

(2)掌握我国会计工作管理体制,加强会计行政管理、会计行业自律和单位内部的会计管理。

(3)掌握会计核算的基本内容,做好会计基础工作。

(4)掌握会计监督的基本内容,能正确处理单位内部的会计监督、政府监督和社会监督的关系,加强会计资料质量的控制。

(5)能依据会计法规的要求建立健全会计机构,配备会计人员。

(6)明确会计人员的权利和责任,做守法合格会计人员。

案例导入

万兴公司是一家大型国有企业。2002 年 12 月,公司效益下滑并且面临亏损,公司总经理将此情况电话请示正在外地出差的董事长。董事长指示把财务会计报告做得漂亮一些,总经理把这项工作交给公司总会计师,并要求其按董事长意见办。总会计师授意会计科科长按照董事长的要求把财务会计报告做“漂亮”,会计科长对当年度的财务会计报告进行了技术处理,虚拟了若干笔无交易的销售收入,从而使公司报表由亏变盈。经诚信会计师事务所审计后,公司财务会计报告对外报出。

2003 年 4 月,在《中华人民共和国会计法》执行情况检查中,当地财政部门发现该公司存在重大会计做假行为,依据《中华人民共和国会计法》及相关法律、法规、制度,拟对该公司董事长、总经理、总会计师、会计科长等相关人员进行行政处罚,并分别下达了行政处罚告知书。万兴公司相关人员接到行政处罚告知书后,均要求举行听证会。

在听证会上,有关当事人做了如下陈述:

公司董事长称:“我前一段时间出差在外,对公司情况不太了解,虽然在财务会计报告上签字并盖章,但只是履行会计手续,我不能负任何责任。具体情况可由公司总经理予以说明。”

公司总经理称:“我是搞技术出身的,主要抓公司的生产经营,对会计工作我是门外汉,我虽在财务会计报告上签名并盖章,那也只是履行程序而已,以前也是这样做的。我不应该承担责任。有关财务会计报告情况应由公司总会计师解释。”

公司总会计师称:“公司对外报出的财务会计报告是经过诚信会计师事务所审计的,他们出具了无保留意见的审计报告。诚信会计师事务所应对本公司财务报告的真实性、完整性负责,承担由此带来的一切责任。”

会计科长称:“我是按照领导的要求做的,领导让做什么,我就做什么。即使有责任,也是领导承担责任,与我无关。”

在该单位实习的某大学学生张某、李某听到他们各自的陈述,觉得他们的理由没有法律依据,每个人都要承担相应的法律责任。该单位的会计工作没有做好的原因就是他们根本不了解《中华人民共和国会计法》。

根据我国会计法律、法规、制度规定,分析该公司董事长、总经理、总会计师、会计科长在听证会上的陈述以及大学生张某、李某的观点是否正确?

第一节　会计法律制度的构成

一、会计法律制度的概念

会计法律制度是指国家权力机关和行政机关制定的各种会计规范性文件的总称,包括会计法律、会计行政法规、会计规章等。它是调整会计关系的法律规范。

任何一个经济组织的活动都不是独立存在的。作为经济管理工作的会计工作,首先表现为单位内部的一项经济管理活动,即对本单位的经济活动进行核算和监督。在处理经济业务事项中,必然会涉及或影响有关方面的经济利益,如供销关系、债权债务关系、信贷关系、分配关系、税款征纳关系、管理与被管理关系等。会计机构和会计人员在办理会计事务过程中以及国家在管理会计工作过程中发生的经济关系称为会计关系。处理上述各种经济关系,就需要用会计法律制度来规范。

二、会计法律制度的构成

我国会计法律制度的构成包括会计法律、会计行政法规、国家统一的会计制度、地方性会计法规四个层次。

(一)会计法律

会计法律是指由全国人民代表大会及其常委会经过一定立法程序制定的有关会计工作的法律。我国目前有两部会计法律,分别是《中华人民共和国会计法》和《中华人民共和国注册会计师法》。

1.《中华人民共和国会计法》

1985 年 1 月 21 日第六届全国人大常委会第九次会议审议通过了《中华人民共和国会计法》,这是中华人民共和国第一部会计法。1993 年和 1999 年全国人民代表大会常务委员会两次对《中华人民共和国会计法》进行了修订。现行的《中华人民共和国会计法》共有 7 章 52 条,主要对会计工作总的原则、会计核算、公司和企业核算的特别规定、会计监督、会计机构和会计人员以及法律责任等方面做了具体的规定。

2.《中华人民共和国注册会计师法》

《中华人民共和国注册会计师法》于1993年10月31日由中华人民共和国第八届全国人民代表大会常务委员会第四次会议审议通过，根据2014年8月31日第十二届全国人民代表大会常务委员会《关于修改中华人民共和国保险法等五部法律的决定》修正。该法是为了发挥注册会计师在社会经济活动中的鉴证和服务作用，加强对注册会计师的管理，维护社会公共利益和投资者的合法权益，促进社会主义市场经济的健康发展制定的法规。

(二)会计行政法规

会计行政法规是指由国务院制定并发布或者由国务院有关部门拟订并经国务院批准发布，调整经济生活中某些方面会计关系的法律规范，例如国务院发布的《企业财务会计报告条例》《总会计师条例》等。会计行政法规的制定依据是《中华人民共和国会计法》。

(三)国家统一的会计制度

国家统一的会计制度指国务院财政部门根据《中华人民共和国会计法》制定的关于会计核算、会计监督、会计机构和会计人员以及会计工作管理的制度，包括会计部门规章和会计规范性文件。会计部门规章是根据《中华人民共和国会计法》规定的程序，由财政部制定，并由部长签署命令予以公布的制度办法。例如，2000年5月以财政部第26号部长令签发的《会计从业资格管理办法》，2001年2月20日以财政部第10号部长令签发的《财政部门实施会计监督办法》和2006年2月15日以财政部第33号部长令签发的《企业会计准则——基本准则》等。会计规范性文件是指主管全国会计工作的行政部门即国务院财政部门以文件形式印发的制度办法。例如，2006年2月15日财政部印发的《企业会计准则第1号——存货》等38项具体准则及2006年10月30日印发的《企业会计准则——应用指南》《企业会计制度》《金融企业会计制度》《小企业会计制度》《会计基础工作规范》《会计从业资格管理办法》，以及财政部与国家档案局联合发布的《会计档案管理办法》等。会计规范性文件的制定依据是会计法律、会计行政法规和会计规章。

(四)地方性会计法规

地方性会计法规是指省、自治区、直辖市人民代表大会及其常委会在与会计法律、会计行政法规不相抵触的前提下制定的法规，也是我国会计法律制度的重要组成部分。

第二节　会计工作管理体制

会计工作管理体制是指国家划分会计工作管理权限的制度。它包括的内容有四个方面：一是会计工作由谁管理；二是会计制度的制定权限；三是会计人员的管理；四是单位内部的会计工作管理。我国会计工作管理体制的总原则是统一领导、分级管理。

一、会计工作的主管部门

《中华人民共和国会计法》第七条规定："国务院财政部门主管全国的会计工作。县级以上地方各级人民政府财政部门管理本行政区域内的会计工作。"其中，明确规定了会计工作由谁管理和在会计工作管理体制上实行统一领导、分级管理的原则。中华人民共和国成立以来，会计工作一直由财政部门管理，有了一定的基础、积累了一定的工作经验。同时，财务会计工作同国家财政收支的关系十分密切，它是财政的一项基础工作。所以，《中华人民共和国会计法》规定了会计工作由各级财政部门管理的体制。

二、会计制度的制定权限

《中华人民共和国会计法》第八条规定："国家统一的会计制度，由国务院财政部门根据本法制定并公布。国务院有关部门可以依照本法和国家统一的会计制度制定对会计核算和会计监督有特殊要求的行业实施国家统一会计制度的具体办法或者补充规定，报国务院财政部门审核批准。中国人民解放军总后勤部可以依照本法和国家统一的会计制度制定军队实施国家统一的会计制度的具体办法，报国务院财政部门备案。"其中，明确规定了制定会计制度的权限。规定会计制度制定的权限，是会计工作实行统一领导、分级管理原则的一个重要方面。当前，在我国实行社会主义市场经济的条件下，还必须从宏观上对国民经济进行计划和管理，为使各地区、各部门、各单位在办理会计事务中有统一的制度作为依据，使会计核算正确地体现财政、财务制度有关规定的要求，保证会计这一信息系统及时、正确地为国民经济计划和管理提供分类科学、口径统一的会计资料。因此，由国务院财政部门制定国家统一的会计制度是完全必要的。这些国家统一的会计制度是在全国范围内实施的会计工作管理方面的规范性文件，主要包括三个方面：一是国家统一的会计核算制度，如《企业会计准则——基本准则》和各具体准则及其应用指南、《事业单位会计准则》《企业会计制度》《金融企业会计制度》《小企业会计制度》等；二是国家统一的会计机构和会计人员管理制度，如《总会计师条例》《会计从业资格管理办法》《会计专业技术资格考试暂行规定》等；三是国家统一的会计工作管理制度，如《会计档案管理办法》《会计人员工作规则》等。

但是，由于各地区、各部门的具体情况千差万别，由国务院财政部门制定所有的、包罗万象的会计制度，实际上也不可能。

因此，在国务院财政部门制定国家统一的会计制度的基础上，还需要由各地区、各部门制定符合《中华人民共和国会计法》要求的、符合实际情况的会计制度或者补充规定，报国务院财政部门审核批准或者备案后实行。

三、会计人员的管理

(1)从事会计工作的人员，必须取得会计从业资格证书。担任单位会计机构负责人(会计主管人员)的人。除取得会计从业资格证书外，还应当具备会计师以上专业技术职务资格或从事会计工作3年以上经历。

(2)财政部门负责会计从业资格管理、会计专业技术职务资格管理、会计人员评优表彰奖惩，以及会计人员继续教育等。

对于会计人员的管理问题，将在本章"会计机构和会计人员"一节中具体说明。

四、单位内部的会计工作管理

《中华人民共和国会计法》规定：单位负责人对本单位的会计工作和会计资料的真实性、完整性负责；应当保证财务会计报告真实、完整；应当保证会计机构的会计人员依法履行职责，不得授意、指使、强令会计机构和会计人员违法办理会计事项。单位负责人是指单位法定代表人或者法律、行政法规规定代表单位行使职权的主要负责人。《中华人民共和国会计法》赋予了单位负责人在单位内部会计工作管理中的权利和责任。

第三节 会 计 核 算

会计核算是会计工作的重要组成部分,是会计的基本职能之一。会计核算的法律规定是各单位进行会计核算应当遵循的基本规范。对会计核算的相关法律规定,一般包括如下几个方面。

一、会计核算的基本要求

(一)会计信息质量要求

会计信息质量要求是会计核算必须遵循的一般原则,是进行会计核算的指导思想和衡量会计工作成败的标准。它体现了社会化大生产对会计核算的基本要求,反映了市场经济条件下会计核算的基本规律。财政部于2006年发布的《企业会计准则——基本准则》中规定了八项会计核算的信息质量要求。

1. 可靠性

可靠性是指企业应当以实际发生的交易或者事项为依据进行会计确认、计量和报告,如实反映符合确认和计量要求的各项会计要素及其他相关信息,保证会计信息真实可靠、内容完整。

可靠性要求做到内容真实、数字准确、资料可靠。《中华人民共和国会计法》规定:“各单位必须根据实际发生的经济业务事项进行会计核算,填制会计凭证,登记会计账簿,编制财务会计报告。任何单位不得以虚假的经济业务事项或者资料进行会计核算。”

2. 相关性

相关性也称有用性,是指企业提供的会计信息应当与财务会计报告使用者的经济决策需要相关,有助于财务会计报告使用者对企业过去、现在或者未来的情况作出评价或者预测。

3. 可理解性

可理解性是指企业提供的会计信息应当清晰明了,便于财务会计报告使用者理解和使用。

4. 可比性

可比性是指企业提供的会计信息应当具有可比性。

同一企业不同时期发生的相同或者相似的交易或者事项,应当采用一致的会计政策,不得随意变更。确需变更的,应当在附注中说明。

不同企业发生的相同或者相似的交易或者事项,应当采用规定的会计政策,确保会计信息口径一致、相互可比。

5. 实质重于形式

实质重于形式是指企业应当按照交易或者事项的经济实质进行会计确认、计量和报告,不应仅以交易或者事项的法律形式为依据。

6. 重要性

重要性是指企业提供的会计信息应当反映与企业财务状况、经营成果和现金流量等有关的所有重要交易或者事项。对于在会计核算过程中的交易或事项应当区别其重要程度,采用不同的核算方式。对资产、负债、损益等有较大影响,进而影响财务会计报告使用者据以作出合理判断的重要会计事项,必须按照规定的会计方法和程序进行处理,并在财务会计报告中予以充分、准确的披露;对于次要的会计事项,在不影响会计信息真实性和不至于误导财务会计报告使用者作出正确判断的前提下,可适当简化处理。

7. 谨慎性

谨慎性也称稳健性,是指企业对交易或者事项进行会计确认、计量和报告应当保持应有的谨慎,不应高估资产或者收益、低估负债或者费用。

8. 及时性

及时性是指企业对于已经发生的交易或者事项,应当及时进行会计确认、计量和报告,不得提前或者延后。

(二)会计资料的基本要求

会计资料是在会计核算过程中形成的、记录和反映实际发生的经济业务事项的资料,包括会计凭证、会计账簿、财务会计报告和其他会计资料。会计资料是记录会计核算过程和结果的载体,是反映单位财务状况和经营成果、评价经营业绩、进行投资决策的重要依据。会计资料同时也是一种重要的社会信息资源。因此,会计资料必须符合国家统一的会计制度的规定。为了保证会计资料的真实性、统一性,我国政府建立了一系列规章制度,对会计资料进行规范,收到了良好的效果。目前,用于规范会计资料的国家统一的会计制度主要有:1996 年 6 月 17 日财政部发布的《会计基础工作规范》,1998 年 8 月 21 日财政部、国家档案局发布的《会计档案管理办法》,以及财政部发布的《企业会计准则——基本准则》及具体准则和应用指南、《企业会计制度》《金融企业会计制度》《小企业会计制度》等。

生成和提供虚假会计资料是一种严重违法行为。“任何单位和个人不得伪造、变造会计凭证、会计账簿和其他会计资料,不得提供虚假的财务会计报告。”针对我国经济生活中存在的伪造、变造会计资料和提供虚假会计资料的情况,《中华人民共和国会计法》特别作出了上述规定。所谓伪造会计凭证、会计账簿及其他会计资料,是指以虚假的经济业务事项为前提编造不真实的会计凭证、会计账簿和其他会计资料;所谓变造会计凭证、会计账簿及其他会计资料,是指用涂改、挖补等手段来改变会计凭证、会计账簿等的真实内容、歪曲事实真相的行为,即篡改事实;所谓提供虚假财务会计报告,是指通过编造虚假的会计凭证、会计账簿及其他会计资料或直接篡改财务会计报告中的数据,使财务会计报告不真实、不完整地反映真实财务状况和经营成果,借以误导、欺骗会计资料使用者的行为,即以假乱真、伪造、变造会计资料和提供虚假财务会计报告的主体为“任何单位和个人”,既包括单位及其工作人员为单位内部的非法目的而实施的伪造、变造会计资料和提供虚假财务报告的行为,也包括为他人伪造、变造会计资料和提供虚假财务会计报告提供方便的行为。这种会计资料所记录和反映的经济业务事项的内容与实际发生的经济业务事项严重相违背,是一种虚假的会计资料,属于严重的违法行为。

（三）会计电算化的基本要求

会计电算化是现代企业会计核算的基本手段。用电子计算机技术代替手工会计核算是现代科学技术和企业生产经营过程的有机结合，是今后会计核算的发展方向。

用电子计算机进行会计核算与手工会计核算，在会计法律上的规定是相同的。因为两者使用的原始会计资料是一致的，由此产生的其他会计资料也必须是相同的；不同之处是在实行会计电算化后，除了部分原始会计资料以外，其他会计资料是由电子计算机按照规定的程序生成。要保证电子计算机生成的会计资料真实、完整和安全，《中华人民共和国会计法》对会计电算化作出了两方面规定。一是使用的会计核算软件必须符合国家统一的会计制度的规定。会计软件是会计电算化的重要手段和工具，会计软件是否符合国家统一的会计制度规定的核算要求和会计人员的习惯，是保证会计资料质量和会计工作正常进行的重要前提。因此，法律上要求实行会计电算化的单位，使用的会计软件必须符合国家统一的会计制度的规定，实践中必须通过我国财政部的审核批准。二是用电子计算机软件生成的会计资料必须符合国家统一的会计制度的要求。

二、会计核算的内容

一个经济组织在生产经营和业务活动中，会产生各种经济业务事项。经济业务事项一般包括经济业务和经济事项两类。经济业务是指一个经济组织与其他经济组织和个人之间发生的各种经济利益交换，如产品销售；经济事项是指在一个经济组织内部发生的具有经济影响的各类事件，如计提折旧。《中华人民共和国会计法》规定，下列经济业务事项应当办理会计手续，进行会计核算。

（一）款项和有价证券的收付

款项是指作为支付手段的货币资金，一般包括现金、银行存款以及其他视同现金和银行存款使用的外埠存款、银行汇票存款、银行本票存款、在途货币资金、信用证存款、保函押金和各种备用金等。有价证券是指表示一定财产拥有权或支配权的证券，如国库券、股票、企业债券和其他债券等。款项和有价证券是各单位中流动性最强的资产，由于其所具有的高度的流动性，在会计核算过程中容易出现这样或那样的问题。因此，加强对款项和有价证券的管理和控制是非常重要的。各单位要按照国家统一会计制度的规定，真实、及时地对款项和有价证券进行核算，以保证这类资产的安全与完整。

（二）财物的收发、增减和使用

财物是单位财产物资的简称，是反映一个单位进行或维持经营管理活动的具有实物形态的经济资源，财物一般包括原材料、燃料、包装物、低值易耗品、在产品、库存商品等流动资产，以及房屋、建筑物、机器、设备、设施、运输工具等固定资产。这类资产涉及各单位生产过程中的劳动资料、劳动工具和劳动手段，是任何经济组织都不可或缺的。这些资产的价值一般较大，也是会计核算中的经常性业务活动，如果这类资产在会计核算中出现问题，就会直接影响生产经营活动的正常进行。因此，各单位必须加强对单位财物收发、增减和使用环节的管理，严格按照国家统一会计制度的规定进行核算、维护单位正常的生产经营秩序和会计核算程序。

（三）债权债务的发生和结算

债权是单位收取款项的权利，一般包括各种应收和预付款项等。债务则是指单位承担的、能以货币计量的、需要以资产或劳务偿付的义务，一般包括各项借款、应付和预收款项以及应交款项等。随着商品经济的发展、商业信用程度的加强，各单位之间发生的债权和债务活动是不可避免的经济业务事项，必须进行会计核算。因此，各单位要加强对债权债务的核算，及时、真实、完整地核算和反映单位的债权债务，处理好与其他部门和个人之间的财务关系，以防范非法行为在债权债务环节的发生。

（四）资本、基金的增减

会计核算中的资本是指所有者权益中的投入资本。基金是各单位按照法律、法规的规定而设置或筹集的、具有特定用途的专项资金，例如社会保险基金、教育基金等。资本、基金增减的会计核算，要遵循国家有关的法律法规进行，它具有很强的政策性，要严格按照合同、协议、董事会决议或政府部门的有关文件等办理。

（五）收入、支出、费用、成本的计算

收入是指公司、企业在销售商品、提供劳务及让渡资产使用权等日常活动中所形成的经济利益的总流入。支出是行政事业单位或社会团体在履行法定职能、发挥特定功能时所发生的各项开支，以及企业在正常生产经营活动以外的支出和损失。费用是指企业在销售商品、提供劳务等日常活动中所发生的经济利益流出。费用通常包括生产成本和期间费用。成本是指公司、企业为生产某种产品而发生的费用，它与一定种类和数量的产品相联系，是对象化了的费用。收入、支出、费用、成本都是计算和判断单位经营成果及其盈亏状况的主要依据。各单位应当重视收入、支出、成本、费用环节的管理，按照国家统一会计制度的规定，正确核算收入、支出、费用、成本。

（六）财务成果的计算和处理

财务成果主要是指企业和企业化管理的事业单位在一定时期内通过从事经营活动而在财务上所取得的结果，具体表现为盈利或亏损。财务成果的计算和处理一般包括利润的形成和利润的分配两部分，它涉及国家、企事业单位等各方面的经济利益。因此，各单位必须严格按照国家统一的规定，正确计算处理财务成果。

（七）其他事项

其他事项是指除上述六项经济业务事项以外的、按照国家统一会计制度规定应办理会计手续和进行会计核算的其他经济业务事项。随着我国经济的不断发展，新的会计业务不断出现，在有关会计制度中不可能对所有未来发生的会计事项都有规定，但对这些新出现的会计事项，也必须进行会计核算和反映。

三、会计年度的规定

《中华人民共和国会计法》规定，会计年度自公历 1 月 1 日起至 12 月 31 日止。按照持续经营原则，通常情况下，一个单位的业务经营活动总是连续不断地进行的。而按照会计上的会计分期原则，又必须对企业的业务活动进行分期核算，以考核企业在一定期间的财务成果。因此，会计核算中就必须将连续不断的经营过程人为地划分为若干相等的时期，分期进行结算，分期编制财务会计报告，分期反映单位的财务状况和经营成果。这种分期进行会计核算的时间区间，在会计上称为会计期间。《企业财务会计报告条例》规定，会计期间分为年度、半年

度、季度和月度，以满足单位经营管理和投资者对会计资料的需要。

世界各国对会计分期的规定是有区别的。我国的会计年度采用公历制，这是为了与我国的财政、计划、统计、税务等年度保持一致，以便于国家宏观经济管理。因为各单位按年度提供的会计资料是国家宏观调控的重要依据。

四、记账本位币的规定

货币作为商品的一般等价物，是衡量一般商品价值的共同尺度，具有价值尺度、流通手段、储藏手段和支付手段等特点。各单位日常的生产经营活动错综复杂，使用实物的计量单位千差万别，无法在量上进行比较，也不便于实物管理和会计计量、计算。因此，选择货币作为会计核算的计量单位，使会计核算的对象表现为价值运动，从而能够全面综合反映单位的生产经营活动和业务活动的全过程，反映单位的财务状况和经营成果。货币计量是会计核算的基本假设之一。

人民币是我国的法定货币，在我国境内具有广泛的流通性。

因此，《中华人民共和国会计法》规定，我国境内各单位的会计核算以人民币为记账本位币，单位的一切经济业务事项通过人民币进行核算反映。随着改革开放的不断深入，人民币以外的其他币种在一些单位的日常会计核算中占据了主导地位。对此，《中华人民共和国会计法》规定，可以选用人民币以外的货币作为记账本位币。但是，在选择人民币以外的货币作为记账本位币时，必须遵守"业务收支以人民币以外的货币为主"的原则，而且记账本位币一经确定，不得随意变动。以人民币以外的货币为记账本位币的单位，在编制财务会计报告时，应当依据国家统一会计制度的规定，按照一定的外汇汇率折算为人民币反映，以便于财务会计报告使用者阅读和使用，也便于税务、工商等部门通过财务会计报告计算应缴税款和工商年检。

五、会计文字记录的规定

（一）会计记录文字应当使用中文

我国是个多民族、多语言文字的国家。改革开放以后，大量外国经济组织在我国投资办企业，所使用的语言文字丰富多样。

会计资料作为一种商业语言和社会资源，必须使用规范统一的文字才能使会计资料的使用者真正全面地了解会计资料反映的实际情况。因此，《中华人民共和国会计法》规定，会计记录的文字应当使用中文。根据这一规定，在我国境内所有国家机关、社会团体、公司、企业、事业单位和其他组织的会计记录文字都必须使用中文。这是法定要求，违反这一规定，就是违法行为，应当承担法律责任。

（二）民族自治地方和在我国境内的外国组织可以同时使用另外一种文字

为了方便使用不同文字的人阅读会计资料，《中华人民共和国会计法》规定，会计记录在使用中文的前提下，可以同时使用民族自治地区通用的一种民族文字；在我国境内的外国经济组织的会计记录，在使用中文的前提下，可以同时使用一种外国文字。使用中文是强制性的，使用其他通用文字是备选性的，不能理解为可以使用中文，也可以使用其他通用文字。

六、会计凭证的规定

会计凭证是记录经济业务事项的发生和完成情况，明确经济责任，并作为记账依据的书面证明，是会计核算的重要会计资料。如何填制、审核会计凭证是会计核算工作的首要环节，对会计核算过程、会计资料质量都起着至关重要的作用。会计凭证按照填制程序和用途的不同分为原始凭证和记账凭证。

（一）原始凭证

原始凭证是在经济业务事项发生时由经办人员直接取得或者填制、用以表明某项经济业务事项已经发生或完成情况、明确有关经济责任的两种原始凭据。它是会计核算的原始依据。原始凭证按照来源的不同，可分为外来原始凭证和自制原始凭证两种。按照格式是否一致，可以分为统一印制的具有固定格式的原始凭证（如发票、各种结算凭证）和各单位印制的无统一格式的内部凭证（如领料单、入库单等）。

1. 原始凭证的内容

按照《会计基础工作规范》规定，原始凭证应包括如下内容：原始凭证名称、填制原始凭证的日期；填制原始凭证的单位名称或者填制人员的姓名；接受原始凭证的单位；经济业务事项名称；经济业务事项的数量、单价和金额；经办经济业务事项人员的签名或盖章等。

2. 原始凭证的填制和取得

填制或取得原始凭证，是会计核算工作的起点。一般情况下，原始凭证都是由经济业务事项经办人员取得或填制的，涉及的人员范围较广，会计的专业知识也参差不齐。为了使会计工作能够顺利进行，《中华人民共和国会计法》规定，办理经济业务事项的单位和人员，都必须填制或取得原始凭证并及时送交会计机构。这一规定体现了两层含义：一是办理经济业务事项时必须填制或取得原始凭证；二是填制或取得的原始凭证必须及时送交会计机构，否则就是违法行为。对于“及时”的时间期限，一般理解为一个会计结算期。这样就能够保证会计核算工作的正常进行和当期会计资料的真实、完整。

3. 原始凭证的审核

审核原始凭证，是确保会计资料质量的重要措施之一，也是会计机构、会计人员的重要职责。《中华人民共和国会计法》对审核原始凭证问题作出了如下具体规定：

（1）会计机构、会计人员必须按照法定职责审核原始凭证。

（2）会计机构、会计人员审核原始凭证应当按照国家统一的会计制度的规定进行。

（3）会计机构、会计人员对不真实、不合法的原始凭证，有权不予受理，并向单位负责人报告，请求查明原因，追究有关当事人的责任；对记载不准确、不完整的原始凭证应予以退回，并要求经办人员按照国家统一会计制度的规定进行更正、补充。

4. 原始凭证错误的更正

为了规范原始凭证的内容，明确相关人员的经济责任，防止利用原始凭证进行舞弊，《中华人民共和国会计法》《会计基础工作规范》对原始凭证错误的更正作出了具体规定，其内容包括：

（1）原始凭证所记载的各项内容均不得涂改。

（2）原始凭证记载的内容有错误的，应当由开具单位重开或更正，更正工作须由原始凭证出具单位进行，并在更正处加盖出具单位印章。

（3）原始凭证金额出现错误的不得更正，只能由原始凭证开具单位重新开具。

(4)原始凭证开具单位应当依法开具准确无误的原始凭证，对于填制有误的原始凭证，负有更正和重新开具的法律义务，不得拒绝。

(二)记账凭证

记账凭证是对经济业务事项按其性质加以归类、确定会计分录，并据以登记会计账簿的凭证。

1. 记账凭证的内容

根据《会计基础工作规范》规定，记账凭证应当具备以下内容：填制记账凭证的日期；记账凭证的名称和编号；经济业务事项摘要；应记会计科目、方向和金额；记账符号；记账凭证所附原始凭证的张数；记账凭证的填制人员、稽核人员、记账人员和会计主管人员的签名或印章等。

2. 记账凭证的编制

记账凭证在会计核算过程中是非常重要的环节，是会计正确提供信息的关键。《中华人民共和国会计法》对编制记账凭证的程序和要求作出了规定，强调了两方面的要求：一是记账凭证编制必须以原始凭证及有关资料为依据；二是作为记账凭证编制依据的内容必须是经过审核无误的原始凭证和有关资料。

七、会计账簿的规定

(一)依法建账的法律规定

依法建账是会计核算中的最基本要求之一。建账是会计工作中的重要一环，是如实记录和反映经济活动情况的重要前提。这里所说的依法建账的“法”，既包括《中华人民共和国会计法》《会计基础工作规范》等，也包括其他法律、行政法规，如《中华人民共和国税收征收管理法》《中华人民共和国公司法》等。

根据这些法律的规定，各单位在建账时应遵守以下几点要求：

(1)国家机关、社会团体、企业、事业单位和其他经济组织，要按照要求设置会计账簿，进行会计核算。不具备建账条件的，应实行代理记账。

(2)设置会计账簿的种类和具体要求，要符合《中华人民共和国会计法》和国家统一的会计制度的规定。

(3)各单位发生的经济业务应当统一核算，不得违反规定私设会计账簿进行登记、核算。

会计账簿是以会计凭证为依据，对全部经济业务进行全面、系统、连续、分类地记录和核算的簿记，是由一定格式、相互联系的账页所组成的。会计簿记是会计资料的主要载体之一，也是会计资料的重要组成部分。会计账簿的主要作用，是对会计凭证提供的大量分散数据或资料进行分类归集整理，以全面、连续、系统地记录和反映经济活动情况，是编制财务会计报告，检查、分析和控制单位经济活动的重要依据。各单位要依法设置的会计账簿包括总账、明细账、日记账和其他辅助账簿。

(1)总账，也称总分类账，是根据会计科目(也称总账科目)开设的账簿，用于分类登记单位的全部经济业务事项，提供资产、负债、资本、费用、成本、收入和成果等总括核算的资料。总账一般使用订本账。

(2)明细账，也称明细分类账，是根据总账科目所属的明细科目设置的，用于分类登记某一类经济业务事项，提供有关明细核算资料。明细账一般采用活页账。

(3)日记账，是一种特殊的序时明细账，它是按照经济业务事项发生的时间先后顺序，逐日逐笔地进行登记的账簿。包括现金日记账和银行存款日记账。日记账一般使用订本账。

(4)其他辅助账簿，也称备查账簿，是为备忘备查而设置的。在实际会计实务中，主要包括各种租借设备、物资的辅助登记或有关应收、应付款项的备查簿，担保、抵押备查簿等。

(二)登记会计账簿的规定

根据有关规定，会计账簿的登记应满足以下要求：

(1)根据经过审核无误的会计凭证登记会计账簿。依据会计凭证登记会计账簿，是基本的会计记账规则，是保证会计账簿记录质量的重要一环。

(2)按照记账规则登记会计账簿。《会计工作基础规范》中规定的记账规则包括：会计账簿应当按照连续编号的页码顺序登记；会计账簿记录发生错误或隔页、缺号、跳行的，应当按照会计制度规定的方法更正，并由会计人员和会计机构负责人(会计主管人员)在更正处盖章，以明确责任等。

(3)实行会计电算化的单位，其会计账簿的登记、更正，也应当符合国家统一的会计制度的规定。

(4)禁止账外设账。各单位发生的各项经济业务事项应当在依法设置的会计账簿上统一登记、核算，不得私设账外账。

(三)账目核对

账目核对也称对账，是保证会计账簿记录质量的重要程序。

根据《中华人民共和国会计法》的规定，账目核对要做到账实相符、账证相符、账账相符和账表相符。

1. 账实相符

账实相符是会计账簿记录与实物、款项实有数核对相符的简称。保证账实相符，是会计核算的基本要求。企业的业务活动是资金运动和实物运动的统一过程，会计账簿记录的主要是价值量运动，而实物运动在一定程度上是脱离价值运动的。要全面反映企业实物、款项的增减变化情况，就必须在会计账簿记录上如实记录、登记，通过会计账簿记录与实物、款项的实有数相核对，可以检查、验证会计账簿记录的正确性，发现财产物资和现金管理中存在的问题，有利于查明原因、明确责任，有利于改善管理、提高效益，有利于保证会计资料真实、完整。

2. 账证相符

账证相符是会计账簿记录与会计凭证有关内容核对相符的简称。保证账证相符，也是会计核算的基本要求。会计账簿记录是根据会计凭证等资料登记的，会计凭证是会计账簿登记的基础。通过账证核对，可以检查、验证会计账簿记录和会计凭证的内容是否正确无误，以保证会计账簿资料真实、完整。各单位应当定期将会计账簿记录与其相应的会计凭证记录(包括时间、编号、内容、金额、记账方向等)逐项核对，检查是否一致。

3. 账账相符

账账相符是会计账簿之间对应记录核对相符的简称。保证账账相符，也是会计核算的基本要求。会计账簿之间，包括总账各账户之间、总账与明细账之间、总账与日记账之间、会计机构的财产物资明细账与保管部门、使用部门的有关财产物资明细账之间存在着内在联系，通过定期核对，可以检查、验证、确认会计账簿记录的正确性，便于及时发现问题，纠正错误，保证会计资料的真实、完整和准确无误。

4. 账表相符

账表相符是会计账簿记录与会计报表有关内容核对相符的简称。保证账表相符，同样也是会计核算的基本要求。会计报表是根据会计账簿记录及有关资料编制的，会计账簿和相关资料是编制会计报表的基础，两者之间存在着必然的联系。通过检查账表之间的相互关系，可以发现其中是否存在违法行为。

八、财务会计报告的规定

（一）财务会计报告的构成

财务会计报告是企业和其他单位向有关各方面及国家有关部门提供其在某一特定日期财务状况和某一会计期间经营成果、现金流量的文件。根据《中华人民共和国会计法》和《企业财务会计报告条例》的规定，财务会计报告由会计报表、会计报表附注和财务情况说明书组成。

1. 会计报表

会计报表是财务会计报告的主要组成部分。它是根据会计账簿记录和有关资料，按照规定的报表格式，总括反映一定会计期间的经济活动和财务收支情况及其结果的一种报告文体。会计报表主要包括：资产负债表、利润表、现金流量表、所有者权益变动表。资产负债表主要反映公司、企业一定会计期间现金和现金等价物流入和流出情况。所有者权益变动表反映一定会计期间构成所有者权益各个组成部分当期的增减变动情况。资产负债表、利润表、现金流量表是公司、企业的基本报表，它们反映的是财务会计报告使用者所共同关心的一些信息。

2. 会计报表附注

会计报表附注是对会计报表的补充说明，也是财务会计报告的重要组成部分。会计报表附注主要包括两类内容：一是对会计报表各要素的补充说明；二是对那些会计报表中无法描述的其他财务信息的补充说明。按照《企业会计准则第30号——财务报表列报》的规定，会计报表附注一般应按如下顺序和内容进行披露：

（1）财务报表的编制基础。

（2）遵循企业会计准则的声明。

（3）重要会计政策的说明，包括财务报表项目的计量基础和会计政策的确定依据等。

（4）重要会计估计的说明，包括下一会计期间内很可能导致资产、负债账面价值重大调整的会计估计的确定依据等。

（5）会计政策和会计估计变更以及差错更正的说明。

（6）对已在资产负债表、利润表、现金流量表和所有者权益变动表中列示的重要项目的进一步说明，包括终止经营税后利润的金额及其构成情况等。

（7）承诺事项、资产负债表日后非调整事项、关联方关系及其交易等需要说明的事项。

企业还应当在附注中披露在资产负债表日后、财务报告批准报出日前提议或宣布发放的股利总额和每股股利金额(或向投资者分配的利润总额)。

此外,下列各项未在与财务报告一起公布的其他信息中披露的,企业应当在附注中披露:

(1)企业注册地、组织形式和总部地址;

(2)企业的业务性质和主要经营活动;

(3)母公司以及集团最终母公司的名称。

3. 财务情况说明书

财务情况说明书是对单位一定会计期间内财务、成本等情况进行分析总结的书面文字报告,也是财务会计报告的重要组成部分。财务情况说明书全面提供公司、企业和其他单位生产经营、业务活动情况,分析总结经济业绩和存在的不足,是财务会计报告使用者,特别是单位负责人和国家宏观管理部门了解和考核有关单位生产经营和业务活动开展情况的重要资料。按照《企业财务会计报告条例》的规定,财务情况说明书至少应包括如下内容:

(1)企业生产经营的基本情况;

(2)利润实现和分配情况;

(3)资金增减和周转情况;

(4)对企业财务状况、经营成果和现金流量有重大影响的其他事项。

(二)财务会计报告的编制

财务会计报告的编制,是会计核算工作的重要环节。《中华人民共和国会计法》和《企业财务会计报告条例》以及《企业会计准则第30号——财务报表列报》对编制依据、编制要求、提供对象、提供期限等问题作出了明确规定。

(1)财务会计报告的编制依据。各单位的财务会计报告必须根据经过审核的会计账簿记录和有关资料编制。依据经过审核的会计账簿记录和有关资料编制财务会计报告,是保证财务会计报告质量的重要环节。编制财务会计报告的主要目的是为投资者、债权人和其他财务会计报告使用者提供对决策有用的财务会计资料和信息,促进社会资源的合理配置,为国家和社会公众服务。保证财务会计报告编制依据的会计账簿记录和其他有关资料的真实、完整,严格的审核正是一个不可或缺的重要环节。

(2)财务会计报告的编制要求、提供对象、提供期限应当符合法定要求。

①财务会计报告的编制要求。各单位的财务会计报告应当依法编制,因为财务会计报告是一个单位经营和业务活动、财务状况的综合反映,是各财务会计报告使用者进行有关决策的重要依据,也是政府部门进行宏观经济管理的重要依据。因此,各单位应保证财务会计报告的编制符合法律、行政法规和国家统一的会计制度的要求。《企业会计准则第30号——财务报表列报》对财务报表的编制提出如下基本要求:企业应当以持续经营为基础,根据实际发生的交易和事项,按照《企业会计准则——基本准则》和其他各项会计准则的规定进行确认和计量,在此基础上编制财务报表;财务报表项目的列报应当在各个会计期间保持一致,不得随意变更;性质或功能不同的项目,应当在财务报表中单独列报,但不具有重要性的项目除外;财务报表中的资产项目和负债项目的金额、收入项目和费用项目的金额一般不得相互抵消;当期财务报表的列报,至少应当提供所有列报项目上一可比会计期间的比较数据,以及与理解当期财务报表相关的说明。

②财务会计报告的提供对象。各单位的财务会计报告应当按照规定的对象,向本单位、本单位的有关财务关系人(如投资者、债权人)以及政府有关管理部门(如财政部门、税务部门)

等提供，以便于有关的财务关系人及政府部门及时了解经营和业务活动情况，据此作出相关决策。

③财务会计报告的提供期限。《企业财务会计报告条例》规定，财务会计报告分为年度、半年度、季度和月度财务会计报告，企业会计准则规定，企业至少应当按年编制财务报表。年度财务报表涵盖的期间短于一年的，应当披露年度财务报表的涵盖期间，以及短于一年的原因。对外提供中期财务报告的，还应遵循《企业会计准则第 32 号——中期财务报告》的规定。

(3)向不同的会计资料使用者提供的财务会计报告，其编制依据应当一致。《企业财务会计报告条例》第三十六条规定，企业向有关各方提供的财务会计报告，其编制基础、编制依据、编制原则和编制方法必须一致。以不同的依据编制的财务会计报告，实际上是虚假的财务会计报告，是一种严重违法行为，必须依法制止和惩治。

(4)财务会计报告的编制依据、编制要求、提供对象、提供期限等具体要求，由国家统一的会计制度规定。《企业财务会计报告条例》《企业会计准则》和《企业会计制度》对此均有明确的规定。

(三)财务会计报告的注册会计师审计

《中华人民共和国会计法》规定，凡是法律、行政法规规定会计报表、会计报表附注和财务情况说明书应当经过注册会计师审计的单位，在提供财务会计报告时，需将注册会计师及其所在的会计师事务所出具的审计报告，随同财务会计报告一并提供，以示本单位的财务会计报告已经注册会计师审计，增强财务会计报告使用者对财务会计报告的信任度。由注册会计师对财务会计报告进行审计，这是保证财务会计报告质量的重要措施，也是便于财务会计报告使用者有效利用财务会计报告的重要手段。

(四)财务会计报告的签章程序和财务会计报告的责任主体

《中华人民共和国会计法》规定，财务会计报告应当由单位负责人和主管会计工作的负责人、会计机构负责人(会计主管人员)签名并盖章；设置总会计师的单位，还须由总会计师签名并盖章。在财务会计报告上签章是明确责任的重要程序，目的是督促签章人对财务会计报告的内容严格把关并承担责任。

《中华人民共和国会计法》《企业财务会计报告条例》规定，单位负责人应当保证财务会计报告真实、完整。单位负责人是单位对外提供的财务会计报告的责任主体。财务会计报告虽然主要由会计人员编制，但财务会计报告的编制不是会计人员的个人行为，财务会计报告所反映的情况是单位全体经营管理人员工作成果的综合体现。单位负责人作为法定代表人，依法代表单位行使职权，应当对本单位对外提供的财务会计报告的质量负责。

九、财产清查的规定

财产清查是会计核算工作的一项重要程序，特别是在编制年度财务会计报告之前，必须进行财产清查，并对账实不符等问题根据国家统一的会计制度的规定进行会计处理，以保证财务会计报告反映的会计信息真实、完整。财产清查制度是通过定期或不定期、全面或部分地对各项财产物资进行实地盘点和对库存现金、银行存款、债权债务进行清查核实的一种制度。通过清查，可以发现财产管理工作中存在的问题，以便查清原因，改善经营管理，保护财产的完整和安全；可以确定各项财产的实存数，以便查明实存数与账面数是否相符，并查明不符的原因和责任，制订相应措施，做到账实相符，保证会计资料的真实性。《中华人民共和国会计法》规定,各单位应当定期将会计账簿记录与实物、款项及有关资料相互核对,保证会计账簿记录与实物及款项的实有数额相符。

十、会计档案管理的规定

会计档案是指记录和反映经济业务事项的重要历史资料和证据,一般包括会计凭证、会计账簿、财务会计报告以及其他会计资料等会计核算的专业材料。具体包括:

(1)会计凭证类:原始凭证、记账凭证、汇总凭证,其他会计凭证。

(2)会计账簿类:总账、明细账、日记账、固定资产卡片账、辅助账簿,其他会计账簿。

(3)财务报告类:月度、季度、年度财务报告,包括会计报表、附表、附注及文字说明,其他财务报告。

(4)其他类:银行存款余额调节表、银行对账单、应当保存的会计核算专业资料、会计档案移交清册、会计档案保管清册、会计档案销毁清册。

财务预算、计划、制度等文件材料属文书档案。会计档案对于单位总结经济工作,指导单位的生产经营和事业管理,查验经济财务问题,防止贪污舞弊,研究经济发展的方针、战略都具有重要作用。因此,各单位必须加强对会计档案的管理,确保会计档案资料的安全和完整,并充分加以利用。

会计档案管理是一项技术性、政策性都很强的工作,财政部和国家档案局于 1998 年修订了《会计档案管理办法》,对会计档案的立卷、归档、保管、调阅和销毁,以及单位变更后的会计档案管理等问题作出了明确的规定。

根据《会计档案管理办法》的规定:

(1)会计档案应当妥善保管

会计档案由单位会计机构负责整理归档,保管一年期满后,移交单位的会计档案管理机构或指定专人继续保管;单位会计档案不得借出,如有特殊需要,经本单位负责人批准后可以提供查阅或者复制原件。采用电子计算机进行会计核算的单位,应当保存打印出的纸质会计档案。

(2)会计档案保管的期限

根据 2016 年 1 月 1 日起实施的新《会计档案管理办法》的规定,会计档案保管期限分为永久和定期两类。定期保管期限分为 10 年、30 年两类。企业会计档案保管期限见表 1-1。会计档案保管期限从会计年度终了后第一天算起。

企业和其他组织会计档案保管期限表 表 1-1

档案名称	保管期限	备注
一、会计凭证类		
原始凭证	30 年	
记账凭证	30 年	
二、会计账簿类		
总账	30 年	包括日记总账
明细账	30 年	
日记账	30 年	现金和银行存款日记账保管 5 年
固定资产卡片		固定资产报废清理后保管 5 年

续上表

档案名称	保管期限	备注
辅助账簿	30年	
三、财务报告类		
月、季度财务报告	10年	包括文字分析
年度财务报告(决算)	永久	包括文字分析
四、其他类		
会计移交清册	30年	
会计档案保管清册	永久	
会计档案销毁清册	永久	
银行存款余额调节表	10年	
银行对账单	10年	

(3)会计档案应当按规定程序销毁

保管期满的会计档案,应由单位档案管理机构提出销毁意见,会同会计机构共同鉴定,报单位负责人批准后,由单位档案管理机构和会计机构共同派员监销;保管期满但未结清的债权债务原始凭证及其他未了事项的原始凭证,不得销毁,应当单独抽出立卷,保管到未了事项完结时为止;正在项目建设期间的建设单位,其保管期满的会计档案不得销毁。

案例分析1-1

杨某原系省江山市造纸厂厂长。2000年3~4月间的一天,杨某召集该厂经营副厂长、财务科长、副科长、出纳和该厂劳动服务公司的出纳到其办公室,共同对该厂劳动服务公司1999年3~4月的财务支出流水账、凭证等会计资料进行审核,确认无异议后,将余额结转到新账簿上,由在场人签名。之后,杨某决定延用该厂以往的做法,将审核过的会计资料让人拿到锅炉房予以烧毁。2001年4月5日,杨某仍沿用前次做法,将审核过的该厂财务和该厂劳动服务公司上年度的财务流水账、凭证等会计资料,指使他人拿到锅炉房予以烧毁。江山市造纸厂的劳动服务公司两次被烧毁的会计资料涉及收入金额共计567952.52元。

1. 杨某销毁单位会计资料的做法符合会计档案管理规定吗?
2. 杨某的行为应承担什么法律责任?
3. 该案例给会计人员和单位责任人带来什么启示?

第四节　会计监督

会计监督是会计的基本职能之一,是我国经济监督体系的重要组成部分。目前,我国已形成三位一体的会计监督体系,包括单位内部监督、以注册会计师为主体的社会监督和以政府财政部门为主体的政府监督。

一、单位内部会计监督

(一)单位内部会计监督的概念

单位内部会计监督,是指一个单位为了保护其资产的安全完整,保证其经营活动符合国家法律、法规和内部规章要求,提高经营管理水平和效率,防止舞弊,控制风险等目的,而在单位内部采取的一系列相互联系、相互制约的制度和方法。这是单位内部为保证会计秩序、防止有关部门人员故意违法、预防单位内部管理失控的重要会计监督制度,其本质是一种内部控制制度。

《中华人民共和国会计法》对单位内部会计监督制度的基本内容和要求作出了原则性规定,主要包括以下几项:一是会计事项相关人员的职责权限应当明确;二是重大经济业务事项的决策和执行程序应当明确;三是进行财产清查;四是对会计资料进行内部审计。

(二)单位内部会计监督的主体和对象

根据《中华人民共和国会计法》《会计工作规范》和《内部会计控制规范(试行)》的规定,各单位的会计机构、会计人员对本单位的经济活动进行会计监督。内部会计监督的主体是各单位的会计机构、会计人员;内部会计监督的对象是单位的经济活动。

尽管单位内部会计监督的主体是各单位的会计机构、会计人员,但内部会计监督不仅仅是会计机构、会计人员的事情,单位负责人应当积极支持、保障会计机构、会计人员行使会计监督的职权。根据《中华人民共和国会计法》的规定,单位负责人负责单位内部会计监督制度的组织实施,对本单位内部会计监督制度的建立及有效实施承担最终责任。

(三)单位内部会计监督制度的基本要求

单位内部会计监督制度的内容十分广泛,涉及人、财、物等诸多方面,各单位应当根据实际情况建立、健全本单位内部会计监督制度。根据《中华人民共和国会计法》的规定,单位内部会计监督制度应当符合以下要求:

(1)记账人员与经济业务或会计事项的审批人员、经办人员、财物保管人员的职责权限应当明确,并相互分离、相互制约。

(2)重大对外投资、资产处置、资金调度和其他重要经济业务,应当明确其决策和执行程序,并体现相互监督、相互制约的要求。

(3)财产清查的范围、期限和组织程序应当明确。

(4)对会计资料定期进行内部审计的办法和程序应当明确。

(四)会计机构和会计人员在单位内部会计监督中的职权

(1)对违反《中华人民共和国会计法》和国家统一的会计制度规定的会计事项,有权拒绝办理或者按照职权予以纠正。单位内部会计监督,在许多情况下,是通过单位内部的会计机构、会计人员在处理会计业务过程中进行的。由于会计机构、会计人员对会计业务及相关法规、制度有比较全面的了解和掌握,对会计事项是否合法的界限比较清楚,单位内部的其他人员是不可能具有他们这种先天的优势的。因此,由会计机构、会计人员在处理会计业务过程中严格把关,对会计业务实行监督,可以有效地防范违法会计行为的发生,这也是单位负责人的会计责任得以具体落实的重要措施。

(2)发现会计账簿记录与实物、款项及有关资料不相符的，按照国家统一的会计制度规定有权自行处理的，应当及时处理；无权处理的，应当立即向单位负责人报告，请求查明原因，作出处理。会计资料是会计工作的最终产品，会计对自己工作的结果实施有效的控制和监督，是会计机构、会计人员的基本职责。单位的财产物资及其财产物资的货币表现，是会计工作的对象。保证单位内部的账实、账款、账账与账表相符，是法律、单位内部负责人对会计工作的基本要求，也是加强物资管理的重要措施。

因此，《中华人民共和国会计法》规定，会计机构、会计人员对单位内部的会计资料和财产物资有权实施监督。

二、会计工作的政府监督

（一）会计工作的政府监督的概念

会计工作的政府监督主要是指财政部门代表国家对单位和单位中相关人员的会计行为实施的监督检查，以及对发现的违法会计行为实施的行政处罚，是一种外部监督。

（二）会计工作的政府监督的主体

《中华人民共和国会计法》规定："国务院财政部门主管全国的会计工作。县级以上地方各级人民政府财政部门管理本行政区域内的会计工作。"财政部门是《中华人民共和国会计法》的执法主体，是会计工作的政府监督实施主体。

此外，《中华人民共和国会计法》规定，除财政部门外，审计、税务、人民银行、银行监管、证券监管、保险监管等部门依照有关法律、行政法规规定的职责和权限，可以对有关单位的会计资料实施监督检查。例如，《中华人民共和国税收征收管理法》规定，税务机关有权检查纳税人的账簿、记账凭证、报表和有关资料。前款所列监督检查部门对有关单位的会计资料依法履行监督检查后，应当出具检查结论。有关监督检查部门已经作出的检查结论能够满足其他监督部门履行本部门职责需要的，其他监督检查部门应当加以利用，避免重复查账。这些规定明确地表明：在对单位会计监督过程中，除了财政部门以外，其他有关政府部门，对相关单位会计资料实施的监督检查也属于会计工作的政府监督范畴。其他政府部门对单位会计实施的监督，必须在法定的职责范围内进行，而且应避免重复查账。

（三）财政部门实施会计监督的对象和范围

根据《财政部门实施会计监督办法》的规定，财政部门实施会计监督检查的对象是会计行为，并对发现的有违法会计行为的单位和个人实施行政处罚。违法会计行为是指公民、法人和其他组织违反《中华人民共和国会计法》和其他有关法律、行政法规、国家统一的会计制度的行为。

根据《中华人民共和国会计法》的规定，各单位必须依照有关法律、行政法规的规定，接受有关监督检查部门依法实施的监督检查，如实提供会计凭证、会计账簿、财务会计报告和其他会计资料以及有关情况，不得拒绝、隐匿、谎报。

根据《中华人民共和国会计法》的规定，财政部门可以依法对各单位的下列情况实施监督：

(1)各单位是否依法设置会计账簿。具体包括：按照国家的相关法律、行政法规和国家统一的会计制度的规定，各单位是否依法设置会计账簿；已经设置会计账簿的单位，所设置的会计账簿是否符合相关法律、行政法规和国家统一会计制度的要求;各单位是否存在账外账的违法行为等。

(2)各单位的会计凭证、会计账簿、财务会计报告和其他会计资料是否真实、完整。具体包括:各单位对所发生的经济业务事项是否及时办理会计手续,进行会计核算;各单位的会计资料(会计凭证、会计账簿、财务会计报告)是否与实际发生的经济业务事项相符,是否做到账实相符、账证相符、账账相符、账表相符;各单位提供的财务会计报告是否符合相关法律、行政法规和国家统一会计制度的规定等。

(3)各单位的会计核算是否符合《中华人民共和国会计法》和国家统一的会计制度的规定。具体包括:各单位会计核算的内容是否真实、完整;所采用的会计年度、记账本位币、会计处理方法、会计记录文字等是否符合法律、行政法规和国家统一会计制度的规定;各单位对资产、负债、所有者权益、收入、支出、费用、成本、利润的确认、计量、记录和报告是否符合国家统一会计制度的规定;各单位会计档案保管是否符合法定要求等。

(4)各单位从事会计工作的人员是否具备从业资格。具体包括:各单位从事会计工作的人员是否取得了会计从业资格证书并接受财政部门的管理;会计机构负责人的任职资格是否符合条件等。

此外,国务院财政部门和省、自治区、直辖市人民政府财政部门,依法对注册会计师、会计师事务所和注册会计师协会进行监督、指导。财政部门对会计师事务所出具审计报告的程序和内容进行监督。

三、会计工作的社会监督

(一)会计工作的社会监督的概念

会计工作的社会监督主要是指由注册会计师及其所在的会计师事务所依法对委托单位的经济活动进行审计、鉴证的一种监督制度。此外,单位和个人检举违反《中华人民共和国会计法》和国家统一的会计制度规定的行为,也属于会计工作社会监督的范畴。

(二)注册会计师及其所在的会计师事务所业务范围

根据《中华人民共和国注册会计师法》的规定,注册会计师是依法取得注册会计师证书并接受委托从事审计和会计咨询、服务业务的执业人员。注册会计师依法承办如下两方面的业务:

(1)审计业务,具体包括:

①审查企业财务会计报告,出具审计报告。

②验证企业资本,出具验资报告。

③办理企业合并、分立、清算事宜中的审计业务,出具有关报告。

④法律、行政法规规定的其他审计业务。

(2)承办会计咨询、服务业务,主要包括:设计会计制度,担任会计顾问,提供会计、管理咨询;代理纳税申报,提供税务咨询;代理、申请工商登记,拟订合同、章程和其他业务文件。

办理投资评价、资产评估和项目可行性研究中的有关业务;培训会计、审计和财务管理人员;其他会计咨询、服务。

为规范会计行为,保证会计资料的质量,切实发挥注册会计师审计业务的公平、公正、公开作用,《中华人民共和国会计法》增加了对注册会计师审计业务的规定,对委托人、注册会计师和会计师事务所的行为进行了规范。

①委托单位应当如实地向注册会计师提供相关的会计资料。

这是其法定的责任和义务，是保证注册会计师审计工作得以顺利开展的重要基础。注册会计师开展审计业务，是依据委托人提供的会计资料和相关情况，按照规定的审计规则、审计程序进行。

如果委托人不能提供完整的会计资料和相关信息，注册会计师的审计业务就无法正常开展，出具的审计报告就不可能达到公开、公正的要求。

②任何人不得干扰注册会计师独立开展审计业务。

注册会计师开展审计业务，有其规定的规则、程序和方法，其出具的审计报告具有法律效力，其法律责任由注册会计师及其会计师事务所承担。注册会计师的工作要客观、公正，不能受任何外界的干扰，任何与委托单位有关的部门和个人，都不得示意、胁迫注册会计师出具不实、不当的审计报告。

③财政部门对会计师事务所出具的审计报告有监督的责任。

《中华人民共和国注册会计师法》规定："国务院财政部门和省、自治区、直辖市人民政府财政部门，依法对注册会计师、会计师事务所和注册会计师协会进行监督、指导。"这一规定明确了财政部门对注册会计师进行管理的职能和权限。各级财政部门对注册会计师的工作负有管理和指导的责任，要加强对注册会计师、会计师事务所和注册会计师协会的管理、监督和指导。

第五节　会计机构和会计人员

会计机构是各单位办理会计事务的职能机构，会计人员是直接从事会计工作的人员。各单位应建立健全会计机构，配备数量和素质都相当的、具备从业资格的会计人员，这是各单位做好会计工作，充分发挥会计职能作用的重要保证。因此，《中华人民共和国会计法》对会计机构的设置和会计人员的配备作出了具体的规定。

一、会计机构的设置

"各单位应当根据会计业务的需要，设置会计机构，或者在有关机构中设置会计人员并指定会计主管人员；不具备设置条件的，应当委托经批准设立从事会计代理记账业务的中介机构代理记账。"这是《中华人民共和国会计法》对设置会计机构问题作出的规定。

（一）根据业务需要设置会计机构

各单位是否设置会计机构，应当根据会计业务的需要来决定，即各单位可以根据本单位会计业务的繁简情况决定是否设置会计机构。一个单位是否需要设置会计机构，一般取决于以下几个方面的因素：

（1）单位规模的大小。从有效发挥会计职能作用的角度看，实行企业化管理的事业单位及大、中型企业应当设置会计机构；业务较多的行政单位、社会团体和其他组织也应设置会计机构。而对于那些规模很小的企业、业务和人员都不多的行政单位等，可以不单独设置会计机构，将会计业务并入其他职能部门，或者委托代理记账。

（2）经济业务和财务收支的繁简。大、中型单位的经济业务复杂多样，在会计机构和会计人员的设置上应考虑全面、合理、有效的原则，但是也不能忽视单位经济业务的性质和财务收支的繁简问题。有些单位的规模相对较小，但其经济业务复杂多样，财务收支频繁，此时也要设置相应的会计机构和会计人员。

(3)经营管理的要求。经营管理上对会计机构和会计人员的设置要求是最基本的——如果没有经营管理上对会计机构和会计人员的要求，也就不存在单位对会计的要求了。单位设置会计机构和会计人员的目的，就是为了适应单位在经营管理上的需要。随着科学技术的进步，单位会计机构和会计人员的要求与手工会计核算相比有了很大的不同。数据的及时性、数据的准确性、数据的全面性比任何其他时候对会计机构和会计人员的要求都高。因此，如何设置会计机构和会计人员是单位会计设置中的重要课题。

(二)不设置会计机构的应设置会计人员并指定会计主管人员

会计主管人员是负责组织管理会计事务、行使会计机构负责人职权的负责人。他不同于通常所说的“会计主管”“主管会计”“主办会计”。一个单位如何配备会计机构负责人，主要应考虑单位的实际需要，不能使用“一刀切”的做法，要求完全统一标准。实际上，凡是设置了会计机构的单位，都配备了会计机构负责人。《中华人民共和国会计法》规定，应在会计人员中指定会计主管人员，目的是强化责任制度，防止出现会计工作无人负责的局面。《会计基础工作规范》中，对会计人员配备、会计岗位设置的原则作了规定，如规定“会计工作岗位，可以一人一岗、一人多岗或者一岗多人”；会计岗位包括：会计机构负责人或者会计主管人员、出纳、财产物资核算、工资核算、成本费用核算、财务成果核算、资金核算、往来核算、总账报表、稽核、档案管理等。

二、代理记账

(一)代理记账的概念

代理记账是指从事代理记账业务的社会中介机构接受委托人的委托办理会计业务。委托人是指委托代理记账机构办理会计业务的单位。代理记账机构是指从事代理记账业务的中介机构。

财政部于2005年1月22日发布了《代理记账管理办法》，对代理记账机构设置的条件、代理记账的业务范围、代理记账机构与委托人的关系、代理记账人员应遵循的道德规则等作了具体的规定。

(二)代理记账的业务范围

代理记账机构可以根据委托人的委托，办理下列业务：

(1)根据委托人提供的原始凭证和其他资料，按照国家统一会计制度的规定，进行会计核算，包括审核原始凭证、填制记账凭证、登记会计账簿、编制财务会计报告。

(2)对外提供财务会计报告。代理记账机构为委托人编制的财务会计报告，经代理记账机构负责人和委托人签名并盖章后，按照有关法律、行政法规和国家统一的会计制度的规定对外提供。

(3)向税务机构提供税务资料。

(4)委托人委托的其他会计业务。

(三)委托代理记账的委托人的义务

委托人应当履行以下义务：

（1）对本单位发生的经济业务事项，应当填制或者取得符合国家统一的会计制度规定的原始凭证。

（2）应当配备专人负责日常货币收支和保管。

（3）及时向代理记账机构提供真实、完整的凭证和其他相关资料。

（4）对于代理记账机构退回的要求按照国家统一会计制度的规定进行更正、补充的原始凭证，应当及时予以更正、补充。

（四）代理记账机构及其从业人员的义务

（1）按照委托合同办理代理记账业务，遵守有关法律、行政法规和国家统一的会计制度的规定。

（2）应当保守在执行业务中知悉的商业秘密。

（3）对委托人示意要求作出的会计处理，提供不实会计资料，以及其他不符合法律、行政法规和国家统一的会计制度规定要求的，应当拒绝。

（4）对委托人提出的有关会计处理原则问题应当予以解释。

三、会计机构负责人（会计主管人员）的任职资格

（一）会计机构负责人（会计主管人员）的概念

在一个单位内部，不论是设置会计机构还是在有关机构中设置会计人员，总要有一位负责人。在设置会计机构的情况下，该负责人为会计机构负责人；而在有关机构中设置会计人员的情况下，被指定为会计主管人员的人就是负责人。会计机构负责人（会计主管人员）是在一个单位内具体负责会计工作的中层领导人员，在单位会计工作中承担着重要角色。在单位负责人的领导下，会计机构负责人（会计主管人员）负有组织、管理本单位所有会计工作的责任，其工作水平的高低直接关系到整个单位会计工作的水平和质量。

（二）会计机构负责人（会计主管人员）的任职资格

会计机构负责人（会计主管人员）的任职资格，除要求具备一般会计人员应具备的条件外，还应具备专业技术资格、工作经历等条件。鉴于我国幅员辽阔，各类经济组织众多，不同单位的情况千差万别，《中华人民共和国会计法》对会计机构负责人的任职条件采取了灵活务实的做法。《中华人民共和国会计法》规定：“担任单位会计机构负责人（会计主管人员）的，除取得会计从业资格证书外，还应当具备会计师以上专业技术职务资格或者从事会计工作 3 年以上经历。”这是对单位会计机构负责人（会计主管人员）任职资格作出的特别规定。

四、会计从业资格

（一）会计从业资格的概念

会计从业资格是指进入会计职业、从事会计工作的一种法定资质，是进入会计职业的“门槛”。从事会计工作必须持证上岗，这是我国会计管理工作的一项创新。

（二）会计从业资格证书的适用范围

在国家机关、社会团体、公司、企业、事业单位和其他组织从事下列会计工作的人员（包括香港特别行政区、澳门特别行政区、台湾地区人员，以及外籍人员在中国大陆境内从事会计工

作的人员)，必须取得会计从业资格，持有会计从业资格证书，会计从业资格证书适用以下会计工作：

(1)会计机构负责人(会计主管人员)。

(2)出纳。

(3)稽核。

(4)资本、基金核算。

(5)收入、支出、债权债务核算。

(6)工资、成本费用、财务成果核算。

(7)财产物资的收发、增减核算。

(8)总账。

(9)财务会计报告编制。

(10)会计机构内会计档案管理。

(三)会计从业资格的取得

会计类专业包括：会计学、会计电算化、注册会计师专门化、审计学、财务管理、理财学。

(1)会计从业资格的取得实行考试制度。考试科目为：财经法规与会计职业道德、会计基础、初级会计电算化(或者珠算五级)。会计从业资格考试大纲由财政部统一制定并公布。省、自治区、直辖市、计划单列市财政厅(局)，新疆生产建设兵团财务局，中共中央直属机关事务管理局、国务院机关事务管理局、中国人民武装警察部队后勤部和中国人民解放军总后勤部负责组织实施会计从业资格考试有关工作。

(2)会计从业资格报名条件。申请参加会计从业资格考试的人员，应当符合下列基本条件：遵守会计和其他财经法律、法规；具备良好的道德品质；具备会计专业基本知识和技能。

(3)会计从业资格部分考试科目免试条件。申请人符合基本报名条件且具备国家教育行政主管部门认可的中专以上(含中专，下同)会计类专业学历(或学位)的，自毕业之日起2年内(含2年)，免试会计基础、初级会计电算化(或者珠算五级)。

(四)会计从业资格证书管理

(1)上岗注册登记。持证人员从事会计工作，应当自从事会计工作之日起90日内，填写注册登记表，并持会计从业资格证书和所在单位出具的从事会计工作的证明，向单位所在地或所属部门、系统的会计从业资格管理机构办理注册登记。

(2)离岗备案。持证人员离开会计工作岗位超过6个月的，应当填写注册登记表，并持会计从业资格证书，向原注册登记的会计从业资格管理机构备案。

(3)调转登记。持证人员调转工作单位，且继续从事会计工作的，应当按规定要求办理调转登记。

(4)变更登记。持证人员的学历或学位、会计专业技术职务资格等发生变更的，应向所属会计从业资格管理机构办理从业档案信息变更登记。

(五)会计人员继续教育

(1)会计人员继续教育的概念和特点。会计人员继续教育是指取得会计从业资格的人员持续接受一定形式的、有组织的理论知识、专业技能和职业道德的教育和培训活动，不断提高和保持其专业胜任能力和职业道德水平。

会计人员继续教育的特点：一是针对性，即针对不同对象确定不同的教育内容，采取不同的教育方式，解决实际问题；二是适应性，即联系实际工作需要，学以致用；三是灵活性，即继续教育培训在内容、方法、形式等方面具有灵活性。

（2）会计人员继续教育的内容。会计人员继续教育的内容主要包括：会计理论与实务；财务、会计法规制度；会计职业道德规范；其他相关的知识与法规。

（3）会计人员继续教育的形式和学时要求。会计人员继续教育的形式包括授受培训和自学两种。会计人员应当接受继续教育，每年参加继续教育不得少于 24 小时。

五、会计专业职务与会计专业技术资格

（一）会计专业职务

会计专业职务是区分会计人员从事业务工作的技术等级。

1986 年 4 月，中央职称改革工作领导小组转发财政部制定的《会计专业职务试行条例》规定：会计专业职务分为高级会计师（高级职务）、会计师（中级职务）、助理会计师、会计员（初级职务）。

（二）会计专业技术资格

会计专业技术资格分为初级资格、中级资格和高级资格三个级别。初级、中级会计资格的取得实行全国统一考试制度；高级会计师资格实行考试与评审相结合制度。

初级、中级会计资格是一种通过考试确认担任会计专业职务任职资格的制度。1992 年以前，我国对会计专业技术职务一直采用的是评审制度。1992 年 3 月，财政部、人事部制定发布了《会计专业技术资格考试暂行规定》和《会计专业技术资格考试暂行规定实施办法》，规定会计专业技术资格实行全国统一考试。1995 年、1997 年、2001 年、2005 年，财政部、人事部又陆续调整了考试级别和考试科目，分别为初级会计资格和中级会计资格两个档次：初级资格考试科目包括初级会计实务和经济法基础；中级资格考试科目包括中级会计实务、财务管理和经济法。会计专业技术资格的取得方式及报名条件，见表 1-2。

会计专业技术资格的取得方式及报名条件　　表 1-2

级别	取得方式	考试科目	报名条件	
初级	全国统一考试	1. 初级会计实务； 2. 经济法基础（一次性通过）	基本条件： 具备会计从业资格； 持有会计从业资格	高中以上学历
中级	全国统一考试	1. 中级会计实务； 2. 财务管理； 3. 经济法（两年内通过）		大专学历，五年从业年限
高级	全国统一考试和评审	高级会计实务（考试合格成绩三年有效）		—

为促进会计专业技术人才队伍建设，积极探索科学、客观、公正的高级会计师资格评价办法，从 2003 年开始，确定高级会计师资格实行考试与评审相结合的评价办法。凡申请参加高级会计师资格评审的人员，须经考试合格后，方可参加评审。考试科目为：高级会计实务。参加考试并达到国家合格标准的人员，由全国会计专业技术资格考试办公室核发高级会计师资格考试成绩合格证，该证在全国范围内三年有效。

六、会计工作岗位设置

会计工作岗位，是指一个单位会计机构内部根据业务分工而设置的职能岗位。对于会计工作岗位的设置，《会计基础工作规范》提出了以下示范性的要求：

(1)根据本单位会计业务的需要设置会计工作岗位。

(2)符合内部牵制制度的要求。根据规定，会计工作岗位可以一人一岗、一人多岗或者一岗多人，但出纳人员不得兼任稽核、会计档案保管和收入、支出费用、债权债务账目的登记工作。

(3)对会计人员的工作岗位要有计划地进行轮岗，以促进会计人员全面熟悉业务和不断提高业务素质。

(4)要建立岗位责任制。根据《会计基础工作规范》和有关制度的规定，会计工作岗位一般分为：总会计师(或行使总会计师职权)岗位；会计机构负责人(会计主管人员)岗位；出纳岗位；稽核岗位；资本、基金核算岗位；收入、支出、债权债务核算岗位；工资核算、成本核算、财务成果核算岗位；财产物资的收发、增减核算岗位；总账岗位；对外财务会计报告编制岗位；会计电算化岗位；会计档案管理岗位。

对于会计档案管理岗位，在会计档案正式移交之前，属于会计岗位；正式移交档案管理部门之后，其不再属于会计岗位。档案管理部门的人员管理会计档案，不属于会计岗位。医院门诊收费员、住院处收费员、药房收费员、药品库房记账员、商场收款(银)员所从事的工作，均不属于会计岗位。单位内部审计、社会审计、政府审计工作也不属于会计岗位。

七、会计人员回避制度

回避制度是指为了保证执法或者执业的公正性，对可能影响其公正性的执法或者执业的人员实行职务回避和业务回避的一种制度。回避制度已成为我国人事管理的一项重要制度。在会计工作中，由于亲情关系而通同作弊和违法违纪的案件时有发生，因此，在会计人员中实行回避制度十分必要。《会计基础工作规范》从会计工作的特殊性出发，对会计人员的回避问题作出了规定，即国家机关、国有企业、事业单位任用会计人员应当实行回避制度；单位负责人的直系亲属不得担任本单位的会计机构负责人、会计主管人员，会计机构负责人、会计主管人员的直系亲属不得在本单位会计机构中担任出纳工作。直系亲属包括夫妻关系、直系血亲关系、三代以内旁系血亲以及近姻亲关系。

八、会计人员的工作交接

会计人员工作交接是会计工作中的一项重要内容。由于会计工作的特殊性，会计人员调动工作或者离职时，需要与接管人员办清交接手续。这是会计人员应尽的职责，也是做好会计工作的要求。

会计工作人员调动工作和离职是正常的现象，但是单位的生产经营活动是一项连续的组织活动，不能因会计人员的工作调动或离职使会计工作中断。做好会计交接工作，可以使会计工作前后衔接，保证会计工作连续进行。同时，做好会计交接工作，还可以防止因会计人员的更换出现账目不清、财务混乱等现象。做好会计交接工作，也是落实岗位责任的有效措施。

（一）交接的范围

下列情况需要办理会计工作交接：

（1）临时离职或因病不能工作、需要接替或代理的，会计机构负责人（会计主管人员）或单位负责人必须指定专人接替或者代理，并办理会计工作交接手续。

（2）临时离职或因病不能工作的会计人员恢复工作时，应当与接替或代理人员办理交接手续。

（3）移交人员因病或其他特殊原因不能亲自办理移交手续的，经单位负责人批准，可由移交人委托他人代办交接，但委托人应当对所移交的会计凭证、会计账簿、财务会计报告和其他有关资料的真实性、完整性承担法律责任。

（二）交接的程序

1. 交接前的准备工作

会计人员在办理会计工作交接前，必须做好以下准备工作：

（1）已经受理的经济业务尚未填制会计凭证的，应当填制完毕。

（2）尚未登记的账目应当登记完毕，结出余额，并在最后一笔余额后加盖经办人印章。

（3）整理好应该移交的各项资料，对未了事项和遗留问题要写出书面说明材料。

（4）编制移交清册，列明应该移交的会计凭证、会计账簿、财务会计报告、公章、现金、有价证券、支票簿、发票、文件、其他会计资料和物品等内容；实行会计电算化的单位，从事该项工作的移交人员应在移交清册上列明会计软件及密码、数据盘、磁带等内容。

（5）会计机构负责人（会计主管人员）移交时，应将财务会计工作、重大财务收支问题和会计人员情况等向接替人员介绍清楚。

2. 移交点收

移交人员离职前，必须将本人经管的会计工作，在规定的期限内，全部向接管人员移交清楚。接管人员应认真按照移交清册逐项点收。

具体要求是：

（1）现金要根据会计账簿记录余额进行当面点交，不得短缺，接替人员发现不一致或“白条抵库”现象时，移交人员在规定期限内负责查清处理。

（2）有价证券的数量要与会计账簿记录一致，有价证券面额与发行价不一致时，按照会计账簿余额交接。

（3）会计凭证、会计账簿、财务会计报告和其他会计资料必须完整无缺，不得遗漏。如有短缺，必须查清原因，并在移交清册中加以说明，由移交人负责。

（4）银行存款账户余额要与银行对账单核对相符，如有未达账项，应编制银行存款余额调节表将其调节相符；各种财产物资和债权债务的明细账户余额要与总账有关账户的余额核对相符；对重要实物要实地盘点，对余额较大的往来账户要与往来单位、个人核对。

（5）公章、收据、空白支票、发票、科目印章以及其他物品等必须交接清楚。

（6）实行会计电算化的单位，交接双方应在电子计算机上对有关数据进行实际操作，确认有关数字正确无误后，方可交接。

3. 专人负责监交

为了明确责任，会计人员办理工作交接时，必须有专人负责监交。通过监交，保证双方都按照国家有关规定认真办理交接手续,防止流于形式,保证会计工作不因人员变动而受影响;保证交接双方处在平等的法律地位上享有权利和承担义务,不允许任何一方以大压小、以强凌弱,或采取非法手段进行威胁。移交清册应当经过监交人员审查和签名、盖章,作为交接双方明确责任的证件。对监交的具体要求是:

(1)一般会计人员办理交接手续,由会计机构负责人(会计主管人员)监交。

(2)会计机构负责人(会计主管人员)办理交接手续,由单位负责人监交,必要时主管单位可以派人会同监交。所谓"必要时主管部门派人会同监交",是指有些交接需要主管单位监交或者主管单位认为需要参与监交。通常有三种情况:第一,所属单位负责人不能监交,需要由主管单位派人代表主管单位监交,如因单位撤并而办理交接手续等。第二,所属单位负责人不能尽快监交,需要由主管单位派人督促监交,如主管单位责成所属单位撤换不合格的会计机构负责人(会计主管人员),所属单位负责人却以种种借口拖延不办交接手续时,主管单位就应派人督促会同监交等。第三,不宜由所属单位负责人单独监交,而需要主管单位会同监交,如所属单位负责人与办理交接手续的会计机构负责人(会计主管人员)有矛盾,交接时需要主管单位派人会同监交,以防可能发生的单位负责人借机刁难等。此外,主管单位认为交接中存在某种问题需要派人监交时,也可派人会同监交。

4. 交接后的有关事宜

(1)会计工作交接完毕后,交接双方和监交人在移交清册上签名或盖章,并应在移交清册上注明:单位名称,交接日期,交接双方和监交人的职务、姓名,移交清册页数以及需要说明的问题和意见等。

(2)接管人员应继续使用移交前的账簿,不得擅自另立账簿,以保证会计记录前后衔接,内容完整。

(3)移交清册一般应填制一式三份,交接双方各执一份,存档一份。

(三)交接人员的责任

会计工作交接中,合理、公正地区分移交人和接替者的责任是非常必要的。交接工作完成后,移交人员所移交的会计凭证、会计账簿、财务会计报告和其他会计资料是在其经办会计工作期间内发生的,应当对这些会计资料的真实性、完整性负责,即便接替人员在交接时因疏忽没有发现所接会计资料在真实性、完整性方面的问题,如事后发现仍应由原移交人员负责,原移交人员不应以会计资料已移交为由而推脱责任。

第六节 法律责任

一、法律责任概述

法律责任,是指违反法律规定的行为应当承担的法律后果,也就是对违法者的制裁。为了保证《中华人民共和国会计法》的有效实施,惩治会计违法行为,《中华人民共和国会计法》规定了明确的法律责任。主要规定了两种责任形式:一是行政责任;二是刑事责任。

(一)行政责任

行政责任是指犯有一般违法行为的单位或个人,依照法律、法规的规定应承担的法律责任。行政责任主要有行政处罚和行政处分两种方式。

1. 行政处罚

行政处罚是指特定的行政主体基于一般行政管理职权，对其认为违反行政法规定的强制性义务、违反行政管理程序的行政管理相对人所实施的一种行政制裁措施。《中华人民共和国行政处罚法》对行政处罚的种类和实施作出了如下规定：

（1）行政处罚主要分为六种：警告；罚款；没收违法所得、没收非法财物；责令停产停业；暂扣或者吊销许可证，暂扣或者吊销执照；行政拘留。此外，还有法律、行政法规规定的其他行政处罚。

（2）行政处罚由违法行为发生地县级以上地方人民政府具有行政处罚权的行政机关管辖。

（3）对当事人的同一个违法行为，不得给予两次以上罚款的行政处罚。

（4）行政机关在作出处罚决定之前，应当告知当事人作出处罚决定的事实、理由、依据以及当事人依法享有的有关权利；当事人有权陈述和申辩。

（5）依法作出行政处罚决定后，当事人应当在行政处罚决定的期限内予以履行。

2. 行政处分

行政处分是国家工作人员违反行政法律规范所应承担的一种行政法律责任，是行政机关对国家工作人员故意或者过失侵犯行政相对人的合法权益所实施的法律制裁。行政处分的形式有：警告；记过；记大过；降级；撤职；开除等。

（二）刑事责任

刑事责任是指犯罪行为应当承担的法律责任。刑事责任与行政责任两者的主要区别是：

（1）追究的违法行为不同。追究刑事责任的是犯罪行为；追究行政责任的是一般违法行为。

（2）追究责任的机关不同。追究刑事责任只能由司法机关依照《中华人民共和国刑法》的规定追究；追究行政责任由国家特定的行政机关依照有关法律的规定决定。

（3）承担法律责任的后果不同。追究刑事责任是最严厉的制裁，可以判处死刑，比追究行政责任严厉得多。

刑事责任是触犯《中华人民共和国刑法》的犯罪人所应承受的由国家审判机关给予的制裁后果，包括刑罚方法和非刑罚处理方法。

1. 刑罚方法

（1）主刑。主刑是对犯罪分子适用的主要刑罚方法，只能独立适用，不能附加适用，对犯罪分子只能判处一种主刑。主刑分为管制、拘役、有期徒刑、无期徒刑和死刑。

（2）附加刑。附加刑是既可独立适用又可以附加适用的刑罚方法。也就是说，对同一犯罪行为既可以在主刑之后判处一个或两个以上的附加刑，也可以独立判处一个或两个以上的附加刑。附加刑分为罚金、剥夺政治权利、没收财产。对犯罪的外国人，也可以独立或附加适用驱逐出境。

2. 非刑罚处理方法

根据《中华人民共和国刑法》的规定，对犯罪分子还可以采用非刑罚的处理方法，即对犯罪分子判处刑罚以外的其他方法。主要包括:由于犯罪行为而使被害人遭受经济损失的,对犯罪分子除刑事处罚外,判处赔偿经济损失;对于犯罪情节轻微不需要判处刑罚的,根据情况予以训诫或者责令其悔过、赔礼道歉;赔偿损失,或者由主管部门给予行政处罚或者行政处分。

二、违反会计制度规定的法律责任

(一)违反会计制度规定应承担法律责任的违法行为

根据《中华人民共和国会计法》规定,应承担法律责任的违法会计行为包括:

(1)不依法设置会计账簿的行为,是指违反《中华人民共和国会计法》和国家统一的会计制度的规定,应当设置会计账簿的单位不设置会计账簿或者未按规定的种类、形式及要求设置会计账簿的行为。

(2)私设会计账簿的行为,是指不在依法设置的会计账簿上对经济业务事项进行统一会计核算,而另外私自设置会计账簿进行会计核算的行为,即常说的"账外账"。

(3)未按照规定填制、取得原始凭证或者填制、取得的原始凭证不符合规定的行为。

(4)以未经审核的会计凭证为依据登记会计账簿或者登记会计账簿不符合规定的行为。

(5)随意变更会计处理方法的行为。会计处理方法的变更会直接影响会计资料的质量和可比性,按照相关法律的规定,不得随意变更会计处理方法。

(6)向不同的会计资料使用者提供的财务会计报告编制依据不一致的行为。财务会计报告应当根据登记完整、核对无误的会计账簿记录和其他有关会计资料编制,使用的计量方法、确认原则、统计标准应当一致,做到数字真实、计算准确、内容完整、说明清楚。不得向不同的会计资料使用者提供编制依据不一致的财务会计报告。

(7)未按照规定使用会计记录文字或者记账本位币的行为。

(8)未按照规定保管会计资料,致使会计资料毁损、灭失的行为。

(9)未按照规定建立并实施单位内部会计监督制度,或者拒绝依法实施的监督,或者不如实提供有关会计资料及有关情况的行为。

(10)任用会计人员不符合《中华人民共和国会计法》规定的行为。

(二)违反会计制度规定行为应承担的法律责任

根据《中华人民共和国会计法》规定,上述各种违法行为应承担以下法律责任:

(1)责令限期改正。所谓责令限期改正,是指要求违法行为人在一定期限内停止违法行为并恢复到合法状态。县级以上人民政府财政部门有权责令违法行为人限期改正,停止违法行为。

(2)罚款。县级以上人民政府财政部门根据违法行为人的违法性质、情节及危害程度,在责令限期改正的同时,有权对单位并处3000元以上5万元以下的罚款,对其直接负责的主管人员和其他直接责任人员,处2000元以上2万元以下的罚款。

(3)给予行政处分。对上述违法行为直接负责的主管人员和其他直接责任人员中的国家工作人员,视情节轻重,由其所在单位或者其上级单位或者行政监察部门给予警告、记过、记大过、降级、降职、撤职、留用察看和开除等行政处分。

(4)吊销会计从业资格证书。会计工作人员有上述所列行为之一、情节严重的,由县级以上人民政府财政部门吊销其会计从业资格证书。

(5)依法追究刑事责任。

三、伪造、变造会计凭证、会计账簿，编制虚假财务会计报告的法律责任

（一）伪造、变造会计凭证、会计账簿，编制虚假财务会计报告的行为特征

伪造会计凭证的行为，是指以虚假的经济业务或者资金往来为前提，编造虚假的会计凭证的行为；变造会计凭证的行为，是指采取涂改、挖补以及其他方法改变会计凭证真实内容的行为；伪造会计账簿的行为，是指违反《中华人民共和国会计法》和国家统一会计制度的规定，根据伪造或者变造的虚假会计凭证填制会计账簿，或者不按要求登记账簿，或者对内对外采用不同的确认标准、计量方法等手段编造虚假的会计账簿的行为；变造会计账簿的行为，是指采取涂改、挖补或者其他手段改变会计账簿的真实内容的行为；编制虚假财务会计报告的行为，是指违反《中华人民共和国会计法》和国家统一会计制度的规定，根据虚假的会计账簿记录编制财务会计报告，或者凭空捏造虚假的财务会计报告以及对财务会计报告擅自进行没有依据的修改的行为。

（二）伪造、变造会计凭证、会计账簿，编制虚假财务会计报告的刑事责任

《中华人民共和国刑法》并未明确将伪造、变造会计凭证、会计账簿或者编制虚假财务会计报告的行为作为单独犯罪加以规定，而只是在其已经造成严重后果后，按照犯罪情节、手段，分别以偷税罪、公司提供虚假会计报告罪、中介组织人员提供虚假证明文件罪及其他犯罪追究刑事责任。对于伪造、变造会计凭证、会计账簿，编制虚假财务会计报告的行为，《中华人民共和国刑法》明确为犯罪的，主要有以下几种情况：

（1）根据《中华人民共和国刑法》第二百零一条的规定，纳税人采取伪造、变造账簿、记账凭证，在账簿上多列支出或者不列、少列收入等手段，不缴或者少缴应纳税款，偷税数额占应纳税额的10%以上不满30%并且偷税数额在1万元以上不满10万元的，或者因偷税被税务机关给予二次行政处罚又偷税的，处3年以下有期徒刑或者拘役，并处偷税数额1倍以上5倍以下罚金；偷税数额占应纳税额的30%以上并且偷税数额在10万元以上的，处3年以上7年以下有期徒刑，并处偷税数额1倍以上5倍以下罚金。扣缴义务人采取前述手段，不缴或者少缴已扣、已收税款，数额占应缴税额的10%以上并且数额在1万元以上的，依照前述规定处罚。对多次犯有上述行为，未经处理的，按照累计数额计算。

（2）根据《中华人民共和国刑法》第一百六十一条的规定，公司向股东和社会公众提供虚假的或者隐瞒重要事实的财务会计报告，严重损害股东或者其他人利益的，对其直接负责的主管人员和其他直接责任人员，处3年以下有期徒刑或者拘役，并处或者单处2万元以上20万元以下罚金。

（3）根据《中华人民共和国刑法》第二百二十九条的规定，承担资产评估、验资、验证、会计、审计、法律服务等职责的中介组织的人员故意提供虚假证明文件（包括虚假的财务会计报告），情节严重的，处5年以下有期徒刑或者拘役，并处罚金。上述人员索取他人财物或者非法收受他人财物，犯本罪的，处5年以上10年以下有期徒刑或者拘役，并处罚金。

此外，如果行为人为虚报注册资本、虚假出资、抽逃出资、贪污、挪用公款、侵占企业财产、私分国有资产、私分罚没财物，实施伪造、变造会计凭证、会计账簿或者编制虚假财务会计报告的行为，应当按照《中华人民共和国刑法》的有关规定分别定罪、处罚。

（三）伪造、变造会计凭证、会计账簿或者编制虚假财务会计报告的行政责任

伪造、变造会计凭证、会计账簿或者编制虚假财务会计报告，情节较轻，社会危害不大，根据《中华人民共和国刑法》的有关规定，尚不构成犯罪的，应当按照《中华人民共和国会计法》

的规定予以处罚。具体包括：

(1)通报。由县级以上人民政府财政部门采取通报的方式对违法行为人予以批评、公告。通报决定由县级以上人民政府财政部门送达被通报人，并通过一定的媒介在一定的范围内公布。

(2)罚款。县级以上人民政府财政部门对违法行为视情节轻重，在予以通报的同时，可以对单位并处5000元以上10万元以下的罚款，对其直接负责的主管人员和其他直接责任人员，可以处3000元以上5万元以下的罚款。

(3)行政处分。对上述所列违法行为直接负责的主管人员和其他直接责任人员中的国家工作人员，应当由其所在单位或者其上级单位或者行政监察部门给予撤职、留用察看直至开除的行政处分。

(4)吊销会计从业资格证书。对上述所列违法行为中的会计人员，由县级以上人民政府财政部门吊销会计从业资格证书。

四、隐匿或者故意销毁依法应当保存的会计凭证、会计账簿、财务会计报告的法律责任

所谓隐匿，是指故意转移、隐藏应当保存的会计凭证、会计账簿、财务会计报告的行为。所谓销毁，是指故意将依法应当保存的会计凭证、会计账簿、财务会计报告予以毁灭的行为。

(一)隐匿或者故意销毁依法应当保存的会计凭证、会计账簿、财务会计报告的刑事责任

《中华人民共和国刑法》第二百零一条规定，纳税人采取隐匿、擅自销毁账簿、记账凭证的手段，不缴或者少缴应纳税款，偷税数额占应纳税额的10%以上不满30%并且偷税数额在1万元以上不满10万元的，或者因偷税被税务机关给予二次行政处罚又偷税的，处3年以下有期徒刑或者拘役，并处偷税数额1倍以上5倍以下罚金；偷税数额占应纳税额的30%以上并且偷税数额在10万元以上的，处3年以上7年以下有期徒刑，并处偷税数额1倍以上5倍以下罚金。扣缴义务人采取前述手段，不缴或者少缴已扣、已收税款，数额占应缴税额的10%以上并且数额在1万元以上的，依照前述规定处罚。对多次犯有上述违法行为，未经处理的，按照累计数额计算。如果行为人为贪污、挪用公款、侵占企业财产及其他非法目的，实施隐匿、故意销毁依法应当保存的会计凭证、会计账簿、财务会计报告的行为，构成犯罪的，可以按照《中华人民共和国刑法》的有关规定，分别定罪、处罚。

(二)隐匿或者故意销毁依法应当保存的会计凭证、会计账簿、财务会计报告的行政责任

隐匿或者故意销毁依法应当保存的会计凭证、会计账簿、财务会计报告，情节较轻，社会危害不大，根据《中华人民共和国刑法》的有关规定，尚不构成犯罪的，应当根据《中华人民共和国会计法》的规定追究行政责任：通报、罚款、行政处分、吊销会计从业资格证书。追究行政责任的具体形式及标准等与前同。

五、授意、指使、强令会计机构、会计人员及其他人员伪造、变造会计凭证、会计账簿，编制虚假财务会计报告或者隐匿、故意销毁依法应当保存的会计凭证、会计账簿、财务会计报告的法律责任

所谓授意，是指暗示他人按其意思行事。所谓指使，是指通过明示方式，指示他人按其意

思行事。所谓强令，是指明知其命令是违反法律的，而强迫他人执行其命令的行为。

（一）授意、指使、强令他人伪造、变造或者隐匿、故意销毁会计资料行为应当承担的刑事责任

根据《中华人民共和国刑法》的有关规定，授意、指使、强令会计机构、会计人员及其他人员伪造、变造会计凭证、会计账簿，编制虚假财务会计报告或者隐匿、故意销毁依法应当保存的会计凭证、会计账簿、财务会计报告的，应当作为伪造、变造会计凭证、会计账簿，编制虚假财务会计报告或者隐匿、故意销毁依法应当保存的会计凭证、会计账簿、财务会计报告的共同犯罪，定罪处罚。所谓共同犯罪，是指两人以上共同故意犯罪。共同犯罪应当具备三个条件：第一，几个犯罪人有共同故意，即几个犯罪人都明知自己的行为会发生危害社会的结果，仍希望或者放任这种结果的发生，同时，几个犯罪人都认识到自己和其他行为人在共同进行某一犯罪活动。第二，几个犯罪人必须有共同的犯罪行为。即犯罪人各自的犯罪行为都是在他们的共同故意支配下，围绕共同的犯罪对象，实现共同的犯罪目的而实施的，各个共同犯罪人所实施的犯罪行为都同危害结果具有因果关系。第三，共同犯罪具有共同的犯罪客体，即共同犯罪人的犯罪行为必须指向同一犯罪客体。

因此，对授意、指使、强令他人伪造、变造会计凭证、会计账簿，编制虚假财务会计报告或者隐匿、故意销毁依法应当保存的会计凭证、会计账簿、财务会计报告的，应当依照《中华人民共和国会计法》的规定和《中华人民共和国刑法》的有关规定，根据行为人在共同犯罪中所起的作用，定罪处罚。

（二）授意、指使、强令他人伪造、变造或者隐匿、故意销毁会计资料行为应当承担的行政责任

对有上述违法行为，情节较轻，社会危害不大，不构成犯罪的，应当按照《中华人民共和国会计法》的规定予以处罚：

（1）罚款。县级以上人民政府财政部门可以视违法行为的情节轻重，对违法行为人处以5000元以上5万元以下的罚款。

（2）行政处分。对授意、指使、强令会计机构、会计人员及其他人员伪造、变造会计凭证、会计账簿，编制虚假财务会计报告或者隐匿、故意销毁依法应当保存的会计凭证、会计账簿、财务会计报告的国家工作人员，还应当由其所在单位或者其上级单位或者行政监察部门给予降级、撤职或者开除的行政处分。

六、单位负责人对依法履行职责、抵制违反《中华人民共和国会计法》规定行为的会计人员实行打击报复的法律责任以及对受打击报复的会计人员的补救措施

《中华人民共和国会计法》规定，单位负责人对依法履行职责、抵制违反本法规定行为的会计人员以降级、撤职、调离工作岗位、解聘或者开除等方式实行打击报复，构成犯罪的，依法追究刑事责任；尚不构成犯罪的，由其所在单位或者有关单位依法给予行政处分。对受打击报复的会计人员，应当恢复其名誉和原有职务、级别。

（一）单位负责人打击报复会计人员的刑事责任

根据《中华人民共和国刑法》第二百五十五条规定，公司、企业、事业单位、机关、团体的领导人对依法履行职责、抵制违反《中华人民共和国会计法》规定行为的会计人员实行打击报

复，情节恶劣的，构成打击报复会计人员罪。根据《中华人民共和国刑法》规定，对犯打击报复会计人员罪的，处3年以下有期徒刑或者拘役。

（二）单位负责人打击报复会计人员的行政责任

单位负责人对依法履行职责、抵制违反《中华人民共和国会计法》规定行为的会计人员实行打击报复，情节轻微，危害性不大，不构成犯罪的，由其所在单位或者有关单位依法给予行政处分。

（三）对受打击报复的会计人员的补救措施

（1）恢复其名誉。受打击报复的会计人员的名誉受到损害的，其所在单位或者其上级单位及有关部门应当要求打击报复者向遭受打击报复的会计人员赔礼道歉，并澄清事实，消除影响，恢复名誉。

（2）恢复原有职位、级别。会计人员受到打击报复，被调离工作岗位、解聘或者开除的，应当在征得会计人员同意的前提下，恢复其工作；被撤职的，应当恢复其原有职务；被降级的，应当恢复其原有级别。

七、财政部门及有关行政部门的工作人员滥用职权、玩忽职守、徇私舞弊或者泄露国家秘密、商业秘密的法律责任

（一）财政部门及有关行政部门的工作人员滥用职权、玩忽职守、徇私舞弊以及泄露国家秘密、商业秘密的刑事责任

财政部门及有关行政部门的工作人员滥用职权、玩忽职守、徇私舞弊以及泄露国家秘密、商业秘密的行为可能构成以下犯罪：

（1）滥用职权罪和玩忽职守罪。根据《中华人民共和国刑法》第三百九十七条的规定，财政部门及有关行政部门的工作人员滥用职权或者玩忽职守，致使公共财产、国家和人民利益遭受重大损失的，构成滥用职权罪或者玩忽职守罪。对玩忽职守罪，处3年以下有期徒刑或者拘役；情节特别严重的，处3年以上7年以下有期徒刑。财政部门及有关行政部门的工作人员徇私舞弊，犯上述罪行的，判5年以下有期徒刑或者拘役；情节特别严重的，处5年以上10年以下有期徒刑。

（2）泄露国家秘密罪。根据《中华人民共和国刑法》第三百九十八条的规定，财政部门及有关行政部门的工作人员违反《中华人民共和国保守国家秘密法》的规定，故意或者过失泄露国家秘密，情节严重的，构成泄露国家秘密罪。对泄露国家秘密罪，处3年以下有期徒刑或者拘役；情节特别严重的，处3年以上7年以下有期徒刑。

（二）财政部门及有关行政部门的工作人员滥用职权、玩忽职守、徇私舞弊以及泄露国家秘密、商业秘密行为的行政责任

财政部门及有关行政部门的工作人员虽有滥用职权、玩忽职守、徇私舞弊以及泄露国家秘密、商业秘密的行为，但是情节显著轻微，危害性不大，按照《中华人民共和国刑法》的有关规定，不构成犯罪的，应当依照《中华人民共和国会计法》的规定及有关法律、法规的规定，给予行政处分。行政处分主要有警告、记过、记大过、降级、降职、撤职、留用察看和开除八种。对有上述违法行为的财政部门及有关行政部门的工作人员，可以由其所在单位或者其上级单位或者行政监察部门视情节轻重，给予相应的行政处分。

八、将检举人姓名和检举材料转给被检举单位和被检举人个人的法律责任

《中华人民共和国会计法》规定，将检举人姓名和检举材料转给被检举单位和被检举人个人的，由所在单位或者有关单位依法给予行政处分。

九、违反《中华人民共和国会计法》同时违反其他法律规定的行为的处罚

单位的经济活动是一项综合的经济活动过程，会计工作是经济管理的一项重要的基础性工作，会计行为和会计资料不仅对本单位的经济活动产生影响，也会影响到其他单位的经济活动和有关部门的管理活动。因此，除了《中华人民共和国会计法》以外，其他法律对相关单位的会计工作也作出了相应的规范，并赋予税务、审计、人民银行、银行监管、证券监管、保险监管等部门对有关会计工作实施监督管理并对相关会计违法行为进行处罚的职权。《中华人民共和国会计法》规定，违反本法规定，同时违反其他法律规定的，由有关部门在各自职权范围内依法进行处罚。

(一)有关法律对违法会计行为及其处罚的规定

(1)根据《中华人民共和国审计法》的有关规定，审计机关发现被审计单位转移、隐匿、篡改、毁弃会计凭证、会计账簿、会计报表以及其他与财政收支或者财务收支有关的资料的，审计机关有权予以制止。被审计单位有上述行为的，审计机关认为对负有直接责任的主管人员和其他直接责任人员依法应当给予行政处分的，有权提出给予行政处分的建议，被审计单位或者其上级机关、监察机关应当依法及时作出决定；构成犯罪的，由司法机关依法追究刑事责任。

(2)根据《中华人民共和国商业银行法》的有关规定，商业银行应当依照相关法律和国家统一的会计制度，建立、健全本行的财务会计制度，保存财务会计报表、业务合同以及其他资料。

商业银行应当按照国家有关规定，真实记录并全面反映其业务活动和财务状况，编制年度财务会计报告，及时向中国人民银行和财政部门报送会计报表。商业银行提供虚假的或者隐瞒重要事实的财务会计报表，中国人民银行有权责令其改正；商业银行有违法所得的，没收违法所得，并处以违法所得 1 倍以上 5 倍以下罚款；商业银行没有违法所得的，处以 10 万元以上 50 万元以下罚款；情节特别严重或者逾期不改正的，中国人民银行可以责令停业整顿或者吊销其经营许可证；构成犯罪的，依法追究刑事责任。

(3)根据《中华人民共和国证券法》的有关规定，股票、公司债券依法上市交易的公司，应当按照规定，向证券监督管理机构报送年度报告、中期报告、临时报告。国务院证券监督管理机构有权查阅、复制当事人和与被调查事件有关的单位和个人的证券交易记录、登记过户记录、财务会计资料及其他相关文件和资料；对可能被转移或者隐匿的文件和资料，可以予以封存，查询当事人和被调整事件有关的单位和个人的资金账户、证券账户，对有证据证明有转移或者隐匿违法资金、证券迹象的，可以申请司法机关予以冻结。对于经核准上市交易的证券，其发行人未按照有关规定披露信息，或者披露的信息有虚假记载、误导性陈述或者有重大遗漏的，由证券监督管理机构责令改正，对发行人处以 30 万元以上 60 万元以下的罚款。对直接负责的主管人员和其他直接责任人员给予警告，并处以 3 万元以上 30 万元以下的罚款。构成犯罪的，依法追究刑事责任。发行人未按期公告其上市文件或者报送有关报告的，由证券监督管

理机构责令改正，对发行人处以5万元以上10万元以下的罚款。为证券的发行、上市或者证券交易活动出具审计报告、资产评估报告或者法律意见书等文件的专业机构，就其所应负责的内容弄虚作假的，由证券监督管理机构没收违法所得，并处以违法所得1倍以上5倍以下的罚款，并由有关主管部门责令该机构停业，吊销直接责任人员的资格证书。构成犯罪的，依法追究刑事责任。

(4)根据《中华人民共和国保险法》的有关规定，保险监督管理部门有权检查保险公司的业务状况、财务状况及资金运用状况，有权要求保险公司在规定的期限内提供有关的书面报告和资料。保险公司未按照规定报送有关报告、报表、文件和资料的，由保险监督管理部门责令改正，逾期不改正的，处以1万元以上10万元以下的罚款。保险公司向保险监督管理部门提供虚假的报告、报表、文件和资料的，由保险监督管理部门责令改正，处以10万元以上50万元以下的罚款。

(5)根据《中华人民共和国税收征收管理法》的有关规定，纳税人必须在法律、行政法规规定或者税务机关依照法律、行政法规的规定确定的申报期限内办理纳税申报，报送纳税申报表、财务会计报表以及税务机关根据实际需要要求纳税人报送的其他纳税资料。纳税人未按照规定设置、保管账簿或者保管记账凭证和有关资料，以及未按照规定将财务、会计制度或者财务、会计处理办法报送税务机关备查的，由税务机关责令限期改正，逾期不改正的，可以处以2000元以下的罚款；情节严重的，处以2000元以上1万元以下的罚款。纳税人采取伪造、变造、隐匿、擅自销毁账簿、记账凭证，在账簿上多列支出或者不列、少列收入，或者进行虚假的纳税申报的手段，不缴或者少缴应纳税款，构成犯罪的，依法追究刑事责任。偷税数额不满1万元或者偷税数额占应纳税额不到10%的，由税务机关追缴其偷税款，处以偷税数额5倍以下的罚款。

(二)违反《中华人民共和国会计法》同时违反其他法律规定的，由有关部门在各自职权范围内依法进行处罚

对违反《中华人民共和国会计法》同时违反其他法律规定的行为，除构成犯罪的，由司法机关依法追究刑事责任外，其他对会计违法行为依法享有行政处罚权的机关，对尚不构成犯罪的会计违法行为，应当按照法定职权作出相应处罚。但是，对同一违法当事人的同一违法行为，不得给予二次以上罚款的行政处罚。

练习题

一、单项选择题

1. 下列各项中，属于会计法律的是(　　)。

A.《中华人民共和国会计法》　　B.《总会计师条例》

C.《会计基础工作规范》　　D.《企业会计准则》

2. 下列各项中，属于会计行政法规的是(　　)。

A.《中华人民共和国会计法》　　B.《会计从业资格管理办法》

C.《会计基础工作规范》　　D.《企业财务会计报告条例》

3. 下列各项中，有权制定国家统一的会计制度的部门是(　　)。

A. 国务院证券监管部门　　B. 国务院财政部门

C. 国务院审计部门　　D. 国务院税务部门

4. 单位负责人是指(　　)。

A. 单位法定代表人　　B. 单位的高层领导

C. 单位的总会计师　　D. 单位的总工程师

5. 下列各项中,属于单位内部会计管理制度的是(　　)。

A. 行政单位会计制度　　B. 股份有限公司会计制度

C. 会计专业技术资格考试制度　　D. 会计人员岗位责任制度

6. 在我国境内的外商投资企业,会计记录使用的文字符合规定的是(　　)。

A. 只能使用中文,不能使用其他文字　　B. 只能使用外文

C. 在中文和外文中选择一种　　D. 使用中文,同时可以选择一种外文

7. 关于记账本位币,下列说法中表述错误的是(　　)。

A. 记账本位币是指日常登记账簿和编制财务会计报告用以计量的货币

B. 我国会计核算原则上以人民币为记账本位币

C. 法律不允许收支业务以人民币以外的货币为主的单位选定他种货币作为记账本位币

D. 以人民币以外的货币为记账本位币的,在编制财务会计报告时应折算成人民币反映

8. 下列关于对外来发票出现错误金额的处理中,符合《中华人民共和国会计法》规定的是(　　)。

A. 退回原出具单位,并由原出具单位重新开发票

B. 退回原出具单位,并由原出具单位划线更正并加盖公章

C. 接受单位直接更正,并要求原出具单位说明情况同时加盖单位公章

D. 接受单位直接更正,并说明情况同时加盖单位公章

9. 会计账簿记录与实物、款项实有数核对相符的简称是(　　)。

A. 账账相符　　B. 账证相符

C. 账实相符　　D. 账表相符

10.《中华人民共和国会计法》规定,单位负责人、主管会计工作的负责人、会计机构负责人(会计主管人员)在财务会计报告上签章的下列做法中,符合规定的是(　　)。

A. 签名　　B. 签章　　C. 签名或盖章　　D. 签名并盖章

11. 根据《中华人民共和国会计法》的规定,财务会计报告不包括(　　)。

A. 会计报表　　B. 会计报表附注　　C. 财务报告分析　　D. 财务情况说明书

12. 库存现金和银行存款日记账的保管期限为(　　)。

A. 15 年　　B. 5 年　　C. 25 年　　D. 10 年

13. 会计档案保管期限分为永久和定期两类。定期保管会计档案的最长期限是(　　)。

A. 5 年　　B. 10 年　　C. 15 年　　D. 25 年

14. 下列各项中,属于财政部门实施会计监督检查的对象是(　　)。

A. 各单位的经济活动　　B. 各单位的会计行为

C. 各单位会计机构和会计人员　　D. 各单位的内部会计监督制度

15. 下列有权对会计师事务所出具的审计报告程序和内容进行监督的部门是(　　)。

A. 县级以上人民政府　　B. 县级以上财政部门

C. 审计部门　　D. 被审计单位的主管部门

16. 主管代理记账业务的负责人,其专业技术资格必须为(　　)以上。

A. 会计员　　B. 助理会计师　　C. 会计师　　D. 高级会计师

17. 某单位准备聘请会计主管人员,下列应聘人员中符合《中华人民共和国会计法》所规定的条件的是(　　)。

A. 张某,取得注册会计师、注册资本评估师和注册税务师执业资格,但未考取会计从业资格

B. 李某,刚刚获得会计从业资格不满1年,取得初级会计专业资格,为人聪慧,善于与人沟通

C. 贾某,管理学博士学位,当年刚考完会计从业资格正在等待成绩,据说100%能通过考试

D. 马某,会计专科学位,刚刚获得会计师专业技术职务资格

18. 一个单位是否单独设置会计机构,不用考虑的因素是(　　)。

A. 单位规模大小　　B. 经济业务繁简

C. 单位领导的意愿　　D. 财务收支繁简

19. 根据《中华人民共和国会计法》的规定,从事会计工作的人员应当具备的资格证书是(　　)。

A. 经济师资格证书　　B. 会计从业资格证书

C. 高中以上毕业证书　　D. 注册会计师资格证书

20. 根据《会计从业资格管理办法》的规定,会计从业资格证书实行登记备案制度。持有会计从业资格证书的人员从事会计工作时,应当自从事会计工作之日起一定期限内,向会计从业资格管理机构办理注册登记。该期限为(　　)。

A. 30日内　　B. 60日内　　C. 90日内　　D. 120日内

21. 根据《会计人员继续教育暂行规定》,会计人员继续教育的形式包括接受培训和自学两种,会计人员每年参加继续教育的时间最少应为(　　)。

A. 20小时　　B. 24小时　　C. 48小时　　D. 68小时

22. 在下列账目中,出纳人员可以登记的是(　　)。

A. 收入明细账　　B. 费用明细账

C. 固定资产明细账　　D. 债权债务明细账

23. 总会计师的任职资格、任免程序、职责权限由(　　)规定。

A. 注册会计师协会　　B. 财政部

C. 国务院　　D. 中国会计学会

24. 下列关于会计人员回避制度的说法中,正确的是(　　)。

A. 所有的企事业单位都应当实行回避制度

B. 单位领导人的直系亲属不得担任本单位的任何会计人员

C. 会计机构负责人、会计主管人员的直系亲属不得在本单位会计机构中担任出纳工作

D. 回避制度仅仅是一种形式,执行与否对单位的业务影响不大

25. 实行回避制度的单位,单位领导人的直系亲属不得担任本单位的(　　)。

A. 会计机构负责人　　B. 商场收银员

C. 出纳　　D. 稽核

26. 根据会计法律制度的有关规定,在办理会计工作交接手续中,如发现“白条顶库”现象,应采取的做法是( )。

A. 由监交人员负责查清处理　　B. 由接管人员在移交后负责查清处理

C. 由内部审计人员负责查清处理　　D. 由移交人员在规定期限内负责查清处理

27. 一般会计人员办理会计工作交接时,负责监交的人员应当是( )。

A. 其他会计人员　　B. 会计机构负责人、会计主管人员

C. 单位负责人　　D. 主管单位有关人员

28. 会计主管人员办理交接手续时,负责监交的是( )。

A. 会计机构负责人　　B. 单位负责人

C. 主管单位派人　　D. 会计机构负责人和单位负责人

29. 我国有关法律规定:“会计人员应当遵守职业道德,提高业务素质。”该法律为( )。

A.《中华人民共和国公司法》　　B.《中华人民共和国审计法》

C.《中华人民共和国会计法》　　D.《中华人民共和国注册会计师法》

二、多项选择题

1. 下列各项中,属于会计法律制度的有( )。

A. 会计法　　B. 企业会计制度

C. 总会计师条例　　D. 单位内部会计核算流程

2. 根据《中华人民共和国会计法》和《企业会计制度》的规定,下列关于会计核算依据的表述中,正确的有( )。

A. 根据将要发生的经济业务事项进行会计核算

B. 根据实际发生的经济业务事项进行会计核算

C. 根据交易或事项的法律形式进行会计核算

D. 根据交易或事项的经济实质进行会计核算

3. 实行会计电算化的单位,在打印出来的机制记账凭证上需要加盖印章或签字的人员有( )。

A. 制单人员　　B. 审核人员

C. 记账人员　　D. 会计机构负责人

4. 账目核对也称对账,是保证会计账簿记录质量的重要程序。根据《中华人民共和国会计法》的规定,账目核对应做到( )。

A. 账证相符　　B. 账实相符

C. 账账相符　　D. 账表相符

5. 根据《中华人民共和国会计法》的规定,属于企业年度财务会计报告组成部分的有( )。

A. 会计凭证　　B. 会计报表

C. 会计报表附注　　D. 财务情况说明书

6. 下列各项中,属于企业会计报表的有( )。

A. 资产负债表　　B. 利润表

C. 现金流量表　　D. 年度生产计划表

7. 根据《中华人民共和国会计法》的规定,下列人员中,应当在单位的会计报告上签名并

盖章的有(　　)。

A. 单位负责人　　B. 总会计师

C. 会计机构负责人　　D. 出纳人员

8. 根据《企业财务会计报告条例》的规定，会计期间分为(　　)。

A. 年度　　B. 半年度

C. 季度　　D. 月度

9. 会计工作的政府监督部门包括(　　)。

A. 财政部门　　B. 税务部门

C. 会计师事务所　　D. 人民银行

10. 下列各项中，属于会计档案的有(　　)。

A. 原始凭证　　B. 年度工作计划

C. 现金日记账　　D. 资产负债表

11. 关于会计记录文字的使用，以下说法中正确的有(　　)。

A. 应当使用中文　　B. 可以使用中文，也可以使用其他文字

C. 可以同时使用一种其他文字　　D. 不得使用其他文字

12. 下列有关记账本位币的基本规定中，说法正确的是(　　)。

A. 业务收支以人民币以外的货币为主的单位，可以选人民币以外的货币作为记账本位币

B. 以人民币以外的货币为主的单位，在编制财务会计报告时，可以以人民币以外的货币反映

C. 业务收支以人民币以外的货币为主的单位，必须选人民币作为记账本位币

D. 以人民币以外的货币为主的单位，在编制财务会计报告时，应按照一定的外汇汇率折算为人民币反映

13. 下列各项中，属于会计处理方法的有(　　)。

A. 存货计价方法　　B. 固定资产折旧方法

C. 收入确认方法　　D. 企业所得税的会计处理方法

14. 下列各项中，属于《中华人民共和国会计法》规定的单位内部会计监督制度要求的有(　　)。

A. 记账人员与会计事项的审批人员相互分离、相互制约

B. 重大对外投资与执行相互监督、相互制约

C. 财产清查的范围、期限和组织程序应当明确

D. 对会计资料定期进行内部审计的办法和程序应当明确

15. 下列情况下，不得销毁会计档案的有(　　)。

A. 保管期未满

B. 正在项目建设期间的建设单位，其保管期已满的会计档案

C. 未结清的债权债务的原始凭证

D. 未了事项的原始凭证

16. 根据《中华人民共和国会计法》的规定，下列各项中，属于财政部门实施会计监督检查的内容有(　　)。

A. 是否依法设置会计账簿

B. 是否按时进行纳税申报

C. 是否按时足额缴纳税款

D. 是否按照实际发生的经济业务进行会计核算

17. 下列各项中，属于财政部门实施会计监督检查的内容有（　　）。

A. 从事会计工作的人员是否具备会计从业资格证书

B. 会计凭证、会计账簿、财务会计报告和其他会计资料是否真实、完整

C. 会计核算是否符合会计法和国家统一的会计制度的规定

D. 是否按照税法的规定按时足额纳税

18. 根据会计法律制度的规定，代理记账机构可以接受委托，代表委托人办理的业务事项有（　　）。

A. 登记会计账簿　　B. 编制财务会计报告

C. 出具审计报告　　D. 向税务机构提供纳税资料

19. 根据《代理记账管理办法》规定，代理记账机构可以接受委托，代表委托人办理的业务主要有（　　）。

A. 根据委托人提供的原始凭证和其他资料，进行会计核算

B. 定期向有关部门和其他会计报表使用者提供会计报表

C. 定期向税务机关提供税务资料

D. 承办委托人委托的其他会计业务

20. 下列各项中，不属于从事会计工作必须具备的条件的有（　　）。

A. 具有初级会计专业技术资格证书

B. 取得会计从业资格证书

C. 具有大学以上会计专业学历证书

D. 取得注册会计师资格证书

21. 根据《会计专业职务试行条例》的规定，下列各项中，属于会计专业职务的有（　　）。

A. 助理会计师　　B. 会计师

C. 高级会计师　　D. 注册会计师

22. 下列各项中，属于会计工作岗位的有（　　）。

A. 工资核算岗位　　B. 出纳岗位

C. 成本核算岗位　　D. 单位内部审计岗位

23. 某事业单位任用无会计从业资格证书的李某担任公司会计，被当地会计管理部门查获，该公司及相关责任人可能受到的行政处罚有（　　）。

A. 对该单位处以 80000 元的罚款

B. 对李某处以 2000 元的罚款

C. 上级对该单位负责人王某给予行政记过处分

D. 责令该单位另行任用有会计从业资格证书的人员担任会计工作

24. 根据《会计基础工作规范》的规定，出纳人员不得兼管的工作有（　　）。

A. 办公室文秘工作　　B. 收入、费用账目的登记工作

C. 会计档案保管工作　　D. 债权、债务账目的登记工作

25. 下列各项中，属于《中华人民共和国会计法》规定的行政处罚的形式有（　　）。

A. 罚款　　B. 行政拘留

C. 吊销会计从业资格证书　　　　　　　　D. 没收违法所得

26. 下列属于私设会计账簿的行为有(　　)。

A. 某单位在法定账册之外设置小金库

B. 某单位将外单位给予的回扣单独设置账簿进行反映

C. 某单位设置了专门用于记载资金的银行存款日记账和现金日记账

D. 某单位在总账之外又针对税务检查设置了另外一套总账

27. 下列各项中,属于违反《中华人民共和国会计法》规定的行为有(　　)。

A. 随意变更会计处理方法的行为

B. 未按照规定建立并实施单位内部会计监督制度的行为

C. 向不同的会计资料使用者提供的财务会计报告编制依据不一致的行为

D. 隐匿依法应当保存的会计资料

28. 根据《中华人民共和国会计法》的规定,单位负责人对会计人员实行打击报复的,除对单位负责人依法进行处罚外,对遭受打击报复的会计人员还应采取补救措施。下列各项中,属于补救措施的有(　　)。

A. 恢复原有职务　　　　　　　　B. 恢复原有职务

C. 恢复原有级别　　　　　　　　D. 恢复名誉

29. 违反《中华人民共和国会计法》关于会计核算、会计监督、会计机构、会计人员的有关规定,应当承担法律责任。法律责任的种类包括(　　)。

A. 追究刑事责任　　　　　　　　B. 行政处分

C. 责令限期改正　　　　　　　　D. 吊销会计从业资格证书

30. 根据《中华人民共和国会计法》规定,下列情形中,对于"随意变更会计处理方法"的行为,应当承担的法律责任是(　　)。

A. 由县级以上的人民政府财政部门责令限期改正

B. 对单位处以 3000 元以上 5 万元以下的罚款

C. 对其直接负责的主管人员可以处以 5000 元以上 2 万元以下的罚款

D. 构成犯罪的,依法追究刑事责任

三、判断题

1. 国务院发布的《财务会计报告条例》的法律地位低于全国人大常委会通过的《中华人民共和国会计法》。(　　)

2. 会计年度自公历 1 月 1 日起至 12 月 31 日止。(　　)

3. 记账人员与经济业务或事项的审批人员、经办人员、财产保管人员的职责权限应当明确,并相互分离、相互制约。(　　)

4. 会计人员对不真实、不合法的原始凭证,有权不予受理。(　　)

5. 原始凭证开具单位对填制有误的原始凭证,负有更正和重新开具的法律义务,不得拒绝。(　　)

6. 单位发生的各项经济业务或者事项应当在依法设置的会计账簿上统一登记、核算。(　　)

7. 各单位对外报送的财务会计报告,应当经单位负责人、总会计师、会计机构负责人、会计主管人员和经办会计人员签名并盖章。(　　)

8. 会计机构、会计人员对记载不准确、不完整的原始凭证有权予以退回，并要求经办人员按照国家统一的会计制度的规定进行更正、补充。（　　）

9. 业务收支以人民币以外的货币为主的单位可以选择其中一种外币编制财务会计报告。（　　）

10. 向不同的会计资料使用者提供企业财务报告的，其财务会计报告的编制依据、编制原则可以不一致。（　　）

11. 会计档案的保管期限分为永久和定期两类，保管期限从会计年度终了后第一天算起。（　　）

12. 定期保管的会计档案。其保管期限为从该项经济业务或者事项发生后的第一天算起。（　　）

13. 审计机关有权对所有单位的会计凭证、会计账簿、会计报表等会计资料进行检查。（　　）

14. 出纳人员可以兼管稽核、债权债务账目登记和会计档案保管工作。（　　）

15. 会计从业资格证书实行注册登记制度。（　　）

16. 单位负责人的直系亲属可以担任本单位会计机构负责人。（　　）

17. 移交人员应对自己经办且已经移交的会计资料的真实性、完整性负责。（　　）

18. 财政部门在实施会计监督中发现重大违法嫌疑时，可以向与被监督单位有经济业务往来的单位和被监督单位开立账户的金融机构查询有关情况。（　　）

19. 隐匿、故意销毁依法应当保存的会计凭证、会计账簿、财务会计报告的行为，将承担法律责任。（　　）

20. 变造会计凭证的行为，是指用涂改、挖补等方法改变会计凭证真实内容的行为。（　　）

四、案例分析

1. 家美公司是我国某市一家外商独资企业，2011 年度发生了以下事项：

(1) 该公司平时采用英镑记账，期末使用人民币编制财务会计报表。

(2) 由于公司董事长兼总经理杰克居住在英国，为提高信息披露效率，经公司董事会研究决定，公司对外报送的财务会计报告由财务经理姜某签字、盖章后报出，不再由董事长杰克签章。

(3) 公司从外地购买一批原材料，收到发票后，公司的经办人员李某发现发票上记载的日期有误，于是对发票的日期进行了更改，并在更改处加盖了自己的印章，作为报销凭证。

根据材料，选择下列符合题意的选项：

(1) 在中国境内的外商投资企业，会计记录使用的文字符合规定的是（　　）。

A. 只能使用中文，不能使用其他文字　　B. 只能使用外文

C. 在中文和外文中选择一种　　D. 使用中文，同时可以选择一种外文

(2) 该企业期末编制财务会计报表应当使用（　　）。

A. 英镑　　B. 人民币　　C. 美元　　D. 欧元

(3) 公司对外报送的财务会计报告，应当签章的主体有（　　）。

A. 单位负责人　　B. 会计机构负责人

C. 主管会计工作的负责人　　D. 总会计师

(4)单位负责人、主管会计工作的负责人、会计机构负责人(会计主管人员)在财务会计报告上签章的下列做法中,符合规定的是(　　)。

A. 签名　　B. 签章　　C. 签名或盖章　　D. 签名并盖章

(5)针对公司经办人员李某更改日期的做法,下列表述正确的是(　　)。

A. 符合规定,原始凭证有错误的,应当由接收单位重开或更正,更正处应当加盖接收单位印章

B. 不符合规定,原始凭证有错误的,应当由出具单位重开或更正,更正处应当加盖出具单位印章

C. 不符合规定,应当由出具单位重开,不得在原始凭证上更正

D. 不符合规定,应当由接收单位重开,不得在原始凭证上更正

2. 龙腾商贸有限责任公司为国有企业,2011 年 6 月,该公司会计科长江某将其侄女小江调到公司担任出纳工作,小江已取得会计从业资格。7 月,小江调到一家外贸公司财务部工作,调离前与接任的小张自行办理了会计工作交接手续。小张接替出纳工作后,另设置了现金日记账和银行存款日记账。9 月,A 公司向龙腾公司购买了一批总价款为 30 万元人民币的货物,龙腾公司收到货款后,小张为 A 公司开具了收款发票,在填写发票时将 30 万元误填为 3 万元,A 公司发现后,交给小张进行了更改并加盖了单位印章。

根据材料,选择下列符合题意的选项:

(1)下列单位中,不用实行会计人员回避制度的有(　　)。

A. 国家机关　　B. 国有企业　　C. 民营企业　　D. 事业单位

(2)针对小江担任龙腾公司出纳工作一事,下列表述正确的有(　　)。

A. 小江已取得会计从业资格,可以在该单位担任出纳

B. 小江不属于需要回避的直系亲属范围

C. 单位会计机构负责人、会计主管人员的直系亲属不得在本单位会计机构中担任出纳工作

D. 单位领导人的直系亲属不得担任本单位的会计机构负责人、会计主管人员

(3)一般会计人员交接,由单位(　　)负责监交。

A. 会计机构负责人　　B. 会计主管人员

C. 单位负责人　　D. 总会计师

(4)小张接替出纳工作后,另设置了现金日记账和银行存款日记账,对此,下列表述正确的有(　　)。

A. 小张不能另行设置现金日记账和银行存款日记账

B. 小张可以另行设置现金日记账和银行存款日记账

C. 接替人员应当继续使用移交的会计账簿,不得自行另立新账

D. 接替人员可以选择是否继续使用移交的会计账簿,还是自行另立新账

(5)原始凭证有错误的,下列表述错误的有(　　)。

A. 原始凭证有错误的,应当由出具单位重开或更正,更正处应当加盖出具单位印章

B. 原始凭证有错误的,应当由接收单位重开或更正,更正处应当加盖接收单位印章

C. 原始凭证金额有错误的,应当由出具单位重开,不得在原始凭证上更正

D. 原始凭证金额有错误的,也可以由出具单位在原始凭证上更正

3. 2011 年 10 月,某市财政局派出检查组对咸阳市某国有大型企业甲(以下简称“甲企

业”)的会计工作进行检查。检查中了解到以下情况：

(1) 2011 年 3 月 10 日,甲企业收到一张由甲企业和乙企业共同负担费用支出的原始凭证,甲企业会计人员 A 根据该原始凭证及应承担的费用进行财务处理,并保存该原始凭证;同时应乙企业的要求将该原始凭证的复印件提供给乙企业用于账务处理。

(2)2011 年 6 月 10 日,经会计机构负责人 B 批准,甲企业档案管理部门的工作人员 C 将部分会计档案复制给丙企业。

根据材料,选择下列符合题意的选项：

(1)针对以上会计人员 A 的做法,下列说法正确的是(　　)。

A. 会计人员 A 就此原始凭证的处理程序符合法律规定

B.《中华人民共和国会计法》不允许一张原始凭证的支出由两个不同的单位共同负担

C. 会计人员 A 应当依照法律规定向乙企业开具原始凭证分割单

D. 会计人员 A 应当要求乙企业开具原始凭证分割单

(2)下列选项中,不属于原始凭证分割单包括的基本内容的有(　　)。

A. 凭证的名称　　B. 填制凭证的日期

C. 接受凭证单位的签章　　D. 填制凭证的单位名称

(3)下列关于档案室工作人员 C 将会计档案复制给丙企业的做法,观点正确的是(　　)。

A. 会计档案不仅能提供查阅和复制,原件也可以直接借出

B. 不仅需要经过会计机构负责人批准,还要经过档案管理部门的负责人批准后才能查阅和复制

C. 首先要经本单位负责人批准,在不拆散原卷册的前提下,可以提供查阅或者复制,但必须办理登记手续

D. 工作人员 C 的做法及其处理程序符合法律规定

(4)下列有关会计档案保管期限的说法中,错误的是(　　)。

A. 会计档案保管期限分为永久、定期两类

B. 会计档案的定期保管期限最短为 5 年

C. 会计档案的定期保管期限最长为 25 年

D. 会计档案的定期保管期限分为 3 年、5 年、10 年、15 年和 25 年五类

(5)会计档案的保管期限,从(　　)算起。

A. 会计年度终了后的第一天　　B. 会计年度最后一天

C. 档案形成之日　　D. 档案移交档案部门之日

4. 2011 年 8 月,A 市财政局对某企业执行《中华人民共和国会计法》情况进行检查,发现存在如下事项：

(1)为充实会计科力量,公司从外地招聘了一名会计人员李某,李某持有外地的会计从业资格证书,其相关的会计从业资格业务档案尚未调入该公司所在地财政部门,经查,李某的会计从业资格业务档案调离原单位已满 90 天。

(2)为加强公司财务管理,公司聘请了张某出任公司财务总监,但在公司财务会计报告中未见张某的签章。

(3)为获得较高的银行资信等级,2011 年初董事长王某指使财务部经理孙某虚增数笔销售收入,使公司 2009 年度增加资产 2000 万元,增加净利润 300 万元,该事项调整得到了张某的默许,A 市 B 会计师事务所为该企业出具了无保留意见的审计报告。

(4)2011 年 6 月，孙某因个人原因辞职；公司调整会计机构，决定副董事长钱某主管财会工作，张某配合其工作。

根据材料，选择下列符合题意的选项：

(1)针对李某的会计从业资格证书，此时应当办理的是(　　)。

A. 上岗注册登记　　B. 离岗备案

C. 调转登记　　D. 变更登记

(2)持证人员在同一会计从业资格管理机构管辖范围内调转工作单位，且继续从事会计工作的，应当自离开原工作单位之日起(　　)内，填写调转登记表，持会计从业资格证书及调入单位开具的从事会计工作的证明，办理调转登记。

A. 30 日　　B. 60 日　　C. 90 日　　D. 180 日

(3)根据上述事项，该公司及其相关人员可能收到的处罚有(　　)。

A. 吊销孙某的会计从业资格证书

B. 对该公司违法行为进行通报

C. 对王某处以 1 万元罚款，对公司处以 5 万元罚款

D. 李某未按时办理会计从业资格证书调转手续，予以公告

(4)单位的财务会计报告，应当签名并盖章的主体有(　　)。

A. 单位负责人　　B. 主管会计工作的负责人

C. 会计机构负责人　　D. 总会计师

(5)该公司对财政部门的检查情况进行了反馈，公司提出以下情况说明和理由，不符合规定的是(　　)。

A. 会计人员虽调离原单位已满 60 天，但未超过《会计从业资格管理办法》规定的时限，因此其调转手续符合有关手续，应不予处罚

B. 公司财务会计报告上已有董事长和财务科长的签章，张某不需要签章

C. 因为会计师事务所开具了无保留意见的审计报告，因此公司出现的财务上的问题应由会计师事务所承担，公司董事长王某不是会计专业人士，不再承担任何责任

D. 由于张某工作业绩不突出，从公司利益出发，由副董事长钱某主管财务工作符合有关规定

5. 某国有独资公司，生产经营规模不大，当地财政部门在对该公司进行执法检查的过程中发现下列问题：

(1)该公司未设置总会计师，但设置了专门的会计机构。

(2)该公司会计机构负责人李某，是该公司法定代表人王某的配偶。

(3)该公司出纳系单位办公室主任的女儿小王，小王刚刚会计学本科毕业，已报名参加当年度的会计从业资格考试，同时她还兼管稽核、会计档案保管和固定资产账簿的登记工作。

(4)该公司会计人员赵某 1 月离职，办理工作交接时未发现任何异常，至 6 月，接替人员张某方发现其中有部分会计资料不真实，张某和赵某互相推卸责任，此事目前仍未解决。

要求：根据上述资料，回答下列问题。

(1)针对事项(1)，下列说法中正确的有(　　)。

A. 该国有独资公司应当设置总会计师

B. 该国有独资公司可以不设置总会计师

C. 如果设置总会计师，该公司不得再设置与总会计师职责重叠的副职

D. 如果设置总会计师,应当将其作为单位领导成员

(2)针对事项(2),下列说法中不正确的有(　　)。

A. 该公司由于生产经营规模不大,可以不实行会计人员回避制度

B. 会计机构负责人由李某担任不符合会计人员回避制度

C. 李某不得在该公司会计机构中担任出纳工作

D. 李某可以在该公司会计机构中担任出纳工作

(3)针对事项(3),下列说法中正确的有(　　)。

A. 根据回避制度,办公室主任的女儿不得担任出纳工作

B. 从事出纳工作必须取得会计从业资格证书,该公司任用小王担任出纳不符合规定

C. 根据内部牵制制度,出纳不得兼管稽核、会计档案保管的工作

D. 出纳可以兼管固定资产账目的登记工作

(4)根据事项(4),会计人员赵某离职办理交接时,应由(　　)监交。

A. 单位负责人　　B. 人事部门主管人员

C. 会计机构负责人　　D. 其他岗位会计人员

(5)根据事项(4),对交接时未发现的不真实会计资料,(　　)应当承担相应的责任。

A. 法定代表人王某　　B. 会计机构负责人李某

C. 移交人员赵某　　D. 接替人员张某

第二章　支付结算法律制度

知识目标

(1)理解支付结算的概念、特点以及基本原则,掌握银行结算账户的概念、分类以及管理的基本原则。

(2)熟悉支付结算的主要支付工具,以及开立、使用银行结算账户,办理支付结算的基本要求。

(3)掌握现金结算的特点、渠道、范围及限额管理,明确建立现金结算的内部控制的重要性。

(4)掌握票据的概念、种类,熟悉支票、商业汇票、银行卡、委托收款、托收承付、信用证及汇兑的有关规定。

能力目标

(1)能正确填写(签发)各类票据和结算凭证。

(2)能按单位的实际情况开立和使用各类银行结算账户。

(3)能应用支付结算的主要工具,按规定办理各种支付结算。

(4)能识别支付结算过程中存在的不合规事实,正确行使票据权利。

(5)能正确运用信用卡进行筹资、消费及理财。

第一节　现金结算

一、现金结算的概念与特点

本章案例导入

(一)现金结算的概念

现金结算是指在商品交易、劳务供应等经济往来中直接使用现金进行应收应付款结算的行为,是货币结算的形式之一。在我国主要适用于单位与个人之间的款项收付在现金结算起点金额以下的零星小额收付。

(二)现金结算的特点

现金结算具有直接便利、不安全、不易宏观控制和管理、费用较高等特点。

1. 直接和便利

现金结算方式下,买卖双方一手交钱,一手交货,当面钱货两清,无须通过中介,因而对买卖双方来说是最为直接和便利的。

同样，在劳务供应、信贷存放和资金调拨方面，现金结算也是最为直接和便利的，因而广泛地被社会大众所接受。

2. 不安全性

现金结算的广泛性和便利性，使其成为不法分子觊觎的最主要目标，现金容易被偷盗、贪污、挪用。在现实经济生活中，绝大多数的经济犯罪活动都和现金有关。此外，现金还容易因火灾、虫蛀、鼠咬等发生损失。

3. 不易宏观控制和管理

现金结算大部分不通过银行进行，因而国家很难对其进行控制。过多的现金结算会使流通中的现钞过多，从而容易造成通货膨胀，增大对物价的压力。

4. 费用较高

现金结算虽然可以减少银行的手续费用，但其清点、运送、保管的费用很大。对于整个国家来说，过多的现金结算会增大整个国家印制、保管、运送现金和回收废旧现钞等工作的费用和损失，浪费人力、物力和财力。因此，国家实行现金管理，限制现金结算的范围。

二、现金结算的范围

根据《现金管理暂行条例》，开户单位可以在下列范围内使用现金：

(1)职工工资、津贴：这里所说的职工工资指企业、事业单位和机关、团体、部队支付给职工的工资和工资性津贴。

(2)个人劳务报酬：个人劳务报酬指由于个人向企业、事业单位和机关、团体、部队等提供劳务而企业、事业单位和机关、团体、部队等向个人支付的劳务报酬，包括新闻出版单位支付给作者的稿费，各种学校、培训机构支付给外聘教师的讲课费，设计费、装潢费、安装费、制图费、化验费、测试费用、咨询费、医疗费、技术服务费、介绍服务费、经纪服务费、代办服务费、各种演出与表演费，以及其他劳务费用。

(3)根据国家制度、条例的规定，颁发给个人的科学技术、文化艺术、体育等方面的各种奖金。

(4)各种劳保、福利费用以及国家规定的对个人的其他支出：如退休金、抚恤金、学生助学金、职工困难生活补助。

(5)收购单位向个人收购农副产品和其他物资的价款。

(6)出差人员必须随身携带的差旅费。

(7)结算起点以下的零星支出：结算起点(1000 元)以下的零星支出。超过结算起点的应实行银行转账结算，结算起点的调整由中国人民银行确定后报国务院备案。

(8)中国人民银行确定需要支付现金的其他支出。如采购地点不确定、交通不便、抢险救灾以及其他特殊情况，办理转账结算不够方便，必须使用现金的支出，对于这类支出，现金支取单位应向开户银行提出书面申请，由本单位财会部门负责人签字、盖章，开户银行审查批准后予以支付现金。

除上述(5)、(6)两项外，其他支付给个人的款项中，支付现金每人不得超过 1000 元，超过限额的部分根据提款人的要求，在指定的银行转存为储蓄存款或以支票、银行本票予以支付。企业与其他单位的经济往来除规定的范围可以使用现金外，应通过开户银行进行转账结算。

三、现金使用的限额

(一)库存现金限额的概念

库存现金限额是指国家规定由开户银行给各单位核定一个保留现金的最高额度。核定单位库存限额的原则是,既要保证日常零星现金支付的合理需要,又要尽量减少现金的使用。开户单位由于经济业务发展需要增加或减少库存现金限额的,应按必要的手续向开户银行提出申请。

(二)库存现金限额的核定管理

各开户单位的库存现金都要核定限额。为了保证现金的安全,规范现金管理,同时又能保证开户单位现金的日常使用,按照《现金管理暂行条例》及其实施细则的规定,库存现金限额由开户银行和开户单位根据具体情况商定,凡在银行开户的单位,银行根据实际需要核定当天的日常零星开支数额作为该单位的库存现金限额。边远地区和交通不便地区的开户单位,其库存现金限额的核定天数可以适当放宽在 5 天以上,但最多不得超过 15 天的日常零星开支的需要量。库存现金限额每年核定两次,经核定的库存现金限额,开户单位必须严格遵守。

第二节　支付结算概述

一、支付结算的概念

支付结算是指单位、个人在社会经济活动中使用现金、票据、信用卡和结算凭证进行货币给付及其资金清算的行为。其主要功能是完成资金从一方当事人向另一方当事人的转移。

银行、城市信用合作社、农村信用合作社(以下简称银行)以及单位(含个体工商户)和个人是办理支付结算的主体。其中,银行是支付结算和资金清算的中介机构。

支付结算的方式有以下几种:

(1)支票。

(2)银行本票。

(3)银行汇票。

(4)商业汇票。

(5)汇兑。

(6)委托收款。

(7)托收承付。

(8)信用卡。

(9)信用证。

支付结算是一种转账结算,是国民经济活动中资金清算的中介。为了规范支付结算行为,保障支付结算活动中当事人的合法权益,加速资金周转和商品流通,促进社会主义市场经济的发展,我国制定了一系列支付结算方面的法律、法规和制度,主要包括:2003 年 4 月 10 日中国人民银行发布的并于同年 9 月 1 日起实施的《人民币银行结算账户管理办法》、1995 年 5 月 10 日第八届全国人大常委会第十三次会议通过根据 2004 年 8 月 28 日第十届全国人大常委会第十一次会议修订并于1996年1月1日起实施的《中华人民共和国票据法》、1997年6月23日中国人民银行发布的并于同年8月1日起实施的《国内信用证结算办法》、1997年8月21日经国务院批准由中国人民银行发布的并于同年10月1日起实施的《票据管理实施办法》、1997年9月19日中国人民银行发布的并于同年12月1日起实施的《支付结算办法》和1999年1月5日中国人民银行发布的并于同年3月1日起实施的《银行卡业务管理办法》等。

支付结算工作的任务是根据经济往来组织支付结算，准确、及时、安全地办理支付结算，并按照有关法律和行政法规的规定管理支付结算，保障支付结算活动的正常进行。

二、办理支付结算的基本要求

(一)支付结算的原则

支付结算的原则是指单位、个人和银行在进行支付结算活动时必须遵循的行为准则。根据规定，支付结算应当遵守以下原则：

(1)恪守信用，履约付款原则。根据该原则，各单位之间、单位与个人之间发生交易往来，产生支付结算行为时，结算当事人必须依照双方约定的民事法律关系内容依法承担义务和行使权利，严格遵守信用，履行付款义务，特别是应当按照约定的付款金额和付款日期进行支付。结算双方办理款项收付完全建立在自觉自愿、相互信用的基础上。

(2)谁的钱进谁的账、由谁支配原则。根据该原则，银行在办理结算时，必须按照存款人的委托，将款项支付给其指定的收款人；对存款人的资金，除国家法律另有规定外，必须由其自由支配。这一原则主要在于维护存款人对存款资金的所有权，保证其对资金支配的自主权。

(3)银行不垫款原则，即银行在办理结算过程中，只负责办理结算当事人之间的款项划拨，不承担垫付任何款项的责任。这一原则主要在于划清银行资金与存款人资金的界限，保护银行资金的所有权和安全，有利于促使单位和个人直接对自己的债权债务负责。

(二)办理支付结算的基本要求

根据《支付结算办法》的规定，单位、个人和银行办理支付结算的基本要求包括：

(1)单位、个人和银行办理支付结算必须使用按中国人民银行统一规定印制的票据和结算凭证。未使用中国人民银行统一规定格式的结算凭证，银行不予受理。

(2)单位、个人和银行应当按照《人民币银行结算账户管理办法》的规定开立、使用账户。

(3)票据和结算凭证上的签章和其他记载事项应当真实，不得伪造、变造。

票据和结算凭证上的签章，为签名、盖章或者签名加盖章；单位、银行在票据上的签章和单位在结算凭证上的签章，为该单位、银行的公章加其法定代表人或者其授权的代理人的签名或者盖章。

(4)填写票据和结算凭证应当规范，做到要素齐全、数字正确、字迹清晰、不错不漏、不潦草，防止涂改。

票据和结算凭证的金额、出票或者签发日期、收款人名称不得更改，更改的票据无效；更改的结算凭证，银行不予受理。对票据和结算凭证上的其他记载事项，原记载人可以更改，更改时应当由原记载人在更改处签章证明。

票据和结算凭证金额以中文大写和阿拉伯数字同时记载，二者必须一致，否则，银行不予受理。

三、填写票据和结算凭证的基本要求

票据和结算凭证是办理支付结算和现金收付的重要依据，是银行、单位和个人凭以记载账务的会计凭证，是记载经济业务和明确经济责任的一种书面证明。因此，填写票据和结算凭证，必须做到标准化、规范化。

(1)中文大写金额数字应用正楷或行书填写，不得自造简化字。如果金额数字书写中使用繁体字，也应受理。

(2)中文大写金额数字到"元"为止的，在"元"之后应写"整"(或"正")字；到"角"为止的，在"角"之后可以不写"整"(或"正")字。大写金额数字有"分"的，"分"后面不写"整"(或"正")字。

(3)中文大写金额数字前应标明"人民币"字样，大写金额数字应紧接"人民币"字样填写，不得留有空白。大写金额数字前未写"人民币"字样的，应加填"人民币"三字。

(4)阿拉伯小写金额数字中有"0"的，中文大写应按照汉语语言规律、金额数字构成和防止涂改的要求进行书写。举例如下：

①阿拉伯数字中间有"0"时，中文大写金额要写"零"字。例如，￥1409.50，应写成人民币壹仟肆佰零玖元伍角。

②阿拉伯数字中间连续有几个"0"时，中文大写金额中间可以只写一个"零"字。例如，￥6007.14，应写成人民币陆仟零柒元壹角肆分。

③阿拉伯数字万位或元位是"0"，或者数字中间连续有几个"0"，万位、元位也是"0"，但千位、角位不是"0"时，中文大写金额中可以只写一个"零"字，也可以不写零字。例如，￥1680.32，应写成人民币壹仟陆佰捌拾元零叁角贰分，或者写成人民币壹仟陆佰捌拾元叁角贰分；又例如，￥107000.53，应写成人民币壹拾万柒仟元零伍角叁分，或者写成人民币壹拾万零柒仟元伍角叁分。

④阿拉伯金额数字角位是"0"，而分位不是"0"时，中文大写金额"元"后面应写"零"字。例如，￥16409.02，应写成人民币壹万陆仟肆佰零玖元零贰分；又例如，￥325.04，应写成人民币叁佰贰拾伍元零肆分。

(5)阿拉伯小写金额数字前面，均应填写人民币符号"￥"。阿拉伯小写金额数字要认真填写，不得连写、分辨不清。

(6)票据的出票日期必须使用中文大写。在填写月、日时，月为壹、贰和壹拾的，日为壹至玖和壹拾、贰拾和叁拾的，应在其前加"零"；日为拾壹至拾玖的，应在其前面加"壹"。例如，2月12日，应写成零贰月壹拾贰日；10月20日，应写成零壹拾月零贰拾日。票据出票日期使用小写填写的，银行不予受理。大写日期未按要求规范填写的，银行可予受理；但由此造成损失的，由出票人自行承担。

第三节　银行结算账户

一、银行结算账户的概念和种类

(一)银行结算账户的概念

银行结算账户是指存款人在经办银行开立的办理资金收付结算的人民币活期存款账户。

存款人是指在中国境内开立银行结算账户的机关、团体、部队、企业、事业单位、其他组织(以下统称单位)、个体工商户和自然人。

(二)银行结算账户的种类

银行结算账户按其存款人不同分为单位银行结算账户和个人银行结算账户。

存款人以单位名称开立的银行结算账户为单位银行结算账户。单位银行结算账户按用途不同分为基本存款账户、一般存款账户、专用存款账户、临时存款账户。个体工商户凭营业执照以字号或经营者姓名开立的银行结算账户纳入单位银行结算账户管理。

存款人凭个人身份证件以自然人名称开立的银行结算账户为个人银行结算账户。邮政储蓄机构办理银行卡业务开立的账户纳入个人银行结算账户管理。

二、银行结算账户的开立、变更和撤销

(一)银行结算账户的开立

存款人开立银行结算账户时,应填写开户申请书,并提交有关证明文件。银行应对存款人的开户申请书填写的事项和证明文件的真实性、完整性、合规性进行认真审查。

开户申请书填写的事项齐全,符合开立基本存款账户、临时存款账户和预算单位专用存款账户条件的,银行应将存款人的开户申请书、相关的证明文件和银行审核意见等开户资料报送中国人民银行当地分支行,经其核准后办理开户手续;符合开立一般存款账户、其他专用存款账户和个人银行结算账户条件的,银行应办理开户手续,并于开户之日起5个工作日内向中国人民银行当地分支行备案。

银行为存款人开立银行结算账户,应与存款人签订银行结算账户管理协议,明确双方的权利与义务。除中国人民银行另有规定的以外,应建立存款人预留鉴章卡片,并将鉴章式样和有关证明文件的原件或复印件留存归档。

银行为存款人办理基本存款账户开户手续后,应给存款人出具开户登记证。开户登记证是记载单位银行结算账户信息的有效证明,存款人应按规定使用,并妥善保管。

(二)银行结算账户的变更

存款人更改名称,但不改变开户银行及账号的,应于5个工作日内向开户银行提出银行结算账户的变更申请,并出具有关部门的证明文件。

单位的法定代表人或主要负责人、住址以及其他开户资料发生变更时,应于5个工作日内书面通知开户银行并提供有关证明。

银行接到存款人的变更通知后,应及时办理变更手续,并于2个工作日内向中国人民银行报告。

(三)银行结算账户的撤销

存款人有以下情形之一的,应向开户银行提出撤销银行结算账户的申请:

(1)被撤并、解散、宣告破产或关闭的。

(2)注销、被吊销营业执照的。

(3)因迁址需要变更开户银行的。

(4)其他原因需要撤销银行结算账户的。

存款人尚未清偿其开户银行债务的,不得申请撤销银行结算账户。

存款人撤销银行结算账户,必须与开户银行核对银行结算账户存款余额,交回各种重要空白票据及结算凭证和开户登记证,银行核对无误后方可办理销户手续。

开户银行对已开户一年,但未发生任何业务的账户,应通知存款人自发出通知30日内到开户银行办理销户手续,逾期视同自愿销户。

三、基本存款账户

(一)基本存款账户的概念

基本存款账户是存款人因办理日常转账结算和现金收付需要开立的银行结算账户。下列存款人,可以申请开立基本存款账户:企业法人、非法人企业、机关、事业单位、团级(含)以上军队、武警部队及分散执勤的支(分)队、社会团体、民办非企业组织、异地常设机构、外国驻华机构、个体工商户、居民委员会、村民委员会、社区委员会、单位设立的独立核算的附属机构、其他组织。

(二)基本存款账户使用范围

基本存款账户是存款人的主办账户。存款人日常经营活动的资金收付及其工资、奖金和现金的支取,应通过该账户办理。

(三)基本存款账户开户要求

开立基本存款账户应按照规定的程序办理并提交有关证明文件。单位银行结算账户的存款人只能在银行开立一个基本存款账户。存款人申请开立基本存款账户,应向银行出具下列证明文件:

(1)企业法人,应出具企业法人营业执照正本。

(2)非法人企业,应出具企业营业执照正本。

(3)机关和实行预算管理的事业单位,应出具政府人事部门或编制委员会的批文或登记证书和财政部门同意其开户的证明。

非预算管理的事业单位,应出具政府人事部门或编制委员会的批文或登记证书。

(4)军队、武警团级(含)以上单位以及分散执勤的支(分)队,应出具军队军级以上单位财务部门、武警总队财务部门的开户证明。

(5)社会团体,应出具社会团体登记证书,宗教组织还应出具宗教事务管理部门的批文或证明。

(6)民办非企业组织,应出具民办非企业登记证书。

(7)外地常设机构,应出具其驻在地政府主管部门的批文。

(8)外国驻华机构,应出具国家有关主管部门的批文或证明;外资企业驻华代表处、办事处,应出具国家登记机关颁发的登记证。

(9)个体工商户,应出具个体工商户营业执照正本。

(10)居民委员会、村民委员会、社区委员会,应出具其主管部门的批文或证明。

(11)独立核算的附属机构,应出具其主管部门的基本存款账户开户登记证和批文。

(12)其他组织,应出具政府主管部门的批文或证明。

存款人如为从事生产、经营活动纳税人的,还应出具税务部门颁发的税务登记证。

四、一般存款账户

(一)一般存款账户的概念

一般存款账户是指存款人因借款或其他结算需要,在基本存款账户开户银行以外的银行营业机构开立的银行结算账户。

(二)一般存款账户的使用范围

一般存款账户用于办理存款人借款转存、借款归还和其他结算的资金收付。该账户可以办理现金缴存,但不得办理现金支取。

(三)一般存款账户的开户要求

开立一般存款账户应按照规定的程序办理并提交有关证明文件。存款人申请开立一般存款账户,应向银行出具其开立基本存款账户规定的证明文件、基本存款账户开户登记证和下列证明文件:

(1)存款人因向银行借款需要,应出具借款合同。

(2)存款人因其他结算需要,应出具有关证明。

五、专用存款账户

(一)专用存款账户的概念

专用存款账户是指存款人按照法律、行政法规和规章,对有特定用途资金进行专项管理和使用而开立的银行结算账户。

(二)专用存款账户的使用范围

专用存款账户用于办理各项专用资金的收付。适用于基本建设资金,更新改造资金,财政预算外资金,粮、棉、油收购资金,证券交易结算资金,期货交易保证金,信托基金,金融机构存放同业资金,政策性房地产开发资金,单位银行卡备用金,住房基金,社会保障基金,收入汇缴资金,业务支出资金,党、团、工会设在单位的组织机构经费等专项管理和使用的资金。

(三)专用存款账户开户要求

开立专用存款账户应按照规定的程序办理并提交有关证明文件。存款人申请开立专用存款账户,应向银行出具其开立基本存款账户规定的证明文件、基本存款账户开户登记证和下列证明文件:

(1)基本建设资金、更新改造资金、政策性房地产开发资金、住房基金、社会保障基金,应出具主管部门批文。

(2)财政预算外资金,应出具财政部门的证明。

(3)粮、棉、油收购资金,应出具主管部门批文。

(4)单位银行卡备用金,应按照中国人民银行批准的银行卡章程的规定出具有关证明和资料。

(5)证券交易结算资金,应出具证券公司或证券管理部门的证明。

(6)期货交易保证金,应出具期货公司或期货管理部门的证明。

(7)金融机构存放同业资金,应出具其证明。

(8)收入汇缴资金和业务支出资金,应出具基本存款账户存款人有关的证明。

(9)党、团、工会设在单位的组织机构经费,应出具该单位或有关部门的批文或证明。

(10)其他按规定需要专项管理和使用的资金,应出具有关法规、规章或政府部门的有关文件。

六、临时存款账户

(一)临时存款账户的概念

临时存款账户是指存款人因临时需要并在规定期限内使用而开立的银行结算账户。存款人有设立临时机构、异地临时经营活动、注册验资情况的,可以申请开立临时存款账户。

(二)临时存款账户的使用范围

临时存款账户用于办理临时机构以及存款人临时经营活动发生的资金收付。临时存款账户支取现金,应按照国家现金管理的规定办理。注册验资的临时存款账户在验资期间只收不付。临时存款账户的有效期最长不得超过2年。

(三)临时存款账户开户要求

开立临时存款账户,应按照规定的程序办理并提交有关证明文件。存款人申请开立临时存款账户,应向银行出具下列证明文件:

(1)临时机构,应出具其驻在地主管部门同意设立临时机构的批文。

(2)异地建筑施工及安装单位,应出具其营业执照正本或其隶属单位的营业执照正本,以及施工及安装地建设主管部门核发的许可证或建筑施工及安装合同。

(3)异地从事临时经营活动的单位,应出具其营业执照正本以及临时经营地工商行政管理部门的批文。

(4)注册验资资金,应出具工商行政管理部门核发的企业名称预先核准通知书或有关部门的批文。

其中,第(2)、(3)项还应出具其基本存款账户开户登记证。

七、个人银行结算账户

(一)个人银行结算账户的概念

个人银行结算账户是自然人因投资、消费、结算等而开立的可办理支付结算业务的存款账户。有下列情况的,可以申请开立个人银行结算账户:

(1)使用支票、信用卡等信用支付工具的。

(2)办理汇兑、定期借记、定期贷记、借记卡等结算业务的。

自然人可根据需要申请开立个人银行结算账户,也可以在已开立的储蓄账户中选择并向开户银行申请确认为个人银行结算账户。

(二)个人银行结算账户使用范围

个人银行结算账户用于办理个人转账收付和现金支取,储蓄账户仅限于办理现金存取业务,不得办理转账结算。

(三)个人银行结算账户开户要求

存款人申请开立个人银行结算账户,应向银行出具下列证明文件:

(1)我国大陆居民,应出具居民身份证或临时身份证。

(2)中国人民解放军军人,应出具军人身份证件。

(3)中国人民武装警察,应出具武警身份证件。

(4)香港、澳门特别行政区居民,应出具港澳居民往来内地通行证;台湾居民,应出具台湾居民来往大陆通行证或者其他有效旅行证件。

(5)外国公民,应出具护照。

(6)法律、法规和国家有关文件规定的其他有效证件。

银行为个人开立银行结算账户时,根据需要还可要求申请人出具户口簿、驾驶执照、护照等有效证件。

八、异地银行结算账户

(一)异地银行结算账户的概念

异地银行结算账户是指存款人符合法定条件,根据需要在异地开立相应的银行结算账户。存款人有下列情形之一的,可以在异地开立有关银行结算账户:

(1)营业执照注册地与经营地不在同一行政区域(跨省、市、县),需要开立基本存款账户的。

(2)办理异地借款和其他结算需要开立一般存款账户的。

(3)存款人因附属的非独立核算单位或派出机构发生的收入汇缴或业务支出需要开立专用存款账户的。

(4)异地临时经营活动需要开立临时存款账户的。

(5)自然人根据需要在异地开立个人银行结算账户的。

(二)异地银行结算账户使用范围

异地银行结算账户的使用应按照开设的不同账户的使用规定进行使用。

(三)异地银行结算账户开立要求

开立异地银行结算账户,除应按照前述规定的程序办理并提交有关证明文件外,开立异地单位银行结算账户,存款人还应出具下列相应的证明文件:

(1)经营地与注册地不在同一行政区域的存款人,在异地开立基本存款账户的,应出具注册地中国人民银行分支行的未开立基本存款账户的证明。

(2)异地借款的存款人,在异地开立一般存款账户的,应出具在异地取得贷款的借款合同。

(3)因经营需要在异地办理收入汇缴和业务支出的存款人,在异地开立专用存款账户的,应出具隶属单位的证明。

第四节　票 据 结 算

一、票据概述

(一)票据的概念和种类

票据是指《中华人民共和国票据法》所规定的由出票人依法签发的,约定自己或者委托付款人在见票时或指定的日期向收款人或持票人无条件支付一定金额并可转让的有价证券。一般来讲,票据具有信用、支付、汇总和结算等职能。票据结算是支付结算的重要内容。

在我国,票据包括银行汇票、商业汇票、银行本票和支票。

(二)票据当事人

票据当事人是指票据法律关系中享有票据权利、承担票据义务的当事人,也称票据法律关系主体。票据当事人包括出票人、付款人和收款人,他们是票据的基本当事人,是在票据作成和交付时就业已存在的当事人,是构成票据法律关系的必要主体。出票人是指依法定方式签发票据并将票据交付给收款人的人;收款人是指票据到期后有权收取票据所载金额的人,又称票据权利人;付款人是指由出票人委托付款或自行承担借款责任的人。此外,承兑人、背书人、被背书人、保证人等也是当事人,但他们是在票据作成并交付后,通过一定的票据行为加入票据关系而享有一定权利、义务的当事人,属非基本当事人。承兑人是指接受汇票出票人的付款委托同意承担支付票款义务的人;背书人是指在转让票据时,在票据背面签字或盖章并将该票据交付给受让人的票据收款人或持有人;被背书人是指被记名受让票据或接受票据转让的人;保证人是指为票据债务提供担保的人,由票据债务人以外的他人担当。除基本当事人外,非基本当事人是否存在,取决于相应票据行为是否发生。

(三)票据权利与义务

票据权利与义务是指票据法律关系主体所享有的权利和应承担的义务,是票据法律关系的重要内容。

票据权利,是指票据持票人向票据债务人请求支付票据金额的权利,包括付款请求权和追索权。付款请求权是指持票人向汇票的承兑人、本票的出票人、支票的付款人出示票据要求付款的权利。行使付款请求权的持票人可以是票载收款人或最后的被背书人。票据追索权是指票据当事人行使付款请求权遭到拒绝或其他法定原因存在时,向其前手请求偿还票据金额及其他金额的权利。行使追索权的当事人除票载收款人和最后被背书人外,还可能是代为清偿票据债务的保证人、背书人。

票据义务,是指票据债务人向持票人支付票据金额的责任。它是基于债务人特定的票据行为(如出票、背书、承兑等)而应承担的义务,不具有制裁性质,主要包括付款义务和偿还义务。

(四)票据行为

票据行为是指能够产生票据权利与义务关系的法律行为。《中华人民共和国票据法》规定的票据行为则是指票据当事人以发生票据债务为目的的、以在票据上签名或盖章为权利义务成立要件的法律行为，包括出票、背书、承兑和保证四种。其中，出票是指出票人签发票据并将其交付给收款人的行为；背书是指持票人为将票据权利转让给他人或者将一定的票据权利授予他人行使，而在票据背面或者粘单上记载有关事项并签章的行为；承兑是指汇票付款人承诺在汇票到期日支付汇票金额并签章的行为；保证是指票据债务人以外的人，为担保特定债务人履行票据债务而在票据上记载有关事项并签章的行为。

(五)票据签章

票据签章是指票据有关当事人在票据上签名、盖章或签名加盖章的行为。票据签章是票据行为生效的重要条件，也是票据行为表现形式中不可缺少的应载事项。如果票据缺少当事人的签章，该项票据行为无效。

(六)票据记载事项

票据记载事项是指依法在票据上记载票据相关内容的行为。票据记载事项可分为绝对记载事项、相对记载事项和任意记载事项等。绝对记载事项是指《中华人民共和国票据法》明文规定必须记载的，如不记载票据即为无效的事项。相对记载事项是指《中华人民共和国票据法》规定应该记载而未记载，但适用法律的有关规定而不使票据失效的事项，如汇票上未记载付款日期的，为见票即付；汇票上未记载付款地的，付款人的营业场所、住所或经常居住地为付款地等即属于相对记载事项。任意记载事项是指《中华人民共和国票据法》不强制当事人必须记载而允许当事人自行选择，不记载时不影响票据效力，记载时则产生票据效力的事项，如出票人在汇票记载“不得转让”字样的，则汇票不得转让。

(七)票据丧失

票据丧失是指票据因灭失、遗失、被盗等原因而使票据权利人脱离其对票据的占有。票据丧失后可以采取挂失止付、公示催告、普通诉讼三种形式进行补救。

挂失止付是指失票人将丧失票据的情况通知付款人，由接受通知的付款人审查后暂停支付的一种方式。公示催告是指在票据丧失后由失票人向人民法院提出申请，请求人民法院以公告方式通知不确定的利害关系人限期申报权利，逾期未申报者，则权利失效，而由法院通过除权判决宣告所丧失的票据无效的一种制度或程序。普通诉讼，是指丧失票据的失票人直接向人民法院提起民事诉讼，要求法院判令付款人向其支付票据金额的活动。

二、银行汇票

(一)银行汇票的概念和适用范围

银行汇票是出票银行签发的，由其在见票时按照实际结算金额无条件支付给收款人或者持票人的票据。单位和个人在异地、同城或统一票据交换区域的各种款项结算，均可使用银行汇票。

(二)银行汇票的基本规定

(1)银行汇票可以用于转账，标明现金字样的“银行汇票”也可以提取现金。

(2)银行汇票的出票银行为银行汇票的付款人，银行汇票的付款地为代理付款人或出票人所在地。

(3)银行汇票的出票人在票据上的签章，应为经中国人民银行批准使用的该银行汇票专用章加其法定代表人或其授权经办人的签名或者盖章。

(4)签发银行汇票必须记载下列事项:表明“银行汇票”的字样;无条件支付的承诺;出票金额;付款人名称;收款人名称;出票日期;出票人签章等。欠缺记载以上事项之一的,银行汇票无效。

(5)银行汇票的提示付款期限自出票日起一个月。持票人超过付款期限提示付款的,代理付款人(银行)不予受理。

(6)银行汇票可以背书转让,但填明“现金”字样的银行汇票不得背书转让。银行汇票的背书转让以不超过出票金额的实际结算金额为准。未填写实际结算金额或实际结算金额超过出票金额的银行汇票不得背书转让。

(7)填明“现金”字样和代理付款人的银行汇票丧失,可以由失票人通知付款人或者代理付款人挂失止付。未填明“现金”字样和代理付款人的银行汇票丧失,不得挂失止付。

(8)银行汇票丧失,失票人可以凭人民法院出具的其享有票据权利的证明,向出票银行请求付款或退款。

(三)申办银行汇票的基本程序和规定

(1)申请人使用银行汇票,应向出票银行填写“银行汇票申请书”,填明收款人名称、汇票金额、申请人名称、申请日期等事项并鉴章,其鉴章为预留银行印鉴。申请人或收款人为单位的,不得在“银行汇票申请书”上填明“现金”字样。

(2)出票银行受理银行汇票申请书,收妥款项后签发银行汇票,并用压数机压印出票金额,将银行汇票和解讫通知一并交给申请人。

(3)签发转账银行汇票,不得填写代理付款人名称,但由中国人民银行代理兑付银行汇票的商业银行,向设有分支机构地区签发转账银行汇票的除外;申请人或收款人为单位的,银行不得为其签发现金银行汇票。

(4)申请人应将银行汇票和解讫通知一并交付给汇票上记明的收款人。

(5)银行汇票的实际结算金额低于出票金额的,其多余金额由出票银行退交申请人。

(6)申请人因银行汇票超过付款提示期限或其他原因要求退款时,应将银行汇票和解讫通知同时提交到出票银行,并提供本人身份证件或单位证明。对于代理付款银行查询的该张银行汇票,应在汇票提示付款期满后方能办理退款。申请人缺少解讫通知要求退款的,出票银行应于银行汇票提示付款期满一个月后办理。

(四)兑付银行汇票的基本程序和规定

(1)收款人受理银行汇票时,应审查下列事项:银行汇票和解讫通知是否齐全、汇票号码和记载的内容是否一致;收款人是否确为本单位或本人;银行汇票是否在提示付款期限内;必须记载的事项是否齐全;出票人签章是否符合规定,是否有压数机压印的出票金额,并与大写出票金额一致;出票金额、出票日期、收款人名称是否更改,更改的其他记载事项是否有原记载人签章证明。

被背书人受理银行汇票时,除审查上述收款人应审查的事项外,还应审查银行汇票是否记载实际结算金额,有无更改,其金额是否超过出票金额;背书是否连续,背书人签章是否符合规定,背书使用粘单的是否按规定签章;背书人为个人的,应验证其个人身份证件。

(2)收款人对申请人交付的银行汇票审查无误后,应在出票金额以内,根据实际需要的款项办理结算,并将实际结算金额和多余金额准确、清晰地填入银行汇票和解讫通知的有关栏内。未填明实际结算金额和多余金额或实际结算金额超过出票金额的,银行不予受理。银行汇票的实际结算金额不得更改,更改实际结算金额的银行汇票无效。

(3)持票人向银行提示付款时,必须同时提交银行汇票和解讫通知,缺少任何一联,银行不予受理。在银行开立存款账户的持票人向开户银行提示付款时,应在汇票背面"持票人向银行提示付款签章"处签章,签章须与预留银行签章相同,并将银行汇票和解讫通知、进账单送交开户银行。银行审查无误后办理转账。

(4)持票人超过期限向代理付款银行提示付款不获付款的,必须在票据权利时效内向出票银行作出说明,并提供本人身份证件或单位证明,持银行汇票和解讫通知向出票银行请求付款。

三、支票

(一)支票的概念及适用范围

支票是出票人签发的、委托办理支票存款业务的银行在见票时无条件支付确定的金额给收款人或者持票人的票据。同一票据交换区域需要支付各种款项的单位和个人均可以使用支票。2007 年 7 月 8 日,中国人民银行宣布,支票可以实现全国范围内互通使用。

(二)支票的基本规定

(1)支票分为现金支票、转账支票和普通支票。现金支票只能用于支取现金;转账支票只能用于转账;普通支票可以用于支取现金,也可用于转账。在普通支票左上角划两条平行线的,为划线支票,划线支票只能用于转账,不能支取现金。

(2)支票的出票人是经中国人民银行当地分支行批准办理支票业务的银行机构开立可以使用支票的存款账户的单位和个人。支票的付款人为支票上记载的出票人开户银行。支票的付款地为付款人所在地。

(3)签发支票必须记载下列事项:表明"支票"的字样;无条件支付的委托;确定的金额;付款人名称;出票日期;出票人签章。欠缺记载任何一项的,支票都为无效。支票的金额、收款人名称,可以由出票人授权补记,未补记前不得背书转让。

(4)支票在其票据交换区域内可以背书转让,但用于支取现金的支票不能背书转让。

(5)支票的提示付款期限自出票日起 10 日,超过提示付款期限提示付款的,持票人开户银行不予受理,付款人不予付款。

(6)持票人在付款人处的存款足以支付支票金额时,付款人应当在见票当日足额付款。

(7)存款人领购支票,必须填写"票据和结算凭证领用单"并签章,签章应与预留银行的签章相符。存款账户结清时,必须将全部剩余空白支票交回银行注销。

(三)支票签发的规定

(1)签发支票应使用碳素墨水或墨汁填写。

(2)签发现金支票和用于支取现金的普通支票必须符合国家现金管理的规定。

(3)支票的出票人签发支票的金额不得超过付款时在付款人处实有的金额。禁止签发空头支票。

(4)支票的出票人在票据上的签章,应为其预留银行的签章,该签章是银行审核支票付款的依据。银行也可以与出票人约定使用支付密码,作为银行审核支付支票金额的条件。

(5)出票人不得签发与其预留银行签章不符的支票;使用支付密码的,出票人不得签发支付密码错误的支票。

(6)出票人签发空头支票、签章与预留银行签章不符的支票,使用支付密码地区、支付密码错误的支票,银行应予以退票,并按票面金额处以5%但不低于1000元的罚款;持票人有权要求出票人赔偿支票金额2%的赔偿金。对屡次签发空头支票的,银行应停止其签发支票。

(四)支票的兑付手续

持票人可以委托开户银行收款或直接向付款人提示付款。用于支取现金的支票仅限于收款人向付款人提示付款。

持票人委托开户银行收款时,应作委托收款背书,在支票背面背书人签章栏签章、记载"委托收款"字样、背书日期,在被背书人栏记载开户银行名称,并将支票和填制的进账单送交开户银行。

持票人持用于转账的支票向付款人提示付款时,应在支票背面背书人签章栏签章,并将支票和填制的进账单送交出票人开户银行。

收款人持用于支取现金的支票向付款人提示付款时,应在支票背面"收款人签章"处签章,持票人为个人的,还需交验本人身份证件,并在支票背面注明证件名称、号码及发证机关。

(五)现金支票填制要求

(1)签发日期应填写实际出票日期,支票正联出票日期必须使用中文大写,支票存根部分出票日期可用阿拉伯数字书写。

在支票正联用大写填写出票日期时,为防止变造支票的出票日期,在填写月、日时应注意:
①月为壹、贰和壹拾的,日为壹至玖和壹拾、贰拾和叁拾的,应在其前加"零"。

②日为拾壹至拾玖的,应在其前加"壹"。如1月15日,应写成零壹月壹拾伍日。再如10月20日,应写成零壹拾月零贰拾日。

(2)收款单位名称应填写全称并与预留银行印鉴中单位名称保持一致。如是本单位自行提取现金,可填为"本单位"。

(3)大写金额应紧接"人民币"书写,不得留有空白,以防加填;大小写金额要对应,要按规定书写。

(4)阿拉伯小写金额数字前面,均应填写人民币符号"¥"。阿拉伯小写金额数字要认真填写,不得连写分辨不清。

(5)如实写明用途,存根联与支票正联填写的用途应一致。

(6)在签发人签章处按预留银行印鉴分别签章,签章不能缺漏。

(7)现金支票签发后,将支票从存根联与正联之间骑缝线剪开,正联交给收款人办理提现,存根联留下作为记账依据。

(六)转账支票的填制要求

(1)签发日期应填写实际出票日期,支票正联出票日期必须使用中文大写,支票存根部分出票日期可用阿拉伯数字书写。

在支票正联用大写填写出票日期时,为防止变造支票的出票日期,在填写月、日时应注意:
①月为壹、贰和壹拾的,日为壹至玖和壹拾、贰拾和叁拾的,应在其前加"零"。

②日为拾壹至拾玖的,应在其前加"壹"。如1月15日,应写成零壹月壹拾伍日。再如10

月 20 日,应写成零壹拾月零贰拾日。

(2)收款单位名称应填写全称并与预留银行印鉴中单位名称保持一致。

(3)大写金额应紧接“人民币”书写,不得留有空白,以防加填;大小写金额要对应,要按规定书写。

(4)阿拉伯小写金额数字前面,均应填写人民币符号“￥”。阿拉伯小写金额数字要认真填写,不得连写分辨不清。

(5)如实写明用途,存根联与支票正联填写的用途应一致。

(6)在签发人签章处按预留银行印鉴分别签章,签章不能缺漏。

(7)转账支票签发后,将支票从存根联与正联之间骑缝线剪开,正联交给收款人办理转账,存根联留下作为记账依据。

练习题

一、单项选择题

1. 下列办理支付结算的主体中,属于中介机构性质的为(　　)。

A. 银行　　B. 国家　　C. 企业　　D. 个人

2. 单位、个人和银行办理支付结算必须使用(　　)。

A. 各开户银行印制的票据和结算凭证

B. 按财政部统一规定印制的票据和结算凭证

C. 按中国人民银行统一规定印制的票据和结算凭证

D. 按国家税务部门统一规定印制的票据和结算凭证

3. 在我国,票据金额以中文大写和数码小写同时记载,若两者不一致,则(　　)。

A. 票据无效　　B. 票据行为无效

C. 以中文大写为准　　D. 以数码小写为准

4. 长江公司出纳会计李某于 2008 年 2 月 10 日签发了一张转账支票,转账支票上日期填写正确的是(　　)。

A. 贰零零捌年贰月拾日　　B. 贰零零捌年零贰月壹拾日

C. 贰零零捌年零贰月零壹拾日　　D. 贰零零捌年贰月壹拾日

5. 下列关于在中国境内填写票据和结算凭证的表述,不正确的是(　　)。

A. 票据和结算凭证中文大写金额数字应用正楷或行书填写,用繁体字的,也应受理

B. 阿拉伯小写金额数字前面,均应填写人民币符号“￥”

C. 少数民族地区和外国驻华使领馆根据实际需要,金额大写可以使用少数民族文字或外国文字

D. 票据的出票日期必须使用中文大写,小写的银行不予受理

6.《现金管理暂行条例》由(　　)发布。

A. 财政部门　　B. 国务院

C. 人民银行　　D. 全国人民代表大会

7. 下列可用于支付工资及奖金的账户是(　　)。

A. 基本存款账户　　B. 一般存款账户

C. 临时存款账户　　D. 专用存款账户

8. 银行结算账户的监督管理部门是(　　)。

A. 各级财政部门　　B. 中国人民银行

C. 各开户银行　　D. 国务院及地方各级人民政府

9. 下列关于银行结算账户特点的表述中,不准确的为(　　)。

A. 办理人民币业务　　B. 办理资金收付结算业务

C. 是活期存款账户　　D. 是定期存款账户

10. 下列对象中,不具备开立基本存款账户资格的存款人为(　　)。

A. 企业法人　　B. 民办非法人企业

C. 社区委员会　　D. 单位设立的非独立核算的附属机构

11. 出票银行签发的,由其在见票时按实际结算金额无条件支付给收款人或持票人的票据是(　　)。

A. 商业汇票　　B. 银行汇票　　C. 银行本票　　D. 支票

12. 关于现金收支的基本要求,下列表述不正确的是(　　)。

A. 开户单位收入现金一般应于当日送存开户银行

B. 开户单位支付现金,可以从本单位的现金收入中直接支付

C. 开户单位对于符合现金使用范围规定,从开户银行提取现金的,应写明用途,由本单位财会部门负责人签字盖章,并经开户银行审查批准

D. 不准单位之间相互借用现金

13. 下列关于支票的提示付款期限的表述中,正确的是(　　)。

A. 自出票日起 10 日内　　B. 自出票日起 20 日内

C. 自出票日起 30 日内　　D. 自出票日起 60 日内

14. 根据支付结算法律制度的规定,下列有关汇兑的表述中,不正确的是(　　)。

A. 汇兑分为信汇和电汇两种

B. 汇兑每笔金额起 1 万元

C. 汇兑适用于单位和个人各种款项的结算

D. 汇兑是汇款人委托银行将其款项支付给收款人的结算方式

15. 甲公司发现其持有乙公司签发的销售金额为 40 万元的转账支票为空头支票后,可以向乙公司要求赔偿的金额是(　　)。

A. 20000 元　　B. 12000 元　　C. 8000 元　　D. 2000 元

16. 商业汇票的提示付款期限,为自汇票到期日起(　　)内。

A. 5 天　　B. 10 天　　C. 30 天　　D. 2 个月

17. 根据《人民币银行结算账户管理办法》的规定,以下存款人不可以申请开立专用存款账户的是(　　)。

A. 粮、棉、油收购资金　　B. 注册验资的资金

C. 证券交易结算资金　　D. 期货交易保证金

18. 下列中属于有效的票据包括(　　)。

A. 自定格式的票据　　B. 更改签章的票据

C. 金额大小写不一致的票据　　D. 出票日期大写不规范的票据

19. 根据支付结算法律制度的规定,下列各账户中,不得办理现金支付的是(　　)。

A. 基本存款账户　　B. 一般存款账户

C. 临时存款账户　　D. 个人银行结算账户

20.《中华人民共和国票据法》规定的票据不包括(　　)。

A. 支票　　B. 期票　　C. 汇票　　D. 本票

二、多项选择题

1. 下列各项中,可作为支付结算和资金清算的主体是(　　)。

A. 个人　　B. 农村信用合作社

C. 银行　　D. 个体工商户

2. 下列结算方式中,只能用于同城结算的是(　　)。

A. 支票　　B. 银行本票

C. 银行汇票　　D. 商业汇票

3. 根据《支付结算办法》的规定,下列属于支付结算和资金清算中介机构的是(　　)。

A. 银行　　B. 城市信用合作社

C. 农村信用合作社　　D. 保险公司

4. 单位、个人和银行办理支付结算必须遵守的原则是(　　)。

A. 恪守信用,履行付款　　B. 谁的钱进谁的账,由谁支配

C. 银行不垫款　　D. 一个基本账户原则

5. 按照库存现金保管制度的要求,出纳人员应该(　　)。

A. 超过库存限额以外的库存现金应在下班前送存银行

B. 限额内的库存现金当日核对清楚后,一律放入保险柜内,不得放在办公桌内过夜

C. 单位的库存现金不准以个人名义存入银行

D. 库存的纸币和铸币应实行分类保管

6. 下列说法错误的是(　　)。

A. 票据的金额可以更改

B. 票据的金额不得更改

C. 票据的出票日期不得更改

D. 票据的收款人名称可以背书更改

7. 下列关于办理支付结算的表述中,符合有关法律规定的为(　　)。

A. 未使用按中国人民银行统一规定印制的票据,票据无效

B. 票据和结算凭证上的签章和其他记载的事项应当真实

C. 单位和银行签发票据时,名称应当记载全称,使用简称的,银行不予受理

D. 填写票据和结算凭证应当规范。

8. 银行汇票是(　　)。

A. 由出票银行签发的　　B. 见票即付票据

C. 附条件支付的票据　　D. 支付结算的一种方式

9. 关于银行结算账户的分类方式,下列选项中说法准确的为(　　)。

A. 按用途分为基本存款账户、一般存款账户、专用存款账户和临时存款账户

B. 按存款人不同分为单位银行结算账户和个人银行结算账户

C. 按存入币种不同分为人民币结算账户和外币结算账户

D. 按存款期限不同分为定期存款账户和活期存款账户

10. 根据《人民币银行结算账户管理办法》的规定，存款人开立(   )账户实行核准制度，经中国人民银行核准后由开户银行核发开户许可证。

A. 基本存款账户　　B. 一般存款账户

C. 临时存款账户　　D. 个人银行结算账户

11. 银行结算账户管理应当遵守的基本原则是(   )。

A. 一个基本账户原则　　B. 自主选择银行开立银行结算账户原则

C. 守法原则　　D. 银行结算账户存款保密原则

12. 根据《人民币银行结算账户管理办法》的规定，下列事项中存款人应向开户银行申请撤销银行结算账户的是(   )。

A. 尚未清偿其开户银行债务的　　B. 存款人因迁址需要变更开户银行的

C. 存款人因迁址但不变更开户银行的　　D. 注销、被吊销营业执照

13. 单位和个人都可以采用的结算方式是(   )。

A. 支票　　B. 银行本票

C. 银行汇票　　D. 商业汇票

14. 下列各项中，属于支票必须记载的事项有(   )。

A. 无条件支付的承诺　　B. 无条件支付的委托

C. 付款人名称　　D. 收款人名称

15. 下列事项中，单位开户银行可以使用现金的有(   )。

A. 发给公司甲某的800元奖金

B. 支付给公司临时工王某的2000元劳务报酬

C. 向农民收购农产品的1万元收购款

D. 出差人员出差必须随身携带的2000元差旅费

16. 我国票据法中所称的票据包括(   )。

A. 汇票　　B. 债券　　C. 支票　　D. 本票

17. 下列关于商业汇票的表述中，符合法律规定的有(   )。

A. 商业汇票的提示承兑期限，为自汇票到期日起10日内

B. 商业汇票的提示付款期限，为自汇票到期日起10日内

C. 商业汇票的付款期限，最长不得超过6个月

D. 见票后定期付款的商业汇票，提示承兑期限为自出票日起1个月内

18. 下列各项中，属于一般存款账户可以办理的业务有(   )。

A. 日常经营活动的资金收付　　B. 借款转存

C. 现金支取　　D. 借款归还

19. 根据我国《支付结算办法》的规定，签发商业汇票必须记载的事项包括(   )。

A. 表明"商业承兑汇票"或"银行承兑汇票"字样

B. 无条件支付委托和确定的金额

C. 付款人名称和收款人名称

D. 出票日期、出票人签章

20. 下列有关存款人账户信息发生变更后，存款人应及时向开户银行办理变更手续的包括(   )。

A. 账户名称　　B. 财务负责人

C. 法定代表人　　　　　　　　　　　　　　D. 地址、邮编、电话等其他开户资料

三、判断题

1. 根据《支付结算办法》的规定，除法律、行政法规另有规定外，未经中国人民银行批准的非银行金融机构和其他单位，不得作为中介机构经营银行支付结算业务。（　　）

2.《支付结算办法》规定，单位、个人和银行办理支付结算未使用按中国人民银行统一规定印制的票据，则票据无效。（　　）

3. 票据和结算凭证的金额，出票或者签发日期、收款人名称不得更改，更改的票据无效；更改的结算凭证，银行不予受理。（　　）

4. 无论企业或个人在银行是否开立存款账户，均可通过银行办理支付结算。（　　）

5. 存款人开立单位银行结算账户的，自开立之日起即可使用该账户办理结算业务。
（　　）

6. 一般存款账户是指存款人因借款或其他结算需要，在基本存款账户开户银行内其他营业机构开立的银行结算账户。（　　）

7. 银行汇票是出票银行签发的，由其在见票时按照出票金额无条件支付给收款人或者持票人的票据。（　　）

8. 单位和个人的各种款项结算，均可以使用银行汇票。（　　）

9. 支票在同城或异地的商品交易、劳务供应及其他款项结算中均可使用，它具有方便、灵活等特点，是一种应用范围较广的结算方式。（　　）

10. 银行一律不得为任何单位或者个人查询账户情况，不得为任何单位或者个人冻结、扣划款项，不得停止单位、个人存款的正常支付。（　　）

11. 注册验资的临时存款账户在验资期间只付不收。（　　）

12. 个人银行结算账户是指自然人、法人和其他组织因投资、消费、结算等而开立的可办理支付结算业务的存款账户。（　　）

13. 狭义的支付结算仅指银行转账结算。（　　）

14. 单位、银行在票据上的签章和单位在结算凭证上的签章，为该单位、银行的盖章加其法定代表人或其授权的代理人的签名或盖章。（　　）

15. 出票人签发的，委托付款人在指定日期无条件支付确定的金额给收款人或者持票人的票据。（　　）

16. 储蓄账户既能办理现金存取业务，又能办理转账结算。（　　）

17. 单位违法开立基本存款账户：责令其限期撤销账户，并处以 5000 ~ 10000 元罚款。
（　　）

18. 信用卡销户时，单位卡账户余额转入基本存款账户后，提取现金。（　　）

19. 商业承兑汇票付款人和收款人都可以签发且双方必须有真实的交易关系或债权债务关系。（　　）

20. 未在银行开立账户的个人可以办理支付结算。（　　）

四、案例分析题

1. 精华公司会计部门 2008 年开出和收到的票据情况如下：

(1)2 月 5 日，收到 A 公司的开户银行开出的银行汇票一张，注明的出票日期为 2008 年 2 月 4 日，金额 10 万元。

(2)2 月 10 日，精华公司向客户 B 企业开出一张支票，由于 B 企业的单位全称和金额未确定，因此出纳人员在开出支票时未记载“收款人名称”和“确定金额”。

(3)5 月 1 日，向 C 公司销售货物，取得了 C 公司开具的一张银行承兑汇票，该汇票为见票后定期付款的汇票，付款期为 3 个月，出票人为 C 公司，出票日期为 5 月 1 日。

(4)6 月 15 日，为支付欠 D 公司的咨询费，将 C 公司开具的银行承兑汇票背书转让给 D 公司，在背书时，出纳人员将精华公司的签章盖在了票据背面“被背书人”处，将 D 公司的名称写在了“背书人”处。

要求：根据资料回答(1)～(4)题

(1)根据《中华人民共和国票据法》规定，签发银行汇票必须记载的事项包括(　　)。

A. 无条件支付的承诺　　B. 付款人名称

C. 收款人名称　　D. 出票日期

(2)2 月 5 日精华公司收到银行汇票，以下所列出的提示付款期限中，没有超过法定期限的是(　　)

A. 2008 年 2 月 14 日　　B. 2008 年 3 月 2 日

C. 2008 年 4 月 3 日　　D. 2008 年 2 月 1 日

(3)关于 2 月 10 日精华公司向 B 企业开出支票的行为，下列表述中正确的是(　　)。

A. 支票的收款人名称可以授权补记，在出票时未记载，票据也是有效的

B. “收款人名称”是支票的绝对记载事项，因此精华公司开具的支票无效

C. “确定的金额”是支票的绝对记载事项，因此精华公司开具的支票无效

D. 支票的确定金额可以授权补记，在出票时未记载，票据也是有效的

(4)关于 6 月 15 日精华公司转让汇票的行为，下列观点正确的是(　　)。

A. 背书时应不记载背书人，被背书人应记载为：“D 公司”

B. 精华公司出纳人员填写的背书记载不符合规定

C. 该记载会导致此票据不连续

D. 该记载会导致承兑人拒绝付款

2. 天地有限责任公司财务部门有一位出纳、一位会计、一位会计机构负责人，要完成以下 9 项工作：①填制记账凭证；②登记债权、债务明细分类账和其他明细分类账；③办理银行结算；④收付现金；⑤检查银行对账单、审核银行存款余额调节表和会计报表；⑥登记现金日记账和银行存款日记账。⑦登记总账；⑧编制会计报表；⑨审核会计凭证。

(1)根据单位内部会计监督制度的要求，将上述 9 项工作分配给 3 位财务人员，其中会计机构负责人承担 2 项工作。请问：这 9 项工作符合规定的分配方式为(　　)。

A. 出纳员：③④⑥　　B. 会计：②⑥⑦⑧

C. 会计：①②⑦⑧　　D. 会计机构负责人：⑤⑨

(2)现金管理的基本原则是(　　)。

A. 一个单位在几家金融机构开户的，只能在一家金融机构开设一个基本存款账户，办理现金支付

B. 凡在银行和其他金融机构开立账户的机关、团体、部队、企业、事业单位和其他单位，必须依照规定收支和使用现金，接受开户银行的监督和管理

C. 国家鼓励开户单位和个人在经济活动中采取转账结算方式进行结算，减少现金的使用

D. 开户单位之间的现金往来，除按规定的范围可以使用现金外，应当通过开户银行进行转账

(3)伪造、变造会计凭证、会计账簿，编制虚假财务报告要承担的法律责任有(　　)。

A. 构成犯罪的，依法追究刑事责任

B. 尚不构成犯罪的，由县级以上人民政府财政部门予以通报，可以对单位并处5000元以上10万元以下的罚款；对其直接负责的主管人员和其他直接责任人员，可以处3000元以上5万元以下的罚款

C. 属于国家工作人员的，还应当由其所在单位依法给予撤职直至开除的行政处分

D. 不属于国家工作人员的，还应当由其所在单位或者有关单位依法给予行政处罚

(4)代理记账的业务范围是(　　)。

A. 根据委托人提供的原始凭证和其他资料，按照国家统一的会计制度的规定进行会计核算

B. 定期向有关部门和其他财务会计报告使用者提供财务会计报告

C. 定期向会计信息使用者提供委托人成本核算的会计资料

D. 承办委托人委托的其他会计业务

(5)异地银行结算账户的使用范围是(　　)。

A. 营业执照注册地与经营地不在同一行政区域需要开立基本存款账户的

B. 办理异地借款和其他结算需要开立一般存款账户的

C. 异地临时经营活动需要开立临时存款账户的

D. 自然人根据需要在异地开立个人银行结算账户的

(6)会计法律制度的构成是(　　)。

A. 会计法律，是指全国人民代表大会及其常务委员会经过一定立法程序制定的有关会计法律工作的法律

B. 会计行政法规，是指由国务院制定并发布，或者国务院有关部门拟定并经国务院批准发布，调整经济生活中某些方面会计关系的法律规范，其制定依据是《中华人民共和国会计法》

C. 会计规章，是根据《中华人民共和国会计法》规定的程序，由财政部制定，并以财政部部长签署命令的形式公布的关于会计核算、会计监督、会计机构和会计人员，以及会计工作管理的会计法律制度

D. 地方性会计法规，是指省、自治区、直辖市人民代表大会及其常委会与会计法律、会计行政法规不相抵触的前提下制定的地方性会计法规，在本地区具有普遍适用效力

第三章 税收征收管理法律制度

知识目标

(1)了解税收的种类、特点、作用。

(2)掌握税法的构成要素。

(3)掌握增值税、消费税、企业所得税、个人所得税的有关规定。

(4)掌握税务登记、发票管理、纳税申报、税款征收方式、税务代理、税收检查及相关法律责任等。

能力目标

(1)能正确计算应纳税额,应用纳税申报方式完成纳税申报工作。

(2)能正确进行开业登记、变更登记、停业和复业登记、注销登记及外出经营报验、税种登记。

(3)能正确使用和管理发票。

(4)能针对不同的纳税人确定不同税款征收方式。

(5)能依法维护自己的涉税合法权益。

第一节 税收概述

一、税收及其特征与分类

本章案例导入

(一)税收的概念与作用

1.税收的概念

税收是国家为了满足一般的社会共同需要,凭借其政治权力,按照国家法律规定的标准,强制地、无偿地取得财政收入的一种分配方式。它体现了国家与纳税人在征税、纳税的利益分配上的一种特殊关系,是一定社会制度下的一种特定分配关系。税收是政府收入的重要来源,它是人类社会经济发展到一定历史阶段的产物。税收与国家存在直接联系,是政府机器赖以生存并实现其职能的物质基础。税收是一个分配范畴,是国家参与并调节国民收入分配的一种手段,是国家财政收入的主要形式。税收是国家在征税过程中形成的一种特殊分配关系,即以国家为主体的分配关系。

2.税收的作用

(1)税收是国家组织财政收入的主要形式和工具。国家财政收入的主要内容是税收收入，因此，税收在保证和实现财政收入方面起着重要作用。由于税收具有强制性、无偿性和固定性，因而能保证收入的稳定。同时，税收的征收十分广泛，能从多方筹集财政收入。

(2)税收是国家调控经济运行的重要杠杆之一。经济决定税收，税收反作用于经济。国家通过税种的设置，以及加成税收或减免税等手段来影响社会成员的经济利益，改变社会财富分配状况，对资源配置和社会经济发展产生影响，调节社会生产、交换、分配和消费，从而达到调控经济运行的目的，促进社会经济健康发展。

(3)税收具有维护国家政权的作用。国家政权是税收产生和存在的必要条件，而国家政权的存在又依赖于税收的存在。没有税收，国家机器就不能有效运转。同时，税收分配不是按照等价原则和所有权原则分配的，而是凭借政治权利对物质利益进行调节，体现国家支持什么、限制什么，从而达到维护和巩固国家政权的目的。

(4)税收是国际经济交往中维护国家利益的可靠保证。在国际交往中，任何国家对在本国境内从事生产、经营的外国企业或个人都拥有税收管辖权，这是国家权益的具体体现。我国实行对外开放以来，在平等互利的基础上，不断扩大和发展同各国、各地区的经济交流合作，利用外资，引进技术的规模、渠道和形式都有了很大发展。我国在建立和完善涉外税法的同时，还对外签署了约100个避免双重征税的协定。这些税法规定既维护了国家的权益，又为鼓励外商投资、保护国外企业或个人在华的合法经营、发展国家间平等互利的经济技术合作关系提供了可靠的法律保障。

(二)税收的特征

税收与其他财政收入形势相比，具有强制性、无偿性和固定性三个特征。这就是所谓的税收“三性”，它是税收本身所固有的。

(1)强制性，是指国家以社会管理者的身份，凭借政权力量，通过颁布法律或法规，按照一定的征收标准进行强制征税。负有纳税义务的社会集团和社会成员，都必须遵守国家强制性的税收法律制度，依法纳税，否则就要受到法律制裁。

(2)无偿性，是指国家取得税收收入既不需偿还，又不需对纳税人付出任何对价。税收的无偿性特征，是与税收是国家凭借政治权力进行收入分配的本质相关联的。它既不是凭借财产所有权取得的收入，又不像商品交换那样，需要使用价值的转换或提供特定服务取得收入。

(3)固定性，是指国家征税以法律形式预先规定征税范围和征收比例，便于征纳双方共同遵守。税收的固定性既包括时间上的连续性，又包括征收比例的固定性。税收是按照国家法律制度规定的标准征收的，在征税之前就以法律形式将课税对象、征收比例或数额等公布于众，然后按事先公布的标准征收。课税对象、征收比例或数额等制定公布后，在一定时期内保持稳定不变，未经严格的立法程序，任何单位和个人对征税标准都不得随意变更或修改，因此，税收是一种固定的连续性收入。

(三)税收的分类

税收的分类方法有很多种，主要有按课税对象性质、经济性质及其转嫁归宿状况分类。我国的税收分类方式主要有：

1. 按征税对象分类

按征税对象的不同，税收可分为流转税、所得税、资源税、财产税、行为税五大类型。

(1)流转税。它是以货物或劳务的流转额为征税对象的一类税收。流转额包括两种，一是商品流转额即商品交易的金额或数量；二是非商品流转额，即各种劳务收入或服务性业务收入的金额，如增值税、消费税、关税等。流转税是我国税制体系中的主体税种，其中又以增值税为主。

(2)所得税。所得税也称收益税，是以纳税人的各种所得额为征税对象的一类税收。所得税类税收属于终端税种，它体现了量能负担的原则，即所得多的多征、所得少的少征、无所得的不征。我国所得税主要包括企业所得税和个人所得税。

(3)资源税。它是以自然资源和某些社会资源为征税对象的税收。其特点是：税负高低与资源级差收益水平关系密切，证税范围的选择比较灵活。我国现行的资源税、土地增值税和城镇土地使用税等属于此类。

(4)财产税。它是以纳税人所拥有或支配的特定财产为征税对象的一类税收。其特点是：税收负担与财产价值、数量关系密切，体现调节财富、合理分配等原则。我国现行的房产税、契税、车船税等属于此类。

(5)行为税。行为税也称特定目的税，是指国家为了实现某种特定目的，以纳税人的某些特定行为为征税对象的一类税收。如城市维护建设税、印花税、车辆购置税等属于此类。

2. 按税收征收管理的分工体系分类

按税收征收管理的分工体系分类，税收可分为工商税、关税。

(1)工商税。工商税由税务机关负责征收管理，是我国现行税制的主体部分。目前，我国由税务部门负责征种的税种有增值税、消费税、企业所得税、个人所得税、资源税、城镇土地使用税、房产税、城市维护建设税、耕地占用税、土地增值税、车辆购置税、车船税、印花税、契税等。由税务部门负责征收的税种属于商税收。

(2)关税，它是国家授权海关对出入关境的货物和物品征收的一类税。关税和船舶吨税由海关部门征收，另外，进口货物的增值税、消费税由海关代征。

3. 按税收征收权限和收入分配权限分类

按税收征收权限和收入分配权限分类，税收可分为中央税、地方税和中央与地方共享税。

(1)中央税。它是指由中央政府征收和管理使用或者地方政府征税后全部划解中央，由中央所有和支配的税收。消费税(含进口环节由海关代征的部分)、关税以及海关代征的进口环节的增值税等为中央税。

(2)地方税。它是由地方政府征收、管理和支配的一类税收。地方税主要包括城镇土地使用税、耕地占用税、土地增值税、房产税、车船税和契税等。

(3)中央与地方共享税。它是指税收收入由中央和地方政府按比例分享的税收。如增值税、企业所得税和个人所得税等。

4. 按计税标准(依据)不同分类

按照计税标准即计税依据不同分类，税收可分为从价税、从量税和复合税。

(1)从价税。它是以征税对象的价格作为计价依据，一般实行比例税率和累进税率，其应纳税额随商品价格的变化而变化，能充分体现合理负担的税收政策，因而大部分税种均采用这一计税方法。如我国现行的增值税、企业所得税和个人所得税以及部分资源税等税种。

(2)从量税。它是以征税对象的实物量，如数量、重量、体积等作为计价依据，其课税数与征税对象数量相关而与价格无关，一般采用定额税率。如我国现行的车船税、土地使用税；消费税中的啤酒和黄酒以及部分资源税等。

(3)复合税。它是指征税对象采取从价和从量相结合的复合计税方法征收的一种税，如对卷烟、白酒征收的消费税采用从价和从量相结合的复合计税方法。

5. 按税负能否转嫁分类

按税负能否转嫁分类，税收可分为直接税和间接税。

(1)直接税。它是指由纳税人直接负担、不易转嫁的税种，如所得税类、财产税类。

(2)间接税。它是指纳税人能将税负转嫁给他人负担的税种，一般情况下各种商品和劳务的课税均属于间接税。

二、税法及构成要素

(一)税法的概念

税法，是指税收法律制度，是国家权力机关和行政机关指定的用以调整国家与纳税人之间在税收征纳方面的权利与义务的法律规范的总称。它是国家及纳税人依法征税、依法纳税的行为准则，其目的是保障国家利益和纳税人的合法权益，维护正常的税收秩序，保证国家的财政收入。

(二)税法与税收的关系

税法与税收存在着密切的联系。税收活动必须严格按照税法的规定进行，税法是税收的法律依据和法律保障；税收必须以税法为其依据和保障，税法又必须以保障税收活动的有序进行为其存在的理由和依据。税收作为一种经济活动，属于经济基础范畴；而税法则是一种法律制度，属于上层建筑范畴。

(三)税法的分类

税法可按照功能作用、管辖权限、法律级次等标准进行分类。

1. 按照税法的功能作用进行分类

按照税法的功能作用进行分类，税法可分为税收实体法和税收程序法。

税收实体法是规定税收法律关系主体的实体权利、义务的法律规范总称。税收实体法具体规定了各种税法的征税对象、征收范围、税目、税率等。如《中华人民共和国企业所得税法》《中华人民共和国个人所得税法》就属税收实体法。

税收程序法是指税务方面的法律规范，具体规定税收征收管理、纳税程序、发票管理、税务争议处理等内容，主要包括税收管理法、纳税程序法、发票管理法、税务机关组织法和税务争议处理法等。如《中华人民共和国税收征收管理法》《中华人民共和国进出口关税条例》等就属于税收程序法。

2. 按照主权国家行使税收管辖权的不同进行分类

按照主权国家行使税收管辖权的不同进行分类，税法可分为国内税法、国际税法、外国税法等。

国内税法是指一国在其税收管辖权范围内，调整国家与纳税人之间权利义务关系的法律规范的总称，是由国家立法机关和经由授权或法律规定的国家行政机关制定的法律、法规和规范性文件。一般是按照属人或属地的原则,规定一个国家的内部税收制度。

国际税法是指两个或两个以上的课税权主体对跨国纳税人的跨国所得或财产征税形式的分配关系,并由此形成国与国之间的税收分配方式,主要包括双边或多边国家间的税收协定、条约和国际惯例。

外国税法是指外国各个国家制定的税收制度。

3. 按照税法的法律级次进行分类

按照税法的法律级次进行分类,税法可分为税收法律、税收行政法规、税收行政规章和税收规范性文件。

税收法律即狭义的税法,由全国人民代表大会及其常务委员会制定。如《中华人民共和国税收征收管理法》《中华人民共和国企业所得税法》《中华人民共和国个人所得税法》等为税收法律。

税收行政法规是由国务院制定的有关税收方面的行政性法规。如《中华人民共和国消费税暂行条例》为税收行政法规。

税收规章和税收规范性文件是由国务院财税主管部门(财务部、国家税务总局、海关总署和国务院关税税则委员会)根据法律和国务院行政法规或者规范性文件的要求,在本部门权限范围内发布的有关税收事项的规章和规范性文件,包括细则、规定、命令、通知、公告、通告、批复、意见、函等文件形式。如《中华人民共和国车船税暂行条例实施细则》为税收规章;《增值税专用发票使用规定》为税收规范性文件等。

(四)税法的构成要素

税法的构成要素,是指各种单行税法应当具备的基本因素的总称。税法构成要素既包括实体性的,又包括程序性的。这里说的税法要素是指税收实体法要素。税收实体法主要由纳税义务人、征税对象、税目、税率、计税依据、纳税环节、纳税期限、纳税地点、减免税、纳税人、法律责任等基本要素构成。其中,纳税义务人、征税对象、税率是构成税法的三个最基本的要素。

1. 纳税义务人

纳税义务人也称纳税人,是指税法规定的直接负有纳税义务的单位和个人。纳税义务人可以是纳税人,也可以是法人或者其他社会组织。

2. 征税对象

征税对象又称课税对象,是纳税的客体,也称征税范围。它是指对什么征税,是税收法律关系中权利义务所指的对象。征税对象包括物品或行为,它是区别不同类型税种的主要标志。不同的征税对象构成不同的税种。如增值税的征税对象是生产经营者销售货物、提供应税劳务和进口货物的增值额,资源税的征税对象是原油、天然气、煤炭、金属矿、其他非金属矿和盐等。

3. 税目

税目是指税法中规定的征税对象的具体项目,是征税对象的具体化,是征税对象的具体依据。凡列入税目的即为应税项目,未列入税目的,则不属于应税项目。规定税目的目的有两个,一是明确征税的具体范围;二是为了对不同的征税项目加以区分,从而制定高低不同的税率。

4. 税率

税率是指应纳税额与计税金额（或数量单位）之间的比例，它是计算税额的尺度。其中，计税金额是指征税对象的数量乘以征税价格的数额。税率的高低直接体现国家的政策要求，直接关系到国家财政收入的多少和纳税人的负担程度，税率是税收法律制度中的核心要素。税率有名义税率和实际税率之分。名义税率是指税法规定的税率，实际税率是指实际缴纳税额与实际计税金额的比例。我国现行的税率主要有比例税率、定额税率和累进税率。

（1）比例税率。它是指对同一征税对象，不论其数量多少、数额大小，均按同一个比例征收的税率。我国的增值税、城市维护建设税、企业所得税等采用的都是比例税率，如企业所得税税率是25%。

（2）定额税率。它是指对单位征收对象规定固定的税额，而不采用百分比的形式。它适用于从量计征的税种。目前，采用定额税率的有部分资源税、车船税等。

（3）累进税率。它是按征税对象数额的大小，划分为几个等级，各定一个税率递增征税，数额越大税率越高，一般适用于对所得额的征税。累进税率又分为全额累进税率、超额累进税率、超率累进税率三种。

①全额累进税率是把征税对象的数额分为若干级，确定不同的税率，按征税对象的全部税额进到哪一级，就按哪一级的税率征税。

②超额累进税率是指把征税对象按数额的大小分为若干个等级，每一等级规定一个税率，税率依次提高，但每一纳税人的征税对象则依所属等级同时适用几个税率分别计算，将计算结果相加后得出应纳税款。如个人所得税法将工资、薪金所得划分为7个等级，并规定了3%～45%的超额累进税率。

③超率累进税率是指以征税对象的数额相对率划分若干等级距，分别规定相应的差别税率，相对率每超过一个级距的，对超过的部分就按高一级的税率计算征税。如土地增值税是按土地增值额和扣除项目金额的不同，规定了四个超率累进税率。

5. 计税依据

计税依据是指计算应纳税额的依据或标准，即根据什么来计算纳税人应缴纳的税额。征税对象规定对什么征税，计税依据则在确定征税对象之后解决如何计量的问题。计税依据可以分为从价计征、从量计征、复合计征三种类型。

（1）从价计征。计税金额是从价计征应纳税额的计税依据，主要包括收入额、收益额、财产额、资金额等。其计算公式为：

$$计税金额 = 征税对象的数量 \times 计税价格$$

$$应纳税额 = 计税金额 \times 适用税率$$

（2）从量计征。计税数量是从量计征应纳税的计税依据。计税数量因征税对象不同，所包含的内容也不同，有重量、容量、体积、面积等。其计算公式为：

$$应纳税额 = 计税数量 \times 单位适用税额$$

（3）复合计征。征税对象的价格和数量均为其计税依据。其计算公式为：

$$应纳税额 = 计税数量 \times 单位适用税额 + 计税金额 \times 适用税率$$

6. 纳税环节

纳税环节是指税法规定的征税对象在从生产到消费的流转过程中应当缴纳税款的环节。如流转税在生产和流通环节纳税、所得税在分配环节纳税等。

7. 纳税期限

纳税期限是指纳税人发生纳税义务后,应依法缴纳税款的期限。规定纳税期限是为了保证国家财政收入的及时实现,也是税收强制性和固定性的体现。我国税法对各税种都根据具体情况和特点,规定了纳税期限。纳税期限可分为两种:一是按期纳税。如增值税的纳税期限根据纳税人的生产和经营情况与税额的大小分别核定为1日、3日、5日、10日、15日、1个月、1个季度为一期,逐期计算缴纳。二是依次纳税。如进口商品应纳的增值税,是在纳税人发生纳税义务后,按次计算缴纳。

8. 纳税地点

纳税地点是指纳税人依据税法规定向征税机关申报纳税的具体地点。它说明纳税人应向哪里的征税机关申报纳税,或哪里的征税机关有权进行税收管辖的问题。通常,在税法上规定的纳税地点主要是机构所在地、经济活动发生地、财产所在地、报关地等。如销售房产,其增值税纳税地点为房地产所在地预缴税款后,向机构所在地主管税务机关进行纳税申报。

9. 减免税

减免税是指国家对某些纳税人和征税对象给予鼓励和照顾的一种特殊规定。减税是指对应征税款减少征收的一部分,免税是对按规定应征收的税款全部免除。减税和免税具体又分为两种情况:一种是税法直接规定的长期减免税项目;另一种是依法给予的一定期限内的减免税措施,期满之后仍按规定纳税。制定这种特殊规定,是对按税收制定的税率征税时不能解决的具体问题而采取的一种补充措施,同时体现国家鼓励和支持某些行业或项目发展的税收政策,发挥税收调节经济的作用。我国现行的税收减免权限集中于国务院,任何地区、部门不得规定减税项目。如营业税改征增值税试点过渡政策规定,下列项目免征增值税:①托儿所、幼儿园提供的保育和教育服务;②养老机构提供的养老服务;③残疾人福利机构提供的育养服务;④婚姻介绍服务;⑤殡葬服务;⑥残疾人员本人为社会提供的服务;⑦医疗结构提供的医疗服务。减免税主要是包括税基式减免、税率式减免和税额式减免。

(1)税基式减免,是直接通过缩小计税依据的方式实现的减税、免税。具体包括起征点、免征额、项目扣除和跨期结转等。起征点也称征税起点,是指对征税对象开始征税的数额界限。征税对象的数额没有达到规定起征点的不征税;达到或者超过起征点的,就其全部数额征税。免征额,是指对征税对象总额中免于征税的数额。即将纳税对象中的一部分给予减免,只就减除后的剩余部分计征税款。项目扣除,是指在征税对象中扣除一定项目的数额,以剩余数额作为计税依据计算应纳税额。跨期结转,是将以前纳税年度的经营亏损等在本纳税年度经营利润中扣除,相应缩小了计税依据。

(2)税率式减免,是指通过直接降低税率的方式实现的减税、免税,包括低税率、零税率等。

(3)税额式减免,是指通过直接减少应纳税额的方式实现的减税、免税,包括全部免征、减半征收、核定减免率等。

10. 征税人

征税人是指代表国家行使征税职权的各级税务机关和其他征税机关。如增值税的征税人为税务机关、关税的征税人为海关。

11. 法律责任

法律责任是指对违反国家税法规定的行为人采取的处罚措施。一般包括违法行为和因违法而应承担的法律责任两部分内容。这里的违法行为是指违反税法规定的行为,包括作为和不作为。这里的法律责任包括行政责任和刑事责任。纳税人和税务人员违反税法规定,都将依法承担法律责任。如根据《税收征收管理法》的规定,纳税人伪造、变造、隐匿、擅自销毁账簿、记账凭证,或者在账簿上多列支出或者不列、少列收入,或者经税务机关通知申报而拒不申报或者进行虚假的纳税申报,不缴或者少缴应纳税款的,是偷税。对纳税人偷税的,由税务机关追缴其不缴或者少缴的税款、滞纳金,并处不缴或者少缴的税额50%以上5倍以下的罚款;构成犯罪的,税务机关应当依法移送司法机关追究刑事责任。

第二节 主要税种

根据我国税收法律制度的规定,我国现行的主要税种有:增值税、消费税、关税、企业所得税、个人所得税、资源税、城镇土地使用税、房产税、城市房地产税、城市维护建设税、耕地占用税、土地增值税、车辆购置税、车船税、船舶吨税、印花税、契税等。这里主要介绍增值税、消费税、企业所得税和个人所得税。

一、增值税

(一)增值税的概念与分类

增值税是以销售货物、应税服务、无形资产以及不动产过程中产生的增值税额作为计税依据而征收的一种流转税。

增值税可分为生产型增值税、收入型增值税和消费型增值税。我国现行增值税属于消费型增值税。

(二)增值税的征税范围

1. 征税范围的基本规定

(1)销售或者进口货物。货物是指有形动产,包括电力、热力气体在内。销售货物是指有偿转让货物的所有权。

(2)提供加工、修理修配劳务。提供加工、修理修配劳务是指有偿提供加工、修理修配劳务,但单位或个体经营者聘用的员工为本单位或雇主提供加工、修理修配劳务,不包括在内。

(3)销售服务、无形资产或者不动产。销售服务、无形资产或者不动产是指有偿提供服务、有偿转让无形资产或者不动产,但属于下列非经营活动的情形除外:

①行政单位收取的同时满足以下条件的政府性基金或者行政事业性收费:由国务院或者财政部批准设立的政府性基金,由国务院或者省级人民政府及其财政、价格主管部门批准设立的行政事业性收费;收取时开取省级以上(含省级)财政部门监(印)制的财政票具;所收款项

全额上缴财政。②单位或者个体工商户聘用的员工为本单位或者雇主提供取得工资的服务。③单位或者个体工商户为聘用的员工提供服务。④财政部和国家税务总局规定的其他情形。

2. 销售服务、无形资产、不动产的具体内容

销售服务,是指提供交通运输服务、邮政服务、电信服务、建筑服务、金融服务、现代服务、生活服务。销售无形资产,是指转让无形资产所有权或者使用权的业务活动,无形资产包括技术、商标、著作权、商誉、自然资源使用权和其他权益性无形资产。销售不动产,是指转让不动产所有权的业务活动,不动产包括建筑物、建筑物等。

3. 征收范围的特殊规定

(1)视同销售货物。

单位或个体经营者的下列行为,视同销售货物:

①将货物交付其他单位或者个人代销;

②销售代销货物;

③设有两个以上机构并实行统一合算的纳税人,将货物从一个机构移送其他机构用于销售,但相关机构设在同一县(市)的除外;

④将自产、委托加工的货物用于非增值税应税项目;

⑤将自产、委托加工的货物用于集体福利或个人消费;

⑥将自产、委托加工或购进的货物作为投资,提供给其他单位或个体工商户;

⑦将自产、委托加工或购进的货物分配给股东或投资者;

⑧将自产、委托加工或购进的货物无偿赠送给其他单位或个人。

(2)视同销售服务、无形资产或者不动产。

下列情形视同销售服务、无形资产或者不动产:

①单位或者个体工商户向其他单位或者个人无偿提供服务,但用于公益事业或者以社会公众为对象的除外。

②单位或者个人向其他单位或者个人无偿转让无形资产或者不动产,但用于公益事业或以社会公众为对象的除外。

③财政部和国家税务总局规定的其他情形。

(3)混合销售。

一项销售行为如果既涉及货物又涉及服务,则为混合销售。从事货物的成产、批发或者零售的单位和个体工商户的混合销售行为,按照销售货物缴纳增值税;其他单位和个体工商户的混合销售行为,按照销售服务缴纳增值税。

上述从事货物的生产,批发或者零售的单位和个体工商户,包括从事货物的生产,批发或者零售为主,并兼营销售服务的单位和个体工商户在内。

(4)兼营。

兼营是指纳税人的经营范围既包括销售货物和应税劳务,有包括销售服务,无形资产或者不动产。与混合销售不同的是,兼营是指销售货物,应税劳务,服务,无形资产或者不动产不同时发生在同一购买者身上,也不发生在同一项销售行为中。

纳税人销售货物,加工修理修配劳务、服务、无形资产或者不动产适用不同税率或者征收率的,应当分别核算适用不同税率或者征收率的销售额,未分别核算销售额的,按照以下方法适用税率或者征收率:

①兼有不同税率的销售货物、加工修理修配劳务、服务、无形资产或者不动产,从高适用税率。

②兼有不同征收率的销售货物、加工修理修配劳务、服务、无形资产或者不动产,从高适用征收率。

③兼有不同税率和征收率的销售货物、加工修理修配劳务、服务、无形资产或者不动产,从高适用税率。

(三)增值税的纳税人

在我国境内销售货物、应税服务、无形资产以及不动产的单位和个人,为增值税纳税人。按照经营规模的大小和会计核算健全与否等标准,增值税纳税人可分为一般纳税人和小规模纳税人。

1. 一般纳税人

一般纳税人,是指年应税销售额(包括一个公历年度的全部销售额)超过《中华人民共和国增值税暂行条例实施细则》规定的小规模纳税人标准的企业和企业性单位。一般纳税人的特点是增值税进项税额可以抵扣销项税额。

下列纳税人不属于一般纳税人:①年应税销售额未超过小规模纳税人标准的企业;②除个体经营者以外的其他人;③非企业性单位;④不经常发生增值税应税行为的企业。

2. 小规模纳税人

小规模纳税人是指年销售额在规定标准以下,并且会计核算不健全,不能按规定报送有关税务资料的增值税纳税人。小规模纳税人的认定标准是:

(1)从事货物生产或提供应税劳务的纳税人,以及以从事货物生产或提供应税劳务为主,并兼营货物批发或零售的纳税人,年应税销售额在50万元以下(含本数)的,以"从事货物生产或提供应税劳务为主"是指纳税人的年货物生产或提供应税劳务的销售额占全年应税销售额的比例在50%以上。

(2)对上述规定以外的纳税人,年应销售额在80万元以下的。

(3)对提供应税服务的,年应税服务销售额在500万元以下的。

(4)年应税销售超过小规模纳税人标准的其他人按小规模纳税人纳税。

(5)非企业性单位,不经常发生应税行为的企业可选择按小规模纳税人纳税。

小规模纳税人会计核算健全,能够提供准确税务资料的,可以向主管税务机关申请一般纳税人资格认定,称为一般纳税人。

除国家税务总局另有规定外,一经认定为一般纳税人后,不得转为小规模纳税人。

(四)增值税的扣缴义务人

中华人民共和国境外的单位或者个人在境内提供应税服务,在境内未设有经营机构的,以其代理人为增值税扣缴义务人;在境内没有代理人的,以接受方为增值税扣缴义务人。

境外单位或者个人在境内提供应税服务,在境内未设有经营机构的,扣缴义务人按照下列公式计算应扣缴税额:

$$应扣缴税额 = 接受方支付法人价款 \div (1 + 税率) \times 税率$$

（五）增值税税率

1. 基本税率

增值税一般纳税人销售或者进口货物，提供加工、修理修配劳务，提供有形动产租赁服务，除低税率适用范围和销售个别旧货适用税率外，基本税率一律为17%。

2. 低税率

低税率分为以下两档：

(1)11%。纳税人销售或购进的适用于11%的低税率的货物有：

①粮食、食用植物油、食用盐。

②自来水、暖气、冷气、热水、煤气、石油液化气、天然气、沼气、居民用煤炭制品。

③图书、报纸、杂志。

④饲料、化肥、农药、农机(不包括农机零部件)、农膜。

⑤农产品、音像制品、电子出版物、二甲醚。

⑥国务院规定的其他货物。

按照低税率征收增值税的应税行为有：提供交通运输业服务，邮政业服务，基础电信服务，建筑、不动产租赁服务，销售不动产以及装让土地使用权服务，税率为11%。

(2)6%。纳税人销售增值电信服务、金融服务、现代服务和生活服务，销售土地使用权以外的无形资产，税率为6%。

3. 零税率

(1)纳税人出口货物，一般适用零税率。

(2)单位和个人提供的国际运输服务、向境外单位提供的研发服务和设计服务以及财政部和国家税务总局规定的其他应税服务，税率为零。

4. 征收率

小规模纳税人增值税征收率一律为3%。

纳税人提供适用不同税率或者征收率的应税服务，应当分别核算适用不同税率或者征收率的销售额；为分别核算的，从高适用税率。

（六）增值税一般纳税人应纳税额的计算

我国增值税实行扣税法。增值税一般纳税人凭增值税专用发票及其他合同扣税凭证注明税款进行抵扣。增值税一般纳税人销售货物或者提供劳务和服务的应纳税额，按照当期销项税额抵扣当期进项税额后的余额缴纳。其计算公式为：

应纳税额 = 当期销项税额 - 当期进项税额 = 当期销售额 × 适用税率 - 当期进项税额

当期销项税额小于进项税额时，其不足抵扣的部分可以结转到下期继续抵扣。

1. 销售额

销售额包括纳税人向购买方收取的全部价款和价外费用。纳税人采用销售额和销项税额合并并定价的，按下列公式计算销售额：

不含税销售额 = 含税销售额 ÷ (1 + 增值税税率)

2. 销项税额

$$销项税额 = 销售额 \times 适用税率$$

3. 进项税额

（1）准予抵扣的进项税额。

①从销售方取得的增值税的增值税专用发票（含税控机动车销售统一发票）上注明的增值税税额。

②从海关取得的海关进口增值税专用缴款书上注明的增值税额。

③购进农产品，除取得增值税专用发票或者海关进口增值税专用缴款书外，按照农产品收购发票或者销售发票上注明的农产品买价和13%的扣除率计算的进项税额。计算公式为：

$$进项税额 = 买价 \times 扣除率$$

④从境外单位或者个人购进服务、无形资产或者不动产，自税务机关或者扣缴义务人取得的解缴税款的完税凭证上注明的增值税额。

（2）不得抵扣的进项税额。

①用于简易计税方法计税项目、免征增值税项目、集体福利或者个人消费的购进货物、加工修理修配劳务、服务、无形资产和不动产。

②非正常损失的购进货物，以及相关的加工修理修配日劳务和交通运输服务。

③非正常损失的在产品、产成品所耗用的购进货物（不包括固定资产）、加工修理修配日劳务和交通运输服务。

④非正常损失的不动产，以及该不动产所耗用的购进货物、设计服务和建筑服务。

⑤非正常损失的不动产在建工程所耗用的购进货物、设计服务和建筑服务。纳税人新建、改建、扩建、修缮、装饰不动产，均属于不动产在建工程。

⑥购进的旅客运输服务、货款服务、餐饮服务、居民日常服务和娱乐服务。

⑦财政部和国家税务总局规定的其他情形。

（七）增值税小规模纳税人应纳税额计算

小规模纳税人实行简易办法征收增值税，并不得抵扣进项税额。其应纳税额计算公式为：

$$应纳税额 = 销售额 \times 征收率$$

小规模纳税人采用销售额和应纳税额合并定价方法的，应将其换算为不含税销售额，计算公式为：

$$销售额 = 含税销售额 \div (1 + 征收率)$$

（八）增值税的征收管理

1. 纳税义务的发生时间

（1）采用直接收款方式销售货物，不论货物是否发出，均为收到销售货款或者取得索取销售款凭证的当天；先开具发票的，为开具发票的当天。

（2）纳税人发生销售服务、无形资产或者不动产行为的，为收讫销售款或者取得索取销售款项凭据的当天；先开具发票的，为开具发票的当天。

(3)采取托收承付和委托银行收款方式销售货物,为发出货物并办妥托收手续的当天。

(4)采取赊销和分期收款方式销售货物,为书面合同约定的收款当天,无书面合同或者书面合同没有约定收款日期的,为货物发出的当天。

(5)采取预收货款方式销售货物,为货物发出的当天;但生产销售生产工期超过12个月的大型机械设备、船舶、飞机等货物,为收到预收款或者书面合同约定的收款日期的当天。

纳税人提供有形动产租赁服务采取预收款方式的,其纳税义务发生时间为收到预收款的当天。

纳税人提供建筑服务、租赁服务采取预收款方式的,其纳税义务发生时间为收到预收款的当天。

(6)委托其他纳税人代销货物,为收到代销单位的代销清单或者收到全部或者部分货款的当天。为收到代销清单及货物的,为发出代销货物满180天的当天。

(7)纳税人从事金融商品转让的,为金融商品有权转移的当天。

(8)纳税人发生视同销售货物行为的,为货物移送的当天。纳税人发生视同销售服务、无形资产或者不动产行为的,其纳税义务发生时间为销售服务、无形资产转让完成的当天或者不动产权属变更的当天。

(9)纳税人进口货物,纳税义务发生时间为报关进口的当天。

(10)增值税扣缴义务发生时间为纳税人增值税纳税义务发生的当天。

2. 纳税期限

增值税的纳税期限分别为1日、3日、5日、10日、15日、1个月或者1个季度。纳税人的具体纳税期限,由主管税务机关根据纳税人应纳税额的大小分别核定;以1个季度为纳税期限的规定适用于小规模纳税人以及财政部和国家税务总局规定的其他纳税人;不能按照固定期限纳税的,可以按次纳税。

纳税人以1个月或者1个季度为1个纳税期限的,自纳税期满之日起15日内申报纳税;以1日、3日、5日、10日或者15日为1个纳税期限的,自期满之日起5日内预缴税款,于次月1日起15日内申报纳税并结清上月应纳税款。

纳税人进口货物,应当自海关填发海关进口增值税专用缴款书之日起15日内缴纳税款。

3. 纳税起点

固定业户应当向其机构所在地的主管税务机构申报纳税;固定业户到外县(市)销售货物或者应税劳务,应当向其机构所在地的主管税务机关申请开具“外出经营活动税收管理证明”,并向其机构所在地的主管税务机关申报纳税。未开具证明的,应当向销售地或者劳务发生地的主管税务机关申报纳税;非固定业户销售货物或者应税劳务,应当向销售地或劳务发生地的主管税务机构申报纳税。

非固定业户销售货物或者提供应税劳务,应当向销售地或者劳务发生地的主管税务机关申报纳税。进口货物向报关地海关申报纳税。

扣缴义务人应当向其机构所在地或者居住地主管税务机关申报缴纳其扣缴的税款。

二、消费税

(一)消费税的概念

消费税是指对我国境内从事生产、委托加工和进口应税消费品的单位和个人,就其销售额或销售数量,在特定环节征收的一种流转税。简单来说,消费税是对特定的消费品和消费行为在特定的环节征收的一种流转税。消费税计税方法主要有:从价定率征收、从量定额征收、从价定率和从量定额复合征收三种方式。

(二)消费税的征收范围

1. 生产应税消费品

生产应税消费品在生产销售环节征税。纳税人将生产的应税消费品换取生产资料、消费资料、投资入股、偿还债务,以及用于继续生产应税消费品以外的其他方面应缴消费税。

2. 委托加工应税消费品

委托加工的应税消费品是指委托方提供原料和主要材料,受托方只收取加工费和代垫部分材料加工的应税消费品。由受托方提供原材料或者其他情形的一律不能视同加工应税消费品。

委托加工的应税消费品,除受托方为个人外,由受托方在向委托方交货时代收代缴税款;委托个人价格的应税消费品,由委托方收回后缴纳消费税。

委托加工的应税消费品,委托方用于连续生产应税消费品的,所纳税款准予按规定抵扣;直接出售的,不再缴纳消费税;委托方以高于受托方的计税价格出售的,不属于直接出售,需按照规定申报缴纳消费税,在计税时准予扣除受托方已代收代缴的消费税。

3. 进口应税消费品

单位和个人进口应税消费品,于报关进口时由海关代征消费税。

4. 批发、零售应税消费品

(1)商业零售金银首饰。经国务院批准,自1995年1月1日起,金银首饰消费税由生产销售环节征收改为零售环节征收。改在零售环节征收消费税的金银首饰仅限于金基、银基合金首饰以及金、银和金基、银基合金的镶嵌首饰,适用于税率为5%,其计税依据是不含增值税的销售额。

对既销售金银首饰,又销售非金银首饰的生产、经营单位,应将两类商品划分清楚,分别核算销售额。凡划分不清楚或不能分别合算的,在生产环节销售的,一律从高适用税率征收消费税;在零售环节销售的,一律按金银首饰征收消费税。金银首饰与其他产品组成成套消费品销售的,应按全额征收消费税。

金银首饰连同包装物一起销售的,无论包装物是否单独计价,也无论会计上如何核算,均应并入金银首饰的销售额,计征消费税。

来料加工的金银首饰,应按受托方销售的同类金银首饰的销售价格确定计税依据征收消费税,没有同类金银首饰销售价格的,按照组成计税价格计算纳税。

纳税人采用以旧换新(含翻新改制)方式销售的金银首饰,应按实际收取的不含增值税的全部价款确定计税依据征收消费税。

(2)批发销售卷烟。自2009年5月1日起,在卷烟批发环节加征一道从价税,具体规定为:

①烟草批发企业将卷烟销售给零售单位的,要再征一道5%的从价税。

②烟草批发企业将卷烟销售给其他烟草批发企业的，不缴纳消费税。

卷烟消费税改为在生产和批发环节征收后，批发企业在计算应纳税额时不得扣除已含的生产环节的消费税税款。

自 2015 年 5 月 10 日起，纳税人兼营卷烟批发和零售业务的，应当分别核算批发和零售环节的销售额、销售数量；未分别核算批发和零售环节销售额、销售数量的，按照全部销售额、销售数量计征批发环节消费税。

（三）消费税纳税人

消费税纳税人是指在中国境内（起运地或者所在地在境内）从事生产、委托加工及进口《中华人民共和国消费税暂行条例》规定的消费品的单位和个人，以及国务院确定的销售《中华人民共和国消费税暂行条例》规定的消费品的其他单位和个人。

（四）消费税税目与税率

1. 税目

目前，我国消费税税目共有 15 个，即烟、酒、高档化妆品、贵重首饰及珠宝玉石、鞭炮/焰火、成品油、摩托车、小汽车、高尔夫球及球具、高档手表、游艇、木制一次性筷子、实木地板、电池、涂料等。

2. 税率

消费税的税率有两种形式，一种是比例税率，另一种是定额税率，即单位税额。消费税根据不同的税目或子目确定相应的税率或单位税额。如粮食白酒税率为 20%，摩托车根据汽缸容量大小税率分别为 3%、10%，小汽车根据汽缸容量大小税率从 1% ~40% 不等。黄酒、啤酒、汽油、柴油等分别按单位重量或单位体积确定单位税额。

消费税税目税率（税额），如表 3-1 所示。

消费税税目税率表 表 3-1

税目			税率
烟	卷烟	甲类卷烟（生产环节）	56% 加 0.003 元/支
		乙类卷烟（生产环节）	36% 加 0.003 元/支
		批发环节	5%
	雪茄烟（生产环节）		36%
	烟丝（生产环节）		30%
酒及酒精	白酒		20% 加 0.5 元/500 克（或者 500 毫升）
	黄酒		240 元/吨
	啤酒	甲类啤酒	250 元/吨
		乙类啤酒	220 元/吨
	其他酒		10%
	酒精		5%
化妆品（包括成套化妆品、高档护肤类化妆品）			30%
贵重首饰及珠宝玉石	金银首饰、铂金首饰和钻石及钻石饰品		5%
	其他贵重首饰和珠宝玉石		10%
鞭炮/焰火			15%

续上表

税目			税率
成品油	汽油	含铅汽油	1.40 元/升
		无铅汽油	1.00 元/升
	柴油		0.80 元/升
	航空煤油		0.80 元/升
	石脑油		1.00 元/升
	溶剂油		1.00 元/升
	润滑油		1.00 元/升
	燃料油		0.80 元/升
摩托车	汽缸容量(排气量,下同)在 250 毫升(含 250 毫升)以下的		3%
	汽缸容量在 250 毫升以上的		10%
小汽车	乘用车	汽缸容量(排气量,下同)在 1.0升(含 1.0 升)以下的	1%
		汽缸容量在 1.0 升以上至 1.5 升(含 1.5 升)	3%
		汽缸容量在 1.5 升以上至 2.0 升(含 2.0 升)	5%
		汽缸容量在 2.0 升以上至 2.5 升(含 2.5 升)	9%
		汽缸容量在 2.5 升以上至 3.0 升(含 3.0 升)	12%
		汽缸容量在 3.0 升以上至 4.0 升(含 4.0 升)	25%
		汽缸容量在 4.0 升以上	40%
	中轻型商用客车		5%
高尔夫球及球具			10%
高档手表[销售价格(不含增值税)每只在 10000 元(含)以上的各类手表]			20%
游艇			10%
木制一次性筷子			5%
实木地板			5%
电池			4%(无汞原电池、金属氢化物镍蓄电池 VOC 含量低于 420 克/升的免征)
涂料			4%

(五)消费税应纳税额

1. 从价定率计算

实行从价定率征税的应税消费品,其计税依据是含消费税而不含增值税的销售额。实行从价定率计税的计算公式为:

$$应纳税额 = 应税消费品的销售额 \times 适用税率(比例税率)$$

应税消费品的销售额中未扣除增值税税款，或因不得开具增值税专用发票而发生价款和增值税合并收取的，在计算消费税时，应当换算为不含增值税的销售额。其换算公式：

应税消费品的销售额 = 含增值税的销售额 ÷ (1 + 增值税税率或征收率)

2. 从量定额计算

实行从量定额征税的应税消费品，其计税依据是销售应税消费品的实际销售数量。实行从量定额计税的计算公式为：

应纳税额 = 应税消费品的销售数量 × 单位税额

3. 从价定率和从量定额复合计算

现行消费税的征税范围中，只有卷烟、粮食白酒、薯类白酒采用复合计征方法。实行从量定额与从价定律相结合的复合计税的计算公式为：

应纳税额 = 应税消费品的销售数量 × 单位税额 + 应税消费品的

销售额(或组成计税价格) × 税率

4. 应税消费品已纳税款扣除

根据税法规定，应税消费品若是用外购已缴纳消费税的应税消费品连续生产出来的，在对这些连续生产出来的应税消费品征税时，应按当期生产领用数量计算准予扣除的外购应税消费品已缴纳的消费税税款。

5. 自产自用应税消费品的应纳税额

纳税人自产自用应税消费品用于连续生产应税消费品的，不纳税；凡用于其他方面的，应按照纳税人生产的同类消费品的销售价格计算纳税，没有同类消费品销售价格的，按照组成计税价格计算纳税。

实行从价定律办法计算纳税的组成计税价格计算公式：

组成计税价格 = (成本 + 利润) ÷ (1 − 比例税率)

实行复合计税办法计算纳税的组成计税价格计算公式：

组成计税价格 = (成本 + 利润 + 自产自用数量 × 定额税率) ÷ (1 − 比例税率)

6. 委托加工应税消费品应纳税额

委托加工的应税消费品，按照受托方的同类消费品的销售价格计算缴纳；没有同类消费品销售价格的，按照组成计税价格计算纳税。

实行从价定率办法计算纳税的组成计税价格计算公式：

组成计税价格 = (材料成本 + 加工费) − (1 − 比例税率)

实行复合计税办法计算纳税的组成计税价格计算公式：

组成计税价格 = (材料成本 + 加工费 + 委托加工量 × 定额税率) ÷ (1 − 比例税率)

（六）消费税征收管理

1. 纳税义务发生时间

（1）纳税人销售应税消费品的，纳税义务发生时间按不同的销售结算方式分为：

①采取赊销和分期收款结算方式的，为书面合同约定的收款日期的当天；书面合同没有约定收款日期或者无书面合同的，为发出应税消费品的当天。

②采取预收货款结算方式的，为发出应税消费品的当天。

③采取托收承付和委托银行收款方式的，为发出应税消费品并办妥托收手续的当天。

④采取其他结算方式的，为收讫销售款或者取得索取销售款凭据的当天。

（2）纳税人自产自用应税消费品的，为移送使用的当天。

（3）纳税人委托加工应税消费品的，为纳税人提货的当天。

（4）纳税人进口应税消费品的，为报关进口的当天。

2. 纳税期限

消费税的纳税期分别为 1 日、3 日、5 日、10 日、15 日、1 个月或者 1 个季度。纳税人的具体纳税期限，由主管税务机关根据纳税人应纳税额的大小分别核定，不能按照固定期限纳税的，可以按次纳税。

纳税人以 1 个月或者 1 个季度为一期纳税的，自期满之日起 15 日内申报纳税；纳税人以 1 日、3 日、5 日、10 日、15 日为一期的，自期满之日起 5 日内预缴税款，于次月 1 日起 15 日内申报纳税并结清上月应纳税款。进口货物自海关填发税收专用缴款书之日起 15 日内缴纳。

3. 纳税地点

（1）纳税人销售的应税消费品，以及自产自用的应税消费品，除国务院财政、税务主管部门另有规定外，应当向纳税人机构所在地或者居住地的主管税务机关申报纳税。

（2）委托加工的应税消费品，除受托方为个人外，由受托方向所在地或居住地主管税务机关解缴消费税税款；委托个人加工的应税消费品，由委托方向其机构所在地主管税务机关申报纳税。

（3）进口的应税消费品，由进口人或其代理人向报关地海关申报纳税。

（4）纳税人到外县（市）销售或者委托外县（市）代销自产应税消费品的，应于应税消费品销售后，向机构所在地或者居住地主管税务机关申报纳税。

（5）纳税人销售的应税消费品，如因质量等原因由购买者退回时，经所在地主管税务机关审核批准后，可退还已征收的消费税税款，但不能自行直接抵减应纳税款。

三、企业所得税

（一）企业所得税的概念

企业所得税是对我国境内的企业和其他组织的生产经营所得和其他所得所征收的一种税。

根据《中华人民共和国企业所得税法》规定，企业分为居民企业和非居民企业。居民企业是指依法在中国境内成立，或者依照外国（地区）法律成立但实际管理机构在中国境内的企业，包括国有企业、集体企业、私营企业、联营企业、股份制企业、外商投资企业、外国企业以及有生产、经营所得和其他所得的其他组织；非居民企业是指依照外国（地区）法律成立且实际管理机构不在中国境内，但在中国境内设立机构、场所的，或者在中国境内未设立机构、场所，但有来源于中国境内所得的企业。

（二）企业所得税征税对象

中华人民共和国境内的企业与其他取得收入的组织，均为企业所得税纳税义务人。企业所得税的征税对象是指企业的生产经营所得、其他所得和清算所得。

企业的生产、经营所得，是指其从事物质生产、交通运输、商品流通、劳务以及经国家主管部门确认的其他营利事业取得的合法所得，还包括卫生、物资、供销、城市公用和其他的行业的企业，以及一些社团组织、事业单位、民办非企业单位开展多种特许权使用费以及营业以外收益等所得。另外，企业解散或破产后的清算所得，也属于企业所得税的征税范围。

居民企业应就来源于中国境内、境外的所得作为征税对象。非居民企业如在中国境内设立机构、场所的，应当就其所设机构、场所取得的来源于中国境内的所得，以及发生在中国境外但与其所设机构、场所有实际联系的所得税作为征税对象。非居民企业在中国境内未设立机构、场所的，或者虽设立机构、场所但取得的所得与其所设机构、场所没有实际联系的，应当就其来源于中国境内的所得缴纳企业所得税。

（三）企业所得税税率

企业所得税实行比例税率。比例税率简单易行，透明度高，不会因征税而改变企业间收入分配比例，有利于促进效率的提高。《中华人民共和国企业所得税法》规定，企业所得税基本税率为25%，适用于居民企业和在中国境内设有机构、场所且所得与机构、场所有关联的非居民企业。非居民企业在中国境内未设立机构、场所的，或者虽设立机构、场所但取得的所得与其所设机构、场所没有实际联系的，其来源于中国境内的所得缴纳企业所得税，适用税率为20%，减按10%的税率征收企业所得税。

此外，国家为了重点扶持和鼓励发展特定的产业和项目，规定了两档优惠税率：

（1）符合条件的小型微利企业，减按20%的税率征收企业所得税。

（2）国家需要重点扶持的高新技术企业，减按15%的税率征收企业所得税。

（四）企业所得税应纳税所得额

应纳税所得额是企业所得税的计税依据，按照《中华人民共和国企业所得税法》规定，应纳税所得为企业每一个纳税年度的收入总额，减除不征税收入、免税收入、各项扣除，以及允许弥补的以前年度亏损后的余额。应纳税所得额有以下两种计算方法。

直接计算法下的基本公式为：

应纳税所得额 = 收入总额 − 不征税收入 − 免税收入 − 各项扣除 − 准予弥补的以前年度亏损

间接计算法下的计算公式：

应纳税所得额 = 利润总额 ± 纳税调整项目金额

企业应纳税所得额的计算，应当以权责发生制为原则。属于当期的收入和费用，不论款项是否支付，均作为当期的收入和费用；不属于当期的收入和费用，即使款项已经在当期收付，均不作为当期的收入和费用。

1. 收入总额

收入总额是指以货币形式和非货币形式从各种来源取得的收入。具体包括：销售货物收入、提供劳务收入、转让财产收入，股息、红利等权益投资收益，以及利息收入、租金收入、特许权使用费收入、接受捐赠收入、其他收入等。

2. 不征税收入

不征税收入是指从性质上和根源上不属于企业营利性活动带来的经济利益、不负有纳税义务并不作为应纳税所得额组成部分的收入。《中华人民共和国企业所得税法》规定，收入总额中的下列收入为不征税收入：

(1)财政拨款。

(2)依法收取并纳入财务管理的行政事业性收费、政府性基金。

(3)国务院规定的其他不征税收入。

3. 免税收入

免税收入是指属于企业的应税所得但按照税法规定免于征收企业所得税的收入。《中华人民共和国企业所得税法》规定的免税收入包括：国债利息收入，符合规定条件的居民企业之间的股息、红利等权益性投资收益，在中国境内设立机构、场所的非居民企业从居民企业取得与该机构、场所有实际联系的股息、红利等权益性投资收益和符合规定条件的非营利组织的收入。

4. 准予扣除的项目

根据《企业所得税法》规定，企业实际发生的与取得收入有关的、合理的支出，包括成本、费用、税金、损失和其他支出，准予在计算应纳税所得额时扣除。

(1)成本。即生产、经营成本，是指纳税人为生产、经营商品和提供劳务等所发生的各项直接费用和各项间接费用。外购存货的实际成本包括购货价格、购货费用和税金。其中，计入存货成本的税金是指购买、自制或委托加工存货发生的消费税、关税、资源税和不能从销项税额中抵扣的增值税进项税额。纳税人自制存货的成本包括制造费用等间接费用。

(2)费用。它是指纳税人为生产、经营商品和提供劳务等所发生的销售(经营)费用、管理费用和财务费用，已计入成本的有关费用除外。

(3)税金。它是指纳税人按规定缴纳的消费税、资源税、土地增值税、城市维护建设税、教育费附加等产品销售税金及附加，以及发生的房产税、车船税、土地使用税、印花税等。企业缴纳的房产税、车船税、土地使用税、印花税等，已经计入管理费用中扣除的，不再作为销售税金单独扣除。企业缴纳的增值税因其属于价外税，故不在扣除之列。

(4)损失。它是指纳税人生产、经营过程中的各项营业外支出、已发生的经营亏损和投资损失以及其他损失。如固定资产和存货的盘亏、毁损、报废损失、转让财产损失、呆账损失、坏账损失、自然灾害等不可抗力因素造成的损失以及其他损失。

(5)其他支出。它是指税法规定可以再计算应纳税所得额是准予扣除的其他支出。

5. 不得扣除的项目

(1)向投资者支付的股息、红利等权益性投资收益款项。

(2)企业所得税税款。

(3)税收滞纳金。

(4)罚金、罚款和被没收财物的损失。

(5)超过规定标准的捐赠支出。企业发生的公益性捐赠支出,在年度利润总额12%以内的部分,准予在计算应纳税所得额时扣除。

(6)赞助支出。与生产经营无关的各种非广告性质赞助支出。

(7)企业之间支付的管理费、企业内营业机构之间支付的租金和特许权使用费,以及非银行企业内营业机构之间支付的利息。

(8)与取得收入无关的其他支出。不符合国务院财政、税务主管部门规定的各项资产减值准备、风险准备等准备金支出等。

6. 职工福利费、工会经费和职工教育经费指出的税前扣除

(1)企业发生的职工福利费支出,不超过工资薪金总额14%的部分,准予扣除。

(2)企业拨缴的工会经费,不超过工资薪金总额2%的部分,准予扣除。

(3)除国务院财政、税务主管部门另有规定外,企业发生的职工教育经费支出,不超过工资薪金总额2.5%的部分,准予扣除;超过部分,准予在以后纳税年度结转扣除。

7. 业务招待费、广告费和业务宣传费的税前扣除

(1)企业发生的与生产经营活动有关的业务招待费支出,按照发生额的60%扣除,但最高不得超过当年销售(营业)收入的5‰。

(2)企业发生的符合条件的广告费和业务宣传费支出,除国务院财政、税务主管部门另有规定外,不超过当年销售(营业)收入的15%的部分,准予扣除;超过部分,准予在以后纳税年度结转扣除。

8. 亏损弥补

根据税法规定,企业某一纳税年度发生的亏损可以用以下年度的所得弥补,下一年度的所的不足以弥补的,可以逐年延续弥补,但最长不得超过5年。亏损弥补是自亏损年度报告的下一个年度起连续5年不间断地计算。如连续发生年度亏损,也必须从第一个亏损年度算起,先亏先补,按顺序连续计算亏损弥补,不得将每个亏损年度的连续弥补期相加,更不得断开计算。

(五)企业所得税征收管理

1. 纳税地点

居民企业以企业登记注册地为纳税地点。登记注册地在境外的,以实际管理机构所在地为纳税地点。居民企业在中国境内设立不具有法人资格的分支或营业机构的,应当汇总计算并缴纳企业所得税。

非居民企业在中国境内设立机构、场所的,应当就其所设机构、场所取得的来源于中国境内的所得,以及发生在中国境外但与其所设机构、场所有实际联系的所得,以机构、场所所在地为纳税地点。非居民企业在中国境内未设立机构、场所的,或者虽设立机构、场所,但取得的所得与其所设机构、场所没有实际联系的所得,以扣缴义务人所在地为纳税地点。

2. 纳税期限

企业所得税按年计征,分月或者分季预缴,年终汇算清缴(年终后5个月内进行),多退少补。企业所得税的纳税年度,自公历1月1日至12月31日止。企业在一个纳税年度的中间

开业，或者由于合并、关闭等原因终止经营活动，使该纳税年度实际经营期不足12个月的，应当以其实际经营期为一个纳税年度。

3. 纳税申报

按月或按季预缴的，应当自月或者季度终了之日起15日内，向税务机关报送预缴企业所得税纳税申报表，预缴税款依法缴纳的企业所得税，以人民币计算。所得以人民币以外的货币计算的，应当折合人民币计算并缴纳税款。

四、个人所得税

（一）个人所得税的概念

个人所得税，是指对个人（及自然人）取得的各项应税所得征收的一种所得税。市政府利用税收对个人收入进行调节的一种手段。个人所得税的征税对象不仅包括个人，而且包括具有自然人性质的企业。

（二）个人所得税的纳税义务人

根据《中华人民共和国个人所得税法》和《中华人民共和国个人所得税法实施条例》等规定，个人所得税的纳税义务人，以住所地和居住时间为标准分为居民纳税义务人和非居民纳税义务人。

1. 居民纳税义务人

居民纳税义务人是指在中国境内有住所，或者无住所而在境内居住满1年的个人。居民纳税义务人负有无限纳税义务，其从中国境内和境外取得的所得，都要在中国缴纳个人所得税。对个人独资企业和合伙企业投资者也征收个人所得税。

2. 非居民纳税义务人

非居民纳税义务人是指在中国境内无住所又不居住或者无住所而在境内不满1年的个人，在现实生活中，非居民纳税义务人，实际上只能是在一个纳税年度中，没有在中国境内居住，或者在中国境内居住不满1年的外籍人员或香港、澳门、台湾同胞等。非居民纳税义务人承担有限纳税义务，仅就其从中国境内取得的所得，在中国缴纳个人所得税。

（三）个人所得税的应税项目和税率

1. 个人所得税应税项目

根据税法规定，对于居民纳税人，应就来源于中国境内和境外的全部所得征税；对于非居民纳税人，则只就来源于中国境内所得部分征税，境外所得部分不属于《中华人民共和国个人所得税法》规定的征税范围。

现行个人所得税共有11个应税项目：

（1）工资、薪金所得。

（2）个体工商户的生产、经营所得。

（3）对企事业单位的承包经营、承租经营所得。

（4）劳务报酬所得。

（5）稿酬所得。

(6)特许权使用费所得。

(7)利息、股息、红利所得。

(8)财产租赁所得。

(9)财产转让所得(财产转让所得是指个人转让有价证券、股票、建筑物、土地使用权、机器设备、车船以及其他财产取得的所得)。

(10)偶然所得(偶然所得是指个人得奖、中奖、中彩以及其他偶然性质的所得)。

(11)经国务院财政部确定征税的其他所得。

2. 个人所得税税率

个人所得税实行超额累计进税率与比例税率相结合的税率体系。具体规定如下:

(1)工资、薪金所得,适用3% ~45%的超额累进税率。

(2)个体工商户(个人独资企业、合伙企业)核对企事业单位的承包经营、承租经营所得,适用5% ~35%的超额累进税率。

(3)稿酬所得,使用比例税率,税率为20%,并按应纳税额减增30%,故其实际税率为14%。

(4)劳务报酬所得,适用比例税率,税率为20%。对劳动报酬所得一次收入畸高的,可以实行加成增收。

(5)特许权使用费所得,利息、股息、红利所得,财产租赁所得,财产转让所得,偶然所得和其他所得,使用比例税率,其税率一般为20%。

3. 免征个人所得税的所得

下列各项个人所得,免纳个人所得税:

(1)省级人民政府,国务院部委和中国人民解放军军以上单位,以及外国组织、国际组织颁发的科学、教育、技术、文化、卫生、体育、环境保护等方面的奖金。

(2)国债和国家发行的金融债券利息。

(3)按照国家同规定发给的补贴、津贴。

(4)福利费、抚恤金、救济金。

(5)保险赔款。

(6)军人的转业费、复员费。

(7)按照国家统一规定发给干部、职工的安家费、退休费、退休工资、离休工资、离休生活补助费。

(8)依照我国有关法律规定应予免税的各国驻华使馆、领事馆的外交代表、领事官员和其他人员的所得。

(9)中国政府参加的国际公约、签订的协议中规定免税的所得。

(10)经国务院财政部门批准免税的所得。

有下列情形之一的经批准可以减征个人所得税:①残疾、孤老人员和烈属的所得;②因严重自然灾害造成重大损失的;③其他经国务院财政部门批准减税的。

(四)个人所得税应纳税额的计算

1. 工资、薪金所得

以每月收入额减除3500元起征点后的余额,为应纳税所得额。工资、薪金所得应纳税的计算公式为：

$$应纳税额 = 应纳税所得额 \times 适用税率 - 速算扣除数$$
$$= (每月收入额 - 3500元) \times 适用税率 - 速算扣除数$$

计算个人工资薪金个人所得税时的费用减除标准，对所有纳税人都是普遍适用的。但是，考虑到外籍人员和在境外工作的中国公民的生活水平比国内公民要高，而且，我国汇率的变化情况对他们的工资、薪金所得也有一定的影响，为了不应征收个人所得税而加重他们的负担，从2011年9月1日起在每月减除3500元费用的基础上，再附加减除1300元，即共计减除4800元。表3-2为工资、薪金所得个人所得税税率表。

工资、薪金所得个人所得税税率表 表3-2

级数	全月应纳税所得额	全月应纳税所得额	税率(%)	速算扣除数
1	不超过1500元	不超过1455元的	3	0
2	超过1500元至4500元的部分	超过1455元至4155元的部分	10	105
3	超过4500元至9000元的部分	超过4155元至7755元的部分	20	555
4	超过9000元至35000元的部分	超过7755元至27255元的部分	25	1005
5	超过35000元至55000元的部分	超过27255元至41255元的部分	30	2755
6	超过55000元至80000元的部分	超过41255元至57505元的部分	35	5505
7	超过80000元的部分	超过57505元的部分	45	13505

2. 个体工商户的生产、经营所得

以每一纳税年度的收入总额，减除成本、费用以及损失后的余额，为应纳税所得额。其计算公式：

$$应纳税额 = 应纳税所得额 \times 适用税率 - 速算扣除数$$
$$= (全年收入总额 - 成本、费用以及损失) \times 适用税率 - 速算扣除数$$

3. 对企事业单位的承包经营、承租经营所得

以每一纳税年度的收入总额，减除必要的费用后的余额，为应纳税所得额。减除必要费用，是指按月减除3500元。

$$应纳税额 = 应纳税所得额 \times 适用税率 - 速算扣除数$$
$$= (纳税年度收入总额 - 必要费用) \times 适用税率 - 速算扣除数$$

表3-3为个体工商户的生产、经营所得和对企事业单位的承办经营、承租经营所得适用税率。

个体工商户的生产、经营所得和对企业事业单位的承包经营、承租经营所得个人所得税税率 表3-3

级数	全月应纳税所得额(含税级距)	全月应纳税所得额(不含税级距)	税率(%)	速算扣除数
1	不超过15000元的	不超过14250元的	5	0
2	超过15000元至30000元的部分	超过14250元至27750元的部分	10	750
3	超过30000元至60000元的部分	超过27750元至51750元的部分	20	3750
4	超过60000元至100000元的部分	超过51750元至79750元的部分	30	9750
5	超过100000元的部分	超过79750元的部分	35	14750

4. 劳务报酬所得

(1)每次收入不足4000元的：

$$应纳税额=(每次收入额-800)\times 20\%$$

(2)每次收入超过4000元的：

$$应纳税额=每次收入额\times(1-20\%)\times 20\%$$

(3)每次收入的应纳税所得额超过20000元的：

$$\begin{aligned}应纳税额&=应纳税所得额\times适用税率-速算扣除数\\&=每次收入额\times(1-20\%)\times适用税率-速算扣除数\end{aligned}$$

根据《中华人民共和国个人所得税实施条例》规定，劳务报酬所得一次收入畸高的，可以实行加成征收。即个人一次取得劳务报酬，其应纳税所得额超过20000元至50000元的部分，依照税法规定计算应纳税额后按照应纳税额加征五成；超过50000元的部分，加征十成。因此，劳务报酬所得实际上适用20%、30%、40%的三级超额累进税率。表3-4为劳务报酬个人所得税税率表。

劳务报酬所得个人所得税税率 表3-4

级数	每次应纳税所得额(含税级距)	税率(%)	速算扣除数
1	不超过20000元的	20	0
2	超过20000元至50000元的部分	30	2000
3	超过50000元部分	40	7000

5. 稿酬所得

(1)每次收入不足4000元的：

$$应纳税额=(稿酬总收入额-800)\times 20\%\times(1-30\%)$$

(2)每次收入在4000元及以上的；

$$应纳税额=稿酬总收入额\times(1-20\%)\times 20\%\times(1-30\%)$$

注意：个人的同一作品分次支付稿酬的，应合并为一次纳税。

6. 财产转让所得

$$应纳税额=应纳税所得额\times适用税率=(收入总额-财产原值-合理税费)\times 20\%$$

7. 特许权使用费所得

(1)每次收入不足4000元的：

$$应纳税额=(每次收入额-800)\times 20\%$$

(2)每次收入在4000元及以上的：

$$应纳税额=每次收入额\times(1-20\%)\times 20\%$$

8. 利息、股息、红利所得，偶然所得和其他所得

$$应纳税额=应纳税所得额\times适用税率=每次收入额\times 20\%$$

个人将其所得向教育事业和其他公益事业捐赠的部分，按照国务院有关规定从应纳税所得中扣除。

(五)个人所得税征收管理

个人所得税的纳税办法有自行申报纳税和代扣代缴两种。

1. 自行申报纳税

自行申报是由纳税人自行在税法规定的纳税期限内,向税务机关申报取得的应税所得项目和数额,如实填写个人所得税纳税申报表,并按照税法规定计算应纳税额,据此缴纳个人所得税的一种方法。

下列人员为自行申报纳税的纳税义务人:

(1)年所得12万元以上的。

(2)从中国境内两处或者两处以上取得工资、薪金所得的。

(3)从中国境外取得所得的。

(4)取得应税所得,没有扣缴义务人的。

(5)国务院规定的其他情形。

2. 代扣代缴

代扣代缴是指按照税法规定负有代扣缴税款义务的单位或个人,在向个人支付应纳税所得时,应计算应纳税额,从其所得中扣除并缴入国库,同时向税务机关报送扣缴个人所得税报告表。

凡支付个人应纳税所得的企业、事业单位、机关、社会团体、军队、驻华机构(不含依法享有外交特权和豁免的驻华使领馆、联合国及其国际组织驻华机构)、个体户等单位或者个人,为个人所得税的扣缴义务人。

代扣代缴的范围包括:

(1)工资、薪金所得。

(2)对企事业单位的承包经营、承租经营所得。

(3)劳务报酬所得。

(4)稿酬所得、特许权适用费所得。

(5)利息、股息、红利所得。

(6)财产租赁所得。

(7)财产转让所得。

(8)偶然所得等。

第三节　税收征管

税务管理是指税收征收管理机关为了贯彻、执行国家税收法律制度,加强税收工作,协调征税关系而开展的一项有目的的活动。税务管理是税收征收管理的重要内容,是税款征收的前提和基础性工作。

税务管理主要包括税务登记、账簿和凭证管理、纳税申报等方面的管理。

一、税务登记

(一)税务登记的概念

税务登记是税务机关依据税法规定,对纳税人的生产、经营活动进行登记管理的一项法定制度,也是纳税人依法履行纳税义务的法定手续。

税务登记是整个税收征收管理的起点。税务登记的作用在于掌握纳税人的基本情况和税源分布情况。从税务登记开始,纳税人进入到税务管理的视野,纳税人的身份及征纳双方的法律关系得到了确认。

(二)税务登记范围

《税务登记管理办法》规定,凡有法律、法规规定的应税收入、应税财产或应税行为的各类纳税人,均应当依照《税务登记管理办法》的有关规定办理税务登记。

企业,企业在外地设立的分支机构和从事生产经营的场所,个体工商户和从事生产经营的事业单位,均应办理税务登记。前款规定以外的纳税人,除国家机关、个人和无固定生产经营场所的流动性农村小商贩外,也应当办理税务登记。

根据税收法律、行政法规的规定,扣缴义务人应当在发生扣缴义务时,到税务机关申报登记,领取扣缴税款凭证。

(三)税务登记种类

税务登记种类包括:设立(开业)税务登记;变更税务登记;停业、复业登记;外出经营报验登记;注销登记。

1.设立(开业)税务登记

设立税务登记是指纳税人依法成立并经工商行政管理机关登记后,为确认其纳税人的身份,纳入国家税务管理体系而到税务机关进行的登记。

(1)办理设立税务登记的地点。企业,企业在外地设立的分支机构和从事生产、经营的场所,个体工商户和从事生产、经营的事业单位(以下统称从事生产、经营的纳税人),向生产、经营所在地税务机关申报办理税务登记。

税务机关对纳税人税务登记地点发生争议的,由其共同的上级税务机关指定管辖。

(2)申报办理税务登记的时限要求。

①从事生产、经营的纳税人领取工商营业执照(含临时工商营业执照)的,应当自领取工商营业执照之日起 30 日内申报办理税务登记,税务机关核发税务登记证及副本(纳税人领取临时工商营业执照的,税务机关核发临时税务登记证及副本)。

②从事生产、经营的纳税人未办理工商营业执照但经有关部门批准设立的,应当自有关部门批准设立之日起 30 日内申报办理税务登记,税务机关核发税务登记证及副本。

③从事生产、经营的纳税人未办理工商营业执照也未经有关部门批准设立的,应当自纳税义务发生之日起 30 日内申报办理税务登记,税务机关核发临时税务登记证及副本。

④有独立的生产经营权、在财务上独立核算并定期向发包人或者出租人上交承包费或租金的承包承租人,应当自承包承租合同签订之日起 30 日内,向其承包承租业务发生地税务机关申报办理税务登记,税务机关核发临时税务登记证及副本。

⑤从事生产、经营的纳税人外出经营,自其在同一县(市)实际经营或提供劳务之日起,在连续的 12 个月内累计超过 180 天的,应当自期满之日起 30 日内,向生产、经营所在地税务机关申报办理税务登记,税务机关核发临时税务登记证及副本。

⑥境外企业在中国境内承包建筑、安装、装配、勘探工程和提供劳务的,应当自项目合同或协议签订之日起 30 日内,向项目所在地税务机关申报办理税务登记,税务机关核发临时税务登记证及副本。

⑦上述条款之外的其他纳税人，除国家机关、个人和无固定生产、经营场所的流动性农村小商贩外，均应当自纳税义务发生之日起30日内，向纳税义务发生地税务机关申报办理税务登记，税务机关核发税务登记证及副本。

(3)申报办理税务登记需提供的证件和资料。纳税人在申报办理税务登记时，应当根据不同情况向税务机关如实提供以下证件和资料：

①工商营业执照或其他核准执业证件。

②有关合同、章程、协议书。

③组织机构统一代码证书。

④法定代表人或负责人或业主的居民身份证、护照或者其他合法证件。

其他需要提供的有关证件、资料，由省、自治区、直辖市税务机关确定。

纳税人在申报办理税务登记时，应当如实填写税务登记表。

税务登记表的主要内容包括：

①单位名称、法定代表人或者业主姓名及其居民身份证、护照或者其他合法证件的号码。

②住所、经营地点。

③登记类型。

④核算方式。

⑤生产经营方式。

⑥生产经营范围。

⑦注册资金(资本)、投资总额。

⑧生产经营期限。

⑨财务负责人、联系电话。

⑩国家税务总局确定的其他有关事项。

纳税人提交的证件和资料齐全且税务登记表的填写内容符合规定的，税务机关应及时发放税务登记证件。纳税人提交的证件和资料不齐全或税务登记表的填写内容不符合规定的，税务机关应当场通知其补正或重新填报。纳税人提交的证件和资料明显有疑点的，税务机关应进行实地调查，核实后予以发放税务登记证件。

税务登记证件的主要内容包括：纳税人名称、税务登记代码、法定代表人或负责人、生产经营地址、登记类型、核算方式、生产经营范围(主营、兼营)、发证日期、证件有效期等。

从事生产经营的纳税人应当按照国家有关规定，持税务登记证件，在银行或者其他金融机构开立基本存款账户和其他存款账户，并将其全部账号向税务机关报告。

已办理税务登记的扣缴义务人应当自扣缴义务发生之日起30日内，向税务登记地税务机关申报办理扣缴税款登记。税务机关在其税务登记证件上登记扣缴税款事项，税务机关不再发给扣缴税款登记证件。

根据税收法律、行政法规的规定可不办理税务登记的扣缴义务人，应当自扣缴义务发生之日起30日内，向机构所在地税务机关申报办理扣缴税款登记。税务机关核发扣缴税款登记证件。

2. 变更税务登记

变更税务登记是指纳税人办理设立税务登记后，因登记内容发生变化，需要对原有登记内容进行更改，而向主管税务机关申请办理的税务登记。变更税务登记的主要目的在于及时掌握纳税人的生产经营情况，减少税款的流失。

纳税人已在工商行政管理机关办理变更登记的，应当自工商行政管理机关变更登记之日起30日内，向原税务登记机关如实提供下列有关证件、资料，申报办理变更税务登记：

(1)工商登记变更表及工商营业执照。

(2)纳税人变更登记内容的有关证明文件。

(3)税务机关发放的原税务登记证件(登记证正、副本和登记表等)。

(4)其他有关资料。

纳税人按照规定不需要在工商行政管理机关办理变更登记，或者其变更登记的内容与工商登记内容无关的，应当自税务登记内容实际发生变化之日起30日内，或者自有关机关批准或者宣布变更之日起30日内，持下列有关证件到原税务登记机关申报办理变更税务登记。

(1)纳税人变更登记内容的有关证明文件。

(2)税务机关发放的原税务登记证件(登记证正、副本和税务登记表等)。

(3)其他有关资料。

纳税人提交的有关变更登记的证件、资料齐全的，应如实填写税务登记变更表，经税务机关审核，符合规定的，税务机关应予以受理；不符合规定的，税务机关应通知其补正。

税务机关应当自受理之日起30日内，审核办理变更税务登记。纳税人税务登记表和税务登记证中的内容都发生变更的，税务机关按变更后的内容重新核发税务登记证件。纳税人税务登记表的内容发生变更而税务登记证中的内容未发生变更的，税务机关不重新核发税务登记证件。

3.停业、复业登记

从事生产经营的纳税人，经确定实行定期定额征收方式的，其在营业执照核准的经营期限内需要停业的，应当在停业前向税务机关申报办理停业登记。纳税人的停业期限不得超过一年。

纳税人在申报办理停业登记时，应如实填写停业申请登记表，说明停业理由、停业期限、停业前的纳税情况和发票的领、用、存情况，并结清应纳税款、滞纳金、罚款。税务机关应收存其税务登记证件及副本、发票领购簿、未使用完的发票和其他税务证件。

纳税人应当于恢复生产经营之前，向税务机关申报办理复业登记，如实填写《停、复业报告书》，领回并启用税务登记证件、发票领购簿及其停业前领购的发票。

纳税人停业期满不能及时恢复生产经营的，应当在停业期满前向税务机关提出延长停业登记申请，并如实填写《停、复业报告书》。

纳税人在停业期间发生纳税义务的，应当按照税收法律、行政法规的规定申报缴纳税款。

4.外出经营报验登记

从事生产、经营的纳税人到外县(市)临时从事生产、经营活动的，应当向所在地税务机关申请开具《外出经营活动税收管理证明》，《外出经营活动税收管理证明》实行一地一证原则，即纳税人每到一县(市)都要开具一份《外出经营活动税收管理证明》。

纳税人到外县(市)临时从事生产经营活动，应当持税务登记副本和所在地税务机关开具的《外出经营活动税收管理证明》，向营业地税务机关报验登记，接受税务管理。

纳税人外出经营活动结束，应当向经营地税务机关填报《外出经营活动情况申请表》，按规定结清税款、缴销未使用完的发票。并由经营地税务机关在《外出经营活动税收管理证明》

上注明纳税人的经营、纳税及发票使用情况，在《外出经营活动税收管理证明》有效期满10日内，回到主管税务机关办理《外出经营活动税收管理证明》缴销手续。

5. 注销税务登记

注销税务登记是指纳税人由于法定的原因终止纳税义务时，向原税务机关申请办理的取消税务登记的手续。办理注销税务登记后，该当事人不再接受原税务机关的管理。

纳税人发生解散、破产、撤销以及其他情形，依法终止纳税义务的，应当在向工商行政管理机关或者其他机关办理注销登记前，持有关证件向原税务登记机关申报办理注销税务登记；按照规定不需要在工商行政管理机关或者其他机关办理注册登记的，应当自有关机关批准或者宣告终止之日起15日内，持有关证件向原税务登记机关申报办理注销税务登记。

纳税人被工商行政管理机关吊销营业执照或者被其他机关予以撤销登记的，应当自营业执照被吊销或者被撤销登记之日起15日内，向原税务登记机关申报办理注销税务登记。

纳税人因住所、经营地点变动，涉及改变税务登记机关的，应当在向工商行政管理机关或者其他机关申请办理变更或者注销登记前或者住所、经营地点变动前，向原税务登记机关申报办理注销税务登记，并在30日内向迁达地税务机关申报办理税务登记。

境外企业在中国境内承包建筑、安装、装配、勘探工程和提供劳务的，应当在项目完工、离开中国前15日内，持有关证件和资料，向原税务登记机关申报办理注销税务登记。

纳税人办理注销税务登记前，应当向税务机关提交相关证明文件和资料，结清应纳税款、多退(免)税款、滞纳金和罚款，缴销发票、税务登记证件和其他税务证件，经税务机关核准后，办理注销税务登记手续。

二、发票管理

(一)发票的概念

发票是指在购销商品、提供或者接受服务以及从事其他经营活动中，开具、收取的收付款的书面证明。它是确定经营收支行为发生的法定凭证，是会计核算的原始依据，也是税务稽查的重要依据。

《中华人民共和国税收征收管理法》规定，税务机关是发票的主管机关，负责发票印刷、领购、开具、取得、保管、缴销的管理和监督。为了加强发票的管理，财政部制定发布了《中华人民共和国发票管理办法实施细则》，对发票的印制、领购，发票的开具和保管，发票的检查以及对违反发票管理制度的处罚等作出了规定。

(二)发票的种类

发票种类的划分，由省级以上税务机关确定。在全国范围内统一式样的发票，由国家税务总局确定，如增值税专用发票。在省、自治区、直辖市范围内统一式样的发票，由省级税务机关确定。

发票的基本联次为三联，第一联为存根联，开票方留存备查；第二联为发票联，收执方作为付款或收款原始凭证；第三联为记账联，开票方作为记账原始凭证。增值税专用发票的基本联次还应包括抵扣联，收执方作为抵扣税款的凭证。除增值税专用发票外，县(市)以上税务机关根据需要可适当增减联次并确定其用途。

1. 增值税专用发票

增值税专用发票是指专门用于结算销售货物和提供加工、修理修配劳务使用的一种发票。增值税专用发票只限于增值税一般纳税人领购使用,增值税小规模纳税人不得领购使用。一般纳税人如有法定情形的,不得领购使用增值税专用发票。

2. 普通发票

普通发票主要由营业税纳税人和增值税小规模纳税人使用,增值税一般纳税人在不能开具专用发票的情况下也可使用普通发票。普通发票由行业发票和专用发票组成。前者适用于某个行业的经营业务,如商业零售统一发票、商业批发统一发票、工业企业产品销售统一发票等;后者仅适用于某一经营项目,如广告费用结算发票、商品房销售发票等。

3. 专业发票

专业发票是指国有金融、保险企业的存贷、汇兑、转账凭证、保险凭证;国有邮政、电信企业的邮票、邮单、话务、电报收据;国有铁路、国有航空企业和交通运输部门、国有公路、水上运输企业的客票、货票等。

(三)发票的开具要求

销售商品、提供服务以及从事其他经营活动的单位和个人,对外发生经营业务收取款项,收款方应向付款方开具发票;收购单位和扣缴义务人支付款项时,由付款方向收款方开具发票。在开具发票时要遵守下面的规定:

(1)单位和个人应在发性经营业务、确认营业收入时,才能开具发票,未发生经营业务一律不得开具发票。

(2)开具发票时应按号顺序填开,填写项目齐全、内容真实、字迹清楚、全部联次一次性复写或打印、内容完全一致,并在发票联和抵扣联加盖单位财务印章或者发票专用章。

(3)写发票应当使用中文。民族自治地区可以同时使用当地通用的一种民族文字;外商投资企业和外资企业可以同时使用一种外国文字。

(4)用电子计算机开具发票必须报主管税务机关批准,并使用税务机关统一监制的机打发票。开具后的存根联应当按照顺序号装订成册,以备税务机关检查。

(5)开具发票时限、地点应符合规定。

(6)何单位和个人不得转借、转让、代开发票;未经税务机关批准,不得拆本使用发票;不得自行扩大专业发票使用范围。

发票限于领购单位和个人在本省、自治区、直辖市内开具。省、自治区、直辖市税务机关可以规定跨市、县开具发票的办法。对根据税收管理需要,须跨省、自治区、直辖市开具发票的,由国家税务总局确定。省际毗邻市县之间是否允许跨省、自治区、直辖市开具发票,由有关省级税务机关确定。任何单位和个人未经批准,不得跨规定的使用区域携带、邮寄、运输空白发票。禁止携带、邮寄或者运输空白发票出入境。

开具发票的单位和个人应当建立发票使用登记制度,设置发票登记簿,并定期向主管税务机关报告发票使用情况。开具发票的单位和个人应当按照税务机关的规定妥善存放和保管发票,不得丢失。已开具的发票存根联和发票登记簿应当保存5年,保存期满,报经税务机关查验后销毁。发票丢失,应于丢失当日书面报告主管税务机关,并在报刊和电视等传播媒介上公告声明作废。

三、纳税申报

(一)纳税申报的概念

纳税申报是指纳税人、扣缴义务人按照法律、行政法规的规定,在申报期限内就纳税事项向税务机关书面申报的一种法定手续。纳税申报使纳税人履行纳税义务、界定法律责任的主要依据。

纳税人必须依照法律、行政法规规定或者税务机关依照法律、行政法规的规定确定的申报期限、申报内容如实办理纳税申报,报送纳税申报表、财务会计报表以及税务机关根据实际需要要求纳税人报送的其他纳税资料。

扣缴义务人必须依照法律、行政法规规定或者税务机关依照法律、行政法规的规定确定的申报期限、申报内容如实报送代扣代缴、代收代缴税款报告表以及税务机关根据实际需要要求扣缴义务人报送的其他有关资料。

纳税人、扣缴义务人的纳税申报或者代扣代缴、代收代缴税款报告表的主要内容包括:税种,税目,应纳税项目或者应代扣代缴、代收代缴税款项目,计税依据,扣除项目及标准,适用税率或者单位税额,应退税项目及税额,应减免税项目及税额,应纳税额或者应代扣代缴、代收代缴税额,税款所属期限,延期缴纳税款、欠税、滞纳金等。

纳税人办理纳税申报时,应当如实填写纳税申报表,并根据不同的情况相应报送下列有关证件、资料:

(1)财务会计报表及其说明材料。

(2)与纳税有关的合同、协议书及凭证。

(3)税控装置的电子报税资料。

(4)外出经营活动税收管理证明和异地完税凭证。

(5)境内或者境外公证机构出具的有关证明文件。

(6)税务机关规定应当报送的其他有关证件、资料。

纳税人在纳税期内没有应纳税款的,也应当按照规定办理纳税申报。

纳税人享受减税、免税待遇的,在减税、免税期间应当按照规定办理纳税申报。

(二)纳税申报的方式

纳税人应依照法律、法规规定的申报期限、申报内容如实填写纳税申报表,办理纳税申报手续。纳税申报方式包括:

(1)自行申报,也称直接申报。是指纳税人、扣缴义务人按照规定的期限自行直接到主管税务机关(报税大厅)办理纳税申报手续。这是目前最主要的纳税申报方式。

(2)邮寄申报,是指经税务机关批准的纳税人使用统一规定的纳税申报特快专递专用信封,通过邮政部门办理交寄手续,并向邮政部门索取收据作为申报凭据的方式。邮寄申报以寄出地的邮政局邮戳日期为实际申报日期。这种申报方式比较适宜边远地区的纳税人。

(3)数据电文申报。数据电文是指以税务机关确定的电话语音、电子数据交换和网络传输等电子方式进行纳税申报。这种方式运用了新的电子信息技术,代表着纳税申报方式的发展方向,其适用范围逐渐扩大。但由于数据电文申报方式的数据可靠性尚不稳定,因此税法要求纳税人采取电子方式办理纳税申报的,应当按照税务机关规定的期限和要求保存有关(纸质)资料,并定期书面报送主管税务机关。

(4)其他方式申报。《中华人民共和国税收征收管理法》及《中华人民共和国税收征收管理法实施细则》规定,实行定期定额缴纳税款的纳税人可以实行简易申报、简并征期等申报纳税方式。

所谓简易申报,就是由实行定期定额征收方式的个体工商户(或个人独资企业)在税务机关规定的期限内按照法律、行政法规规定缴清应纳税款,当期(纳税期)可以不办理申报手续。在定额执行期结束后,再将每月实际发生的经营额、所得额一并向税务机关申报。这种方法既节省了时间,降低了纳税成本,也符合及时、足额征收税款的原则。也就是说,按期纳税即视同申报,未按期纳税,也构成未进行纳税申报。简易申报实际上是纳税申报的一种变通方法,不能算是一种独立的纳税申报方式。

所谓简并征期是将实行定期定额征收方式的个体工商户(或个人独资企业)若干纳税期的应纳税额集中在一个纳税期限内缴纳。简并征期最大限度地简化了税款征收程序。适用于实行定期定额征收方式的个体工商户(或个人独资企业)经营地点偏远、缴纳税款数额较小,或者税务机关征收税款有困难的情况。简并征期相当于延长了纳税期限,本身并不是一种纳税申报方式。

除上述方式以外,纳税人、扣缴义务人还可以委托注册税务师等有税务代理资质的中介机构或者他人代理申报纳税。

四、税款征收

税款征收是税务机关依照税收法律、法规的规定将纳税人应当缴纳的税款组织入库的一系列活动的总称。它是税收征收管理工作的中心环节,在整个税收征收管理工作中占有极其重要的地位。

(一)税款征收的原则

1. 唯一行政征收主体的原则

根据《中华人民共和国税收征收管理法》的规定。除税务机关、税务人员以及经税务机关依照法律、政法规委托的单位和个人外,任何单位和个人不得进行税收征收活动。税收征收遵循税务机关是征税的唯一行政主体的原则。

2. 依法征收税款原则

根据《中华人民共和国税收征收管理法》的规定,税务机关只能依照法律、行政法规的规定征收税款。未经法定机关和法定程序调整,征纳双方均不得随意变动。税务机关代表国家向纳税人征收税款,不能任意征收,只能依法征收,税务机关不得违反法律、行政法规的规定开征、停征、多征、少征、提前征收、延缓征收或者摊派税款。不得擅自增减改变税目、调高或降低税率、加征或减免税款、提前征收或延缓征收税款以及摊派税款。

3. 遵守法定权限和法定程序的原则

税务机关执法必须遵守法定权限和法定的程序。如采取税收保全措施或强制执行措施时,办理减税、免税、退税时,核定应纳税额时,进行纳税调整时,针对纳税人的欠税,进行清理,采取各种措施时税务机关都必须按照法律或者行政法规规定的审批权限和程序进行操作,否则就是违法。

4. 执法严明，手续完善原则

《中华人民共和国税收征收管理法》规定："税务机关征收税款时，必须给纳税人开具完税凭证。"同时还规定："税务机关扣押商品、货物或其他财产时，必须开付收据；查封商品、货物或者其他财产时，必须开付清单。"

5. 统一上缴国库原则

《中华人民共和国税收征收管理法》规定："国家税务局和地方税务局应当按照国家规定的税收征管范围和税款入库预算级次，将征收的税款缴入国库。"税款、滞纳金、罚款等统一由税务机关上缴国库。

6. 税款优先原则

《中华人民共和国税收征收管理法》规定了税收征收在纳税人支付各种款项和偿还债务时税款优先的顺序。税款优先原则不仅增强了税法的刚性，而且增强了税法在执行中的可操作性。

(二)税款征收方式

税款征收方式也称税收征收方法，它是税务机关根据税法的规定和纳税人的生产经营和财务管理情况，以及便于征收和保证税款及时足额入库的原则，确定具体组织征收税款入库的方法。税款征收是税收征收管理工作的中心环节，是全部税收征收管理工作的目的和归宿，根据《税收征管法》及其实施细则规定，我国的税收征收主要采用以下几种方式：

1. 查账征收

查账征收是指由纳税人依据账簿记载，先自行计算缴纳，事后经税务机关查账核实，如有不符合税法规定的，则多退少补。这种税款征收方式主要是对已建立会计账册并且会计记录完整的单位采用。

2. 查定征收

查定征收是指由税务机关根据纳税人的生产设备等情况在正常情况下的生产、销售情况，对其生产的应税产品查定产量和销售额，然后依照税法规定的税率征收的一种税款征收方式。这种征收方式适用于生产经营规模较小、产品零星、税源分散、会计账册不健全的小型厂矿和作坊。

3. 查验征收

查验征收是指税务机关对纳税人的应税商品、产品，通过查验数量，按市场一般销售单价计算其销售收入，并据以计算应纳税款的一种征收方式。这种征收方式适用于纳税人财务制度不健全，生产经营不固定，零星分散、流动性大的税源。

4. 定期定额征收

定期定额征收是指对小型个体工商户在一定经营地点、一定经营时期、一定经营范围内的应纳税经营额（包括经营数量）或所得额（简称定额）进行核定，并以此为计税依据，确定其应纳税额的一种征收方式。这种征收方式适用于经主管税务机关认定和县以上税务机关（含县级）批准的生产、经营规模小，达不到《个体工商户建账管理暂行办法》规定的设置账簿标准，难以查账征收，不能准确计算纳税依据的个体工商户（包括个人独资企业，简称定期定额户）。

5. 自核自缴

自核自缴，是指纳税人在规定的期限内依照税法的规定自行计算应纳税额，自行填开税款缴纳书，自己直接到税务机关指定的银行缴纳税款的一种征收方式。这种方式只限于经县、市税务机关批准的会财务计制度健全，账册齐全准确，依法纳税意识较强的大中型企业和部分事业单位。

6. 代扣代缴、代收代缴

代扣代缴、代收代缴，是指依照税法规定负有代扣代缴、代收代缴税款义务的单位和个人，按照税法规定对纳税人应当缴纳的税款进行扣缴或代缴的征收方式。这种方式有利于加强对税收源泉的控制、减少税款流失、降低税收成本、手续也比较简单。

7. 委托征收

委托征收，是指税务机关委托有关单位或个人代为征收税款的征收方式。这种方式主要适用于一些零星、分散难以管理的税收。

8. 其他征收方式

除上述税款征收方式以外，随着科学技术的发展和征管改革的不断推进，新的更方便、快捷、安全、有效的税款征收方式有所发展完善，如利用网络申报、网络账户转账纳税的方式，用IC 卡纳税的方式，利用税控系统进行纳税的方式等。

（三）税收保全措施

1. 税收保全措施适用情形

（1）只适用于从事生产，经营的纳税人。

（2）必须有根据认为纳税人有明显的转移、隐匿其应纳税财产等行为或迹象。

（3）必须在规定的纳税期之前和责令限期缴纳之内。

（4）必须在纳税人不肯或不能提供担保。

（5）必须经县以上税务局（分局）局长批准。

2. 税收保全的措施

（1）书面通知纳税人开户银行或其他金融机构暂停支付纳税人相当于应纳税款的存款。

（2）扣押、查封纳税人相当于应纳税款的财产。

3. 税收保全的解除

纳税人在税务机关采取税收保全措施后，按照税务机关规定的期限缴纳税款的，税务机关应当自收到税款或者银行转回的完税凭证之日起 1 日内解除税收保全。

（四）税收强制执行

1. 税收强制执行的适用情形

从事生产、经营的纳税人未按照规定的期限缴纳或者解缴税款，纳税担保人按照规定的期限缴纳所担保的税款，由税务机关责令限期缴纳，逾期仍未缴纳的，经县以上税务局（分局）局长批准，税务机关可以采取强制措施。

2. 税收强制执行措施的形式

(1)书面通知其开户银行或者其他金融机构从其存款中扣缴税款

(2)依法拍卖或者变卖其价值相当于应纳税款的商品、货物或者其他财产,以拍卖或者变卖所得抵缴税款税务机关采取强制执行措施时,对纳税人、扣缴义务人、纳税担保人未缴纳的滞纳金同时强制执行。个人及其所扶养家属维持生活必需的住房和用品,不在强制执行措施的范围之内。

(五)税款的退还与追征

1. 税款的退还

纳税人多缴纳的税款。税务机关发现后应当立即退还纳税人自结算缴纳税款之日起 3 年内发现的,可以向税务机关要求退还多缴的税款并加算银行同期存款利息,税务机关及时查实后应立即退还。纳税人在结清缴纳税款之日起 3 年后向税务机关提出退还多缴税款要求的,税务机关不予受理。

2. 税款的追征

(1)因税务机关的责任,致使纳税人、扣缴义务人未缴或者少缴款的,税务机关在 3 年内可以要求纳税人、扣缴义务人补缴税款,但是不得加收滞纳金。

(2)因纳税人、扣缴义务人计算错误等失误,未缴或者少缴款的,税务机关在 3 年内可以追征税款,并加收滞纳金,有特殊情况的(即数额在 10 万元以上的),追征期可以延长到 5 年。

(3)对因纳税人、扣缴义务人和其他当事人偷税、抗税、骗税等原因而造成未缴或者少缴的税款,或骗取的退税款,税务机关可以无限期追征。

五、税务代理

税务代理,是指税务代理人在国家税法规定的代理范围内,接受纳税主体的委托,代为办理相关税务事宜行为的总称。它是社会中介服务的一部分。

(一)税务代理的特点

1. 公正性

税务代理机构不是税务行政机关,而是征纳双方的中介机构,因而必须在法律范围内为被代理人办理税收事宜,独立、公正地执行业务。既不能损害国家利益,又要维护纳税人、扣缴义务人的合法权益。

2. 自愿性

税务代理人实施税务代理行为,应当以纳税人、扣缴义务人自愿委托和自愿选择为前提,无论是税务代理人还是任何国家机关都不能强制纳税人、扣缴义务人进行税务代理。

3. 有偿性

税务代理机构是社会中介机构,不是国家行政机关的附属机构。因此,税务代理机构同其他企业一样要自负盈亏,只有通过有偿服务,取得代理收入才能抵补费用,获得利润。

4. 独立性

税务代理机构与国家行政机关、纳税人或扣缴义务人等没有行政隶属关系。既不受税务行政部门的干预,又不受纳税人、扣缴义务人左右,可独立代办税务事宜。

5. 确定性

税务代理人的税务代理范围,是以法律、行政法规和行政规章的形式确定的。因此,税务代理人不得超越规定的内容从事代理活动,代理人不得代理应由税务机关行使的行政权力。

(二)税务代理的法定业务范围

税务代理的业务范围受到国家税收法律、行政法规的制约。《税务代理试行办法》规定,税务代理人可以接受纳税人、扣缴义务人的委托从事下列范围内的业务代理:办理税务登记、变更税务登记和注销税务登记办理发票领购手续,办理纳税申报和扣缴税款报告;办理缴纳税款和申请退税;制作涉税文书;审查纳税情况;建账建制,处理账务;开展税务咨询、受聘税务顾问;申请税务行政复议或税务行政诉讼等。税务代理人是指具有税务代理资格的机构和人员,即具有进行税务代理的相关知识、经验和能力,具有税务代理资格,经国家税务总局及省、自治区、直辖市国家税务局批准,从事税务代理的专门人员及其工作机构。从事税务代理的专门人员称为税务师,税务师必须加入税务代理机构才能从事税务代理业务,一个税务师只能加入一个税务代理机构。

练习题

一、单项选择题

1. 下列各项中,不属于我国按税征收权限和收入支配权限进行分类的是(　　)。

A. 中央税　　B. 地方税

C. 流转税　　D. 中央地方共享税

2. 下列各项中,属于征税对象具体化,即规定应当征税项目的是(　　)。

A. 税率　　B. 税目　　C. 纳税人　　D. 征税对象

3. 下列各项中,衡量纳税义务人税收负担轻重的是(　　)。

A. 计税依据　　B. 减税免税　　C. 税率　　D. 征税对象

4. 2009 年 1 月 1 日起,我国增值税实行的是(　　)。

A. 消费型增值税　　B. 收入型增值税

C. 生产型增值税　　D. 消耗型增值税

5. 2016 年 4 月,某增值税一般纳税人 A 公司向一小规模纳税人销售一批产品,开具的普通发票上的含税销售额为 93600 元,则 A 公司该项销售业务的销项税额是(　　)元。

A. 8500　　B. 15912　　C. 13600　　D. 8800

6. 下列产品中,不应该缴纳增值税的是(　　)。

A. 火车运输收入　　B. 邮政服务收入

C. 转让设备收入　　D. 罚款收入

7. 下列产品中,不属于征收消费税的是(　　)。

A. 酒精　　B. 烟　　C. 实木地板　　D. 烟丝

8. 乙公司将资产的一批应税消费品(实木地板)用于在建工程,该批消费品成本为 750 万元,计税价格为 1250 万元,使用的增值税税率为 17%,消费税税率为 5%。则该批产品应缴纳的消费税是(　　)万元。

A. 62.5　　B. 202.5　　C. 287.5　　D. 252.5

9. 甲烟草生产企业是增值税一般纳税人。2016 年 4 月，销售甲类卷烟 1000 标准条（1 标准条 =200 支），取得销售收入（含增值税）93600 元。则甲企业该月应缴纳的消费税额是（　　）元。

A. 600　　B. 300　　C. 36000　　D. 45400

10. 甲公司 2016 年度实现的利率总额为 530 万元，使用的所得税税率为 25%，其中国债的利息收入 10 万元，营业外支出中含支付的税收滞纳金 20 万元。假定无其他纳税调整事项，甲公司 2016 年实际应纳所得税额是（　　）万元。

A. 135　　B. 137.5　　C. 130　　D. 127.5

11. 张某在一家报刊上连载一篇小说，连续 3 个月的稿酬收入分别为 3000 元、4000 元和 5000 元，则张某 3 个月的稿酬所得应缴纳的个人所得税是（　　）元。

A. 2400　　B. 2240　　C. 1344　　D. 1920

12. 张老师 2016 年 4 月取得一次性讲课报酬 1000 元，则张老师 4 月应缴纳的个人所得税是（　　）元。

A. 40　　B. 200　　C. 160　　D. 28

13. 对税务机关不予颁发税务登记证以及停止出口退税权的行为不服时，可以申请行政复议，也可以直接提起行政诉讼，接受行政诉讼的机关是（　　）。

A. 省级财政部门　　B. 人民法院　　C. 审计部门　　D. 税务部门

14. 下列各项中，属于纳税人进口货物申报缴纳增值税地点的是（　　）。

A. 报关地海关　　B. 纳税人经营地

C. 纳税人居住地　　D. 报关地税务机关

15. 下列各项中，按从价定率和从量定额符合计征消费税的是（　　）。

A. 汽油　　B. 白酒　　C. 小汽车　　D. 珠宝玉器

二、多项选择题

1. 下列各项中，属于税收特征的有（　　）。

A. 强制性　　B. 分配性　　C. 无偿性　　D. 固定性

2. 下列各项税种中，属于行为税的有（　　）。

A. 印花税　　B. 消费税

C. 车辆购置税　　D. 城市维护建设税

3. 下列各项中，属于应计入增值税应税销售额的有（　　）。

A. 向购买方收取的包装物租金

B. 向购买方收取的销项税额

C. 向购买方收取的货款

D. 因销售货物向购买方收取的政府性基金

4. 下列各项中，属于流转税的有（　　）。

A. 增值税　　B. 所得税　　C. 消费税　　D. 资源税

5. 下列各项中，属于个人所得税义务人的有（　　）。

A. 居民纳税义务人　　B. 居民企业

C. 非居民纳税义务人　　D. 非居民企业

6. 下列各项中,属于现行企业所得税税率的有(　　)。

A. 25%　　B. 15%　　C. 20%　　D. 33%

7. 下列各项中,可以使用增值税专用发票的情形有(　　)。

A. 加工劳务　　B. 修理修配劳务

C. 销售货物　　D. 将自产产品用于抵债

8. 下列税种中,属于地方税的有(　　)。

A. 房产税　　B. 增值税　　C. 契税　　D. 城镇土地使用税

9. 下列各项中,使用累进税率的有(　　)。

A. 工资薪金所得　　B. 财产转让所得

C. 个体工商户生产经营所得　　D. 承包承租经营所得

10. 下列各项中,属于免征企业所得税的收入有(　　)。

A. 接受捐赠所得　　B. 国债利息收入

C. 符合条件的非营利组织的收入　　D. 股息、红利收入

11. 下列各项中,属于纳税人应当自行申报缴纳个人所得税的有(　　)。

A. 年所得 12 万元以上的

B. 从中国境外取得所得的

C. 取得应税所得,没有扣缴义务人的

D. 从中国境内两处或两处以上取得工资、薪金所得的

12. 下列各项中,属于税务登记种类的有(　　)。

A. 变更登记　　B. 注销登记

C. 外出经营报验登记　　D. 工商注册登记

13. 下列各项中,应缴纳个人所得税的项目有(　　)。

A. 工资薪金所得　　B. 劳务报酬所得

C. 财产租赁所得　　D. 稿费所得

14. 下列各项中,属于应缴纳增值税税目的有(　　)。

A. 交通运输企业　　B. 金融保险企业

C. 建筑行业　　D. 酒店业

15. 下列各项中,属于税务代理业务范围的有(　　)。

A. 办理纳税申报　　B. 申请减免税

C. 申请税务行政复议和诉讼　　D. 办理工商登记

三、判断题

1. 税收是国家为了满足一般的社会共同需要,凭借政治权利,按照国家法律规定的标准,强制地、有偿地取得财政收入的一种特定分配形式。(　　)

2. 增值税一般纳税人外购或销售货物所支付的运输费用根据运费结算单据所列的金额,按照 13% 的扣除率计算的进项税额准予扣除。(　　)

3. 企业所得税的纳税年度,自公历 1 月 1 日起至 12 月 31 日止。(　　)

4. 税收法律责任包括行政责任和民事责任。(　　)

5. 除国家税务总局另有规定外,一经认定为一般纳税人后,不得转为小规模纳税人。(　　)

6. 纳税人、代扣代缴人、纳税担保人对省级以下各级地方税务局作出的税务具体行政行为不服的，可向上一级机关申请复议。（　　）

7. 按照规定不需要在工商管理机关办理注销登记的，应当自有关机关批准或者宣告终止之日起 15 日内，持有关证件向原税务登记管理机关申报办理注销税务登记。（　　）

8. 委托代征税款是税务机关委托代征人以代征人自己的名义征收税款，并将税款缴入国库的方式。（　　）

9. 纳税人对行政复议不服的，申请人可以向人民法院提起行政诉讼，也可以向财政部申请裁决，财政部的裁决最终为最终裁决。（　　）

10. 纳税申报方式采用邮寄申报的，以到达地的邮局邮戳日期为实际申报时间。（　　）

11. 纳税申报时，简易申报的申报方式是以纳税人便利纳税为原则设置的。（　　）

12. 查定征收是指税务机关对纳税人应税商品，通过查验数量，按市场一般销售单价计算其销售收入并据以征税的方式。（　　）

13. 普通发票主要由增值税小规模纳税人使用，增值税一般纳税人在不能开具专用发票的情况下也可以使用普通发票。（　　）

14. 税务代理机构是社会中介机构，同其他企事业单位一样，要自负盈亏，通过代理取得收入并抵补费用，获得利润。这体现了税务代理的有偿性特点。（　　）

15. 查账征收方式适用于财务会计制度较为健全、能够认真履行纳税义务的纳税单位。（　　）

四、案例分析题

A 公司为增值税一般纳税人，2016 年 4 月发生的经济业务如下：

(1) 购入原材料，取得的增值税专用发票上注明的价款为 40 万元。

(2) 销售本企业生产的应税甲产品，开具普通发票，取得的含税销售额为 11.7 万元。

(3) 购入企业生产所需配件，取得的增值税专用发票上注明的价款是 2.5 万元。

(4) 购入企业所需的包装物，取得的增值税专用发票上注明的价款为 2 万元。

(5) 销售本企业生产的应税乙产品，取得不含税销售额 50 万元。

(6) 企业转让一项商标权，取得不含税收入 15 万元。

(7) 企业为会议室够买桌椅一批取得的增值税专用发票上注明的价款为 1.8 万元。

(8) 向农业生产者购进作为生产原料的免税农产品，买价为 3 万元。

(9) 出租房屋取得不含税租金 10 万元。

假设上述各项购销货物税率为 17%，购进货物取得防伪税控系统开具的增值税专用发票，当月通过税务机关认证。向农业生产者购买的免税农业产品，按买价依照 13% 的扣除率计算进项税额。上月未抵扣完的进项税额为零。

要求：根据上述资料，不考虑其他因素，分析回答下列问题。

1. 根据资料(1)～(9)，应计算当期销项税额的销售额是(　　)。

A. 销售甲产品的销售额 10 万元　　B. 转让一项商标权取得 15 万元

C. 出租房屋取得的租金 10 万元　　D. 销售乙产品的销售额 50 万元

2. 根据资料(1)～(9)，当期销项税额是(　　)万元。

A. 12.2　　B. 10.2　　C. 8.5　　D. 9.15

3. 根据资料(1)～(9)，可以抵扣的进项税额有(　　)。

A. 购入原材料,取得的增值税专用发票上注明的增值税额

B. 购入免税农产品准予扣除的增值税

C. 购入生产所需的配件和包装物取得专用发票上注明的增值税额

D. 企业为会议室购买的桌椅取得专用发票上注明的增值税额

4. 根据资料(1)~(9),当期可抵扣的进项税额是(　　)万元。

A. 8.08　　B. 7.565　　C. 8.261　　D. 7.82

5. 根据资料(1)~(9),当期应纳增值税税额是(　　)万元。

A. 3.939　　B. 1.12　　C. 1.63　　D. 1.38

第四章　财政法律制度

知识目标

(1)掌握预算法律制度的构成。

(2)掌握政府采购法律制度的构成和原则。

(3)掌握国家集中收付制度的概念。

(4)掌握国家预算的级次划分和构成。

(5)掌握政府采购的执行模式和方式。

(6)掌握国库单一账户体系的构成。

能力目标

(1)能理解和正确把握预算法律制度的构成。

(2)深刻理解和正确把握政府采购法律制度,能把握政府采购的原则。

(3)能理解和把握国家集中收付制度的内容。

(4)熟悉国家预算的级次划分、预算管理的职权、预算组织程序及预决算的监督。

(5)理解国家单一账户体系的构成及财政收支方式。

第一节　预算法律制度

本章案例导入

一、预算法律制度的构成

预算法律制度是指国家经过法定程序制定的,用以调整国家预算关系的法律、行政法规和相关规章制度,我国预算法律制度由《中华人民共和国预算法》《中华人民共和国预算法实施条例》以及有关国家预算管理的其他法规制度构成。

(一)《中华人民共和国预算法》

1994 年 3 月 22 日,第八届全国人民代表大会第二次会议通过《中华人民共和国预算法》,自 1995 年 1 月 1 日起施行。2014 年 8 月 31 日,第十二届全国人民代表大会常务委员会第十次会议通过《全国人民代表大会常务委员会关于修改〈中华人民共和国预算法〉的决定》,对《中华人民共和国预算法》进行了修订,并于 2015 年 1 月 1 日起开始施行。修订后的《中华人民共和国预算法》包括总则、预算管理职权、预算收支范围、预算编制、预算审查和批准、预算执行、预算调整、决算、监督、法律责任和附则共 11 章 101 条。

《中华人民共和国预算法》是我国第一部财政基本法律,是我国国家预算管理工作的根本性法律以及制定其他预算法规的基本依据。它的颁布施行,对于规范政府收支行为,强化预算约束,加强对预算的管理和监督,建立健全全面规范、公开透明的预算制度,保障经济社会的健康发展,具有十分重要的意义。

(二)《中华人民共和国预算法实施条例》

为了贯彻实施《中华人民共和国预算法》,使之更具操作性,从而为预算及其监督提供更为具体明确的行为准则,国务院于 1995 年 11 月 22 日颁布《中华人民共和国预算法实施条例》,包括总则、预算收支范围、预算编制、预算执行、预算调整、决算、监督和附则共 8 章 79 条。《中华人民共和国预算法实施条例》根据《中华人民共和国预算法》所确立的基本原则和规定,对其中的有关法律概念,以及预算管理的方法和程序等作了具体规定。

二、国家预算概述

(一)国家预算的概念

国家预算也称政府预算,是政府的基本财政收支计划,即经法律程序批准的国家年度财政收支计划。

国家预算是实现财政职能的基本手段,反映国家的施政方针和社会经济政策,规定政府活动的范围和方向。

从形式上看,国家预算就是按一定的标准将财政收入和支出分门别类地列入特定的表格,以反映政府活动的范围和方向,是国家经济政策的反映。由于国家预算要经过国家权力机构的审批方才生效,因而又是国家的重要立法文件,体现国家权力机构和全体公民对政府活动的制约与监督。

(二)国家预算的作用

国家预算作为财政分配和宏观调控的主要手段,具有分配、调控和监督职能。国家预算的作用是国家预算职能在经济生活中的具体体现,它主要包括三个方面:

1. 财力保证作用

国家预算通过对集中的国民收入,即预算资金的分配,使得政府能够根据财力的多少和实现国家职能的支出需要合理地安排各项支出。因此,国家预算既是保障国家机器运转的物质条件,又是政府实施各项社会经济政策的有效保证。

2. 调节制约作用

国家预算作为国家的基本财政计划,是国家财政实行宏观控制的主要依据和主要手段。国家预算的收支规模可调节社会总供给和总需求的平衡,预算支出的结构可调节国民经济结构,因而国家预算的编制和执行情况对国民经济和社会发展都有直接的制约作用。

3. 反映监督作用

国家预算是国民经济的综合反映,预算收入反映国民经济发展规模和经济效益水平,预算支出反映各项建设事业发展的基本情况。因此,通过国家预算的编制和执行,可以监督和掌握国民经济的运行状况、发展趋势以及出现的问题,从而采取对策措施,促进国民经济稳定协调地发展。

(三)国家预算的级次划分

国家预算级次结构都是按照国家的政权结构和行政区域来划分的。我国的国家预算也与国家政权分级相适应,即一级政权应有一级财政,有一级财政就要相应建立二级预算。

根据国家的政权结构、行政区域划分和财政管理体制的要求,我国的国家预算共分为五级预算,具体包括中央预算、省级(省、自治区、直辖市)预算、地市级(设区的市、自治州)预算、县市级(县、自治县、不设区的市、市辖区)预算和乡镇级(乡、民族乡、镇)预算。其中,对于不具备设立预算条件的乡、民族乡、镇,经省、向治区、直辖市政府确定可以暂不设立预算。

(四)国家预算的构成与分类

1. 国家预算的构成

按照预算收支的内容,预算包括以下内容

(1)一般公共预算,是对以税收为主体的财政收入,安排用于保障和改善民生、推动经济社会发展、维护国家安全、维持国家机构正常运转等方面的收支预算。

(2)政府性基金预算,是对依照法律、行政法规的规定在一定期限内向特定对象征收、收取或者以其他方式筹集的资金,专项用于特定公共事业发展的收支预算。政府性基金预算应当根据基金项目收入情况和实际支出需要,按基金项目编制,做到以收定支。

(3)国有资本经营预算,是对国有资本收益作出支出安排的收支预算。预算应当按照收支平衡的原则编制,不列赤字,并安排资金调入一般公共预算。

(4)社会保险基金预算,是对社会保险缴款、一般公共预算安排和其他方式筹集的资金,专项用于社会保险的收支预算。预算应当按照统筹层次和社会保险项目分别编制,做到收支平衡。

一般公共预算、政府性基金预算、国有资本经营预算、社会保险基金预算应当保持完整、独立。政府性基金预算、国有资本经营预算、社会保险基金预算应当与一般公共预算相衔接。

2. 国家预算的分类

国家预算按照政府级次可分为中央预算和地方预算,按照收支管理范围可分为总预算和部门单位预算。各级预算应当遵循统筹兼顾、勤俭节约、量力而行、讲求绩效和收支平衡的原则。

(1)中央预算。中央预算是中央总预算的简称,是指经法定程序批准的中央政府的年度财政收支计划。它是中央政府履行职能的基本财力保证,在国家预算体系中居于主导地位。

中央一般公共预算由中央各部门(含直属单位)预算和中央对地方的税收返还、转移支付预算组成。其中,中央各部门是指与财政部直接发生预算缴款、拨款关系的国家机关、军队、政党组织和社会团体直属单位是指与财政部直接发生预算缴款、拨款关系的企业和事业单位。

中央一般公共预算收入包括中央本级收入和地方向中央的上缴收入。中央一般公共预算支出包括中央本级支出、中央对地方的税收返还和转移支付。

(2)地方预算。地方预算是地方总预算的简称,是指经法定程序批准的地方各级政府的年度财政收支计划的统称,由各省、自治区、直辖市总预算组成。地方预算在国家预算组织体系中起基础作用。

地方各级一般公共预算由本级各部门(含直属单位)的预算和税收返还、转移支付预算组成。其中,本级各部门是指与本级政府财政部门直接发生预算缴款、拨款关系的地方国家机关、政党组织和社会团体直属单位是指与本级政府财政部门直接发生预算缴款、拨款关系的企业和事业单位。

地方各级一般公共预算收入包括地方本级收入、上级政府对本级政府的税收返还和转移支付、下级政府的上解收入。地方各级一般公共预算支出包括地方本级支出、对上级政府的上解支出、对下级政府的税收返还和转移支付。

(3)总预算。总预算是指政府的财政汇总预算。按照国家行政区域和政权结构可相应划分为各级次的总预算,如我国的中央总预算、省(自治区、直辖市)总预算、市总预算、县总预算等。各级总预算由本级政府预算和所属下级政府的总预算汇编而成,由财政部门负责编制。下级政府只有本级预算的,下级政府总预算即指下级政府的本级预算。没有下级政府预算的,总预算即指本级预算。

(4)部门单位预算。部门单位预算是指部门、单位的收支预算。部门预算是反映各本级部门(含直属单位)本系统内各级单位全部收支的预算,由本部门及其所属各单位预算组成。单位预算是指列入部门预算的国家机关、社会团体和其他单位的收支预算,它以资金的形式反映着预算单位的各种活动。部门单位预算是总预算的基础,预算收支项目比较详细和具体,它由各预算部门和单位编制。部门预算是市场经济国家财政预算管理的基本组织形式。从2000年开始,我国进行了部门预算改革。可以说,部门预算是一项综合预算,既包括行政单位预算,又包括其下属的事业单位预算;既包括一般预算收支计划,又包括政府基金预算收支计划;既包括正常经费预算,又包括专项支出预算;既包括财政预算内拨款收支计划,又包括财政预算外核拨资金收支计划和部门其他收支计划。

三、预算管理的职权

预算管理职权是指确定和支配国家预算的权利和对于国家预算的编制、审查、批准、执行、调整、监督权利的总称。明确划分国家各级权力机关、各级政府、各级财政部门以及各部门、各单位在预算活动中的职权,是将预算各环节纳入法制化、规范化轨道的必要措施。根据统一领导、分级管理、权责结合的原则,《中华人民共和国预算法》对预算管理的职权划分作了明确的规定。

(一)各级人民代表大会及其常务委员会的职权

1. 全国人民代表大会及其常务委员会的职权

(1)全国人民代表大会是最高国家权力机关,实施预算管理是全国人民代表大会的一项基本职权。根据《中华人民共和国预算法》的规定,它的预算管理职权主要有:

①审查中央和地方预算草案及中央和地方预算执行情况的报告。

②批准中央预算和中央预算执行情况的报告。

③改变或者撤销全国人民代表大会常务委员会关于预算、决算的不适当的决议。

(2)全国人民代表大会常务委员会预算管理职权主要有:

①监督中央和地方预算的执行审查和批准中兴预算的调整方案。

②审查和批准中央预算的调整方案。

③审查和批准中央决算。

④撤销国务院制定的同宪法、法律相抵触的关于预算、决算的行政法规、决定和命令。

⑤撤销省、自治区、直辖市人民代表大会及其常务委员会制定的同宪法、法律和行政法规相抵触的关于预算、决算的地方性法规和决议。

2. 县级以上地方各级人民代表大会及其常务委员会的职权

(1)县级以上地方各级人民代表大会是地方的国家权力机关,其预算管理职权主要有:

①审查本级总预算草案及本级总预算执行情况的报告。

②批准本级预算和本级预算执行情况的报告。

③改变或者撤销本级人民代表大会常务委员会关于预算、决算的不适当的决议。

④撤销本级政府关于预算、决算的不适当的决定和命令。

(2)县级以上地方各级人民代表大会常务委员会预算管理职权主要有:

①监督本级总预算的执行。

②审查和批准本级预算的调整方案。

③审查和批准本级政府决算。

④撤销本级政府和下一级人民代表大会及其常委会关于预算、决算的不适当的决定、命令和决议。

3. 乡、民族乡、镇人民代表大会的职权

根据我国宪法规定,乡、镇一级人民代表大会不设立常务委员会,其预算管理职权,由乡、镇人民代表大会直接行使,具体有:

①审查和批准本级预算和本级预算执行情况的报告。

②监督本级预算的执行。

③审查和批准本级预算的调整方案。

④审查和批准本级决算。

⑤撤销本级政府关于预算、决算的不适当的决定和命令。

(二)各级人民政府的职权

1. 国务院的职权

国务院的预算管理职权主要有:

(1)编制中央预算、决算草案。

(2)向全国人民代表大会作关于中央和地方预算草案的报告。

(3)将省、自治区、直辖市政府报送备案的预算汇总后报全国人民代表大会常务委员会备案。

(4)组织中央和地方预算的执行。

(5)决定中央预算预备费的动用。

(6)编制中央预算调整方案。

(7)监督中央各部门和地方政府的预算执行。

(8)改变或者撤销中央各部门和地方政府关于预算、决算的不适当的决定、命令。

(9)向全国人民代表大会、全国人民代表大会常务委员会报告中央和地方预算的执行情况。

2. 县级以上地方各级政府的职权

预算管理的职权主要有:

(1)编制本级预算、决算草案。

(2)向本级人民代表大会作关于本级总预算草案的报告。
(3)下一级政府报送备案的预算汇总后报本级人民代表大会常务委员会备案。
(4)组织本级总预算的执行。
(5)决定中央预算预备费的动用。
(6)编制中央预算调整方案。
(7)监督本级各部门和下级政府的预算执行。
(8)改变或者撤销中央各部门和下级政府关于预算、决算的不适当的决定、命令。
(9)向本级人民代表大会、本级人民代表大会常务委员会报告本级总预算的执行情况。

3. 乡、民族乡、镇政府的职权

预算管理的职权主要有:
(1)编制本级预算、决算草案。
(2)向本级人民代表大会作关于本级预算草案的报告。
(3)组织本级预算的执行。
(4)决定本级预算预备费的动用。
(5)编制本级预算的调整方案。
(6)向本级人民代表大会报告本级预算的执行情况。

(三)各级财政部门的职权

各级财政部门是预算管理的职能部门,直接担负着各级预算的组织实施工作。需要经常分析研究经济发展变化趋势,加强预算执行情况的监督检查,真正做到依法办事,依法理财。因此,《中华人民共和国预算法》对各级财政部门预算管理职权作了相应的规定。

1. 国务院财政部的职权

国务院财政部门代表国务院具体行使财政职能,其预算管理职权主要有五项:
(1)具体编制中央预算、决算草案。
(2)具体组织中央和地方预算的执行。
(3)提出中央预备费动用方案。
(4)具体编制中央预算的调整方案。
(5)定期向国务院报告中央和地方预算的执行情况。

2. 地方各级政府财政部门的职权

地方各级财政部门代表本级政府具体行使财政职能,其预算管理职权主要有五项:
(1)具体编制本级预算、决算草案。
(2)具体组织本级总预算的执行。
(3)提出本级预算预备费动用方案。
(4)具体编制本级预算的调整方案。
(5)定期向本级政府和上一级政府财政部门报告本级总预算的执行情况。

(四)各部门、各单位的职权

各部门、各单位是预算的具体执行单位。预算执行状况如何,在很大程度上取决于部门、单位预算管理工作的优劣。因此,各部门、各单位都要依法加强预算管理,严格执行预算,保证预算任务的实现。

1. 各部门的职权

根据《中华人民共和国预算法》的规定，与财政部门直接发生预算缴款、拨款关系的国家机关、军队、政党组织和社会团体等各部门的预算职权：一是编制本部门预算、决算草案，二是组织和监督本部门预算的执行，三是定期向本级政府财政部门报告预算的执行情况。

2. 各单位的职权

根据《中华人民共和国预算法》的规定，与财政部门直接发生预算缴款、拨款关系的企业和事业单位等各单位的预算职权主要包括编制本单位预算、决算草案，按照国家规定上缴预算收入，安排预算支出，并接受国家有关部门的监督。

四、预算收入及其分类

预算收入是指在预算年度内，按照法定的形式和程序有计划地筹集和取得的由国家支配的资金，是实现国家职能的财力保证。

（一）按预算收入的来源划分

以收入来源（或收入形式）为标准，一般公共预算收入可分为税收收入、行政事业性收费收入、国有资源（资产）有偿使用收入、转移性收入和其他收入。税收收入是指国家凭借其政治权力，依据法定标准从单位和个人无偿取得的一种财政收入，是国家财政收入的主要来源。在我国的税收收入结构中，流转税和所得税居于主体地位。

行政事业性收费收入是指国家机关、事业单位、代行政府职能的社会团体及其他组织根据法律、法规等有关规定，在实施社会公共管理，以及在向公民、法人提供特定公共服务过程中，向特定对象收取的费用。如企业注册登记费收入、工商管理费收入等。

国有资源（资产）有偿使用收入属于政府非税收入。其中，国有资源有偿使用收入是指国家机关、事业单位及其他组织利用各种形态的自然资源、公共资源、政府信誉、信息和技术资源向社会提供公共服务、准公共服务、经营服务以及出租、出让、转让国有资源使用权取得的收入国有资产有偿使用收入，是指国家机关、事业单位及其他组织将其占有使用的固定资产、流动资产、无形资产，通过处置、租赁、对外合作、对外服务、对外投资和担保等形式取得的收入。

转移性收入是指在分级预算管理体制下，各级地方政府通过分级财政的转移支付从上级政府取得的预算资金收入，主要有上级政府对本级政府的税收返还和转移支付。

其他收入是国家除上述形式外以其他形式筹集的预算收入，如罚没收入、捐赠收入等。

（二）按预算收入的归属划分

以收入归属（或税种）为标准，一般公共预算收入可分为中央预算收入、地方预算收入、中央和地方预算共享收入。

中央预算收入是指按照分税制财政管理体制的规定，纳入中央预算管理的地方不参与分享的收入，具体包括中央本级收入和地方按照规定向中央上解的收入。

地方预算收入是指按照分税制财政管理体制的规定，纳入地方预算管理的中央不参与分享的收入，具体包括地方本级收入、上级政府对本级政府的税收返还和转移支付、下级政府的上解收入。

中央和地方预算共享收入是指按照分税制财政管理体制的规定,中央预算和地方预算对同一税种的收入,按照一定划分标准或者比例分享的收入。

五、预算支出及其分类

预算支出是指在预算年度内,根据实现国家职能的需要,按照法定的形式和程序,通过财政分配手段对筹集和取得的预算收入进行有计划的再分配。其分类如下:

(一)按预算支出主体划分

以支出的主体为标准,一般公共预算支出可分为中央预算支出和地方预算支出。

中央预算支出是指按照分税制财政管理体制的规定,由中央财政承担并列入中央预算的支出,具体包括中央本级支出、中央对地方的税收返还和转移支付。

地方预算支出是指按照分税制财政管理体制的规定,由地方财政承担并列入地方预算的支出,具体包括地方本级支出、对上级政府的上解支出、对下级政府的税收返还和转移支付。

中央预算与地方预算有关收入和支出项目的划分、地方向中央上解收入、中央对地方返还或者转移支付的具体办法,由国务院规定并报全国人民代表大会常务委员会备案。上级政府不得在预算之外调用下级政府预算资金,下级政府不得挤占或者截留属于上级政府预算的资金。

(二)按预算支出的功能划分

一般公共预算支出按照其功能划分,可分为一般公共服务支出,外交、公共安全、国防支出,农业、环境保护支出,教育、科技、文化、卫生、体育支出,社会保障及就业支出和其他支出。

(三)按预算支出的经济性质划分

一般公共预算支出按照其经济性质划分,可分为工资福利支出、商品和服务支出、资本性支出和其他支出。

政府性基金预算、国有资本经营预算和社会保险基金预算的收支范围,按照法律、行政法规和国务院的规定执行。

六、预算组织程序

预算组织程序具体包括预算的编制、审批、执行和调整四个环节。

(一)预算的编制

国务院应当及时下达关于编制下一年度预算草案的指示。编制预算草案的具体事项由国务院财政部门部署。预算草案是指各级政府、各部门、各单位编制的未经法定程序审查和批准的预算收支计划。

1. 预算年度

预算年度又称财政年度或会计年度,是指编制和执行预算的法定有效起讫期限,通常以一年为期限。《中华人民共和国预算法》规定,我国的预算年度采取的是公历年制,即预算年度自公历 1 月 1 日起至 12 月 31 日,各预算活动的主体都必须按照法律规定的时间要求及时编制预算,即各级政府、各部门、各单位应当按照国务院规定的时间编制预算草案,只有及时地编制预算才能保证国家财政税收活动的正常依法进行。

2. 预算草案的编制依据

各级预算应当根据年度经济社会发展目标、国家宏观调控总体要求和跨年度预算平衡的需要,参考上一年预算执行情况、有关支出绩效评价结果和本年度收支预测,按照规定程序征求各方面意见后,进行编制。

各级政府依据法定权限作出决定或者制定行政措施,凡涉及增加或者减少财政收入或者支出的,应当在预算批准前提出并在预算草案中作出相应安排。各级预算收入的编制,应当与经济社会发展水平相适应,与财政政策相衔接。所有的政府收入要全部列入预算,不得隐瞒、少列。各级预算支出按其功能和经济性质编制、编制时应当贯彻勤俭节约的原则,严格控制各部门、各单位的机关运行经费和楼堂馆所等基本建设支出。一般公共预算支出的编制,应统筹兼顾,在保证基本公共服务合理需要的前提下,优先安排国家确定的重点支出;各级一般公共预算应按照本级预算支出额的1% ~3% 设置预备费,用于当年预算执行中的自然灾害等突发事件处理增加的支出及其他难以预见的开支,各级一般公共预算还可以按照国务院规定,设置预算周转金和预算稳定调节基金,分别用于本级政府调剂预算年度内季节性收支差额和弥补以后年度预算资金的不足。对于本级政府性基金预算、国有资本经营预算、社会保险基金预算支出,则应按其功能分类编制。

各部门、各单位应当按照国务院财政部门制定的政府收支分类科目(收入分为类、款、项、目,支出按其功能分为类、款、项,按其经济性质分为类、款)、预算支出标准和要求,以及绩效目标管理等预算编制规定,根据其依法履行职能和事业发展的需要以及存量资产情况,编制本部门、本单位预算草案。各部门、各单位应将所有政府收入全部列入预算,不得隐瞒、少列。

3. 预算草案的编制内容

(1)中央预算的编制内容:本级预算收入和支出、上一年度结余用于本年度安排的支出、返还或者补助地方的支出、地方上解的收入。中央财政本年度举借的国内外债务和还本付息数额应当在本级预算中单独列示。对中央预算中举借的债务,应当控制在适当的规模、保持合理的结构。债务管理采用余额管理的方式,余额的规模不得超过全国人大批准的限额。国务院财政部门具体负责对中央政府债务的统一管理。

(2)地方各级政府预算的编制内容:本级预算收入和支出、上一年度结余用于本年度安排的支出、上级返还或者补助的收入、返还或者补助下级的支出、上解上级的支出、下级上解的收入。

地方各级预算按照量入为出、收支平衡的原则编制预算,不列赤字。但《中华人民共和国预算法》同时也规定,经国务院批准的省、自治区、直辖市的预算中必需的建设投资的部分资金,可以在国务院确定的限额内,通过发行地方政府债券举借债务的方式筹措。举借债务的规模,由国务院报全国人大或者全国人大常委会批准。省、自治区、直辖市依照国务院下达的限额举借的债务,列入本级预算调整方案,报本级人大常委会批准举借的债务应当有偿还计划和稳定的偿还资金来源,只能用于公益性资本支出,不得用于经常性支出。除此之外,地方政府及其所属部门不得以任何方式举借债务,也不得为任何单位和个人的债务以任何方式提供担保。各级预算应当根据年度经济社会发展目标、国家宏观调控总体要求和跨年度预算平衡的需要、参考上一年预算执行情况、有关支出绩效评价结果和本年度收支预测,按照规定程序征求各方面意见后,进行编制。

各级预算收入的编制,应当与经济社会发展水平相适应,与财政政策相衔接。各级政府、各部门、各单位应当依照本法规定，将所有政府收入全部列入预算，不得隐瞒、少列。

各级预算支出应当依照预算法规定，按其功能和经济性质分类编制。各级预算支出的编制，应当贯彻勤俭节约的原则，严格控制各部门、各单位的机关运行经费和楼堂馆所等基本建设支出。

（二）预算审查、备案、批复

1. 预算审查

由于各级预算的审批具有时效性、级别性、工程序性和严肃性，因而《中华人民共和国预算法》对预算的审查和批准作出了明确规定。中央预算由全国人民代表大会审查和批准，地方各级政府预算由本级人民代表大会审查和批准，全国人民代表大会和地方各级人民代表大会对预算草案及其报告、预算执行情况的报告重点审查下列内容：

（1）上一年预算执行情况是否符合本级人民代表大会预算决议的要求。

（2）预算安排是否符合《中华人民共和国预算法》的规定。

（3）预算安排是否贯彻国民经济和社会发展的方针政策，收支政策是否切实可行。

（4）重点支出和重大投资项目的预算安排是否适当。

（5）预算的编制是否完整，是否细化，是否符合《中华人民共和国预算法》的规定。

（6）对下级政府的转移性支出预算是否规范、适当安排举借的债务是否合法、合理，是否有偿还计划和稳定的偿还资金来源。

（7）与预算相关的重要事项的说明是否清晰。

2. 预算备案

预算备案是与预算审批密切相关的一个制度，是指各级政府预算批准后，必须依法向相应的国家机关备案，以加强预算监督。乡、民族乡、镇政府应当及时将经本级人民代表大会批准的本级预算报上一级政府备案、县级以上地方各级政府应当及时将经本级人民代表大会批准的本级预算及下一级政府报送备案的预算汇总，报上级政府备案。县级以上地方各级政府将下一级政府依照规定报送备案的预算汇总后，报本级人民代表大会常务委员会备案。国务院将省、自治区、直辖市政府依照规定报送备案的预算汇总后，报全国人大常务委员会备案。

3. 预算批复

各级政府预算经过本级人民代表大会批准之后，本级政府财政部门应当及时向本级政府各部门批复预算。为了确保预算的时效性，各级预算经本级人民代表大会批准后，本级政府财政部门应当在二十日内向本级各部门批复预算，各部门应当在接到本级政府财政部门批复的本部门预算后十五日内向所属各单位批复预算。

中央对地方的一般性转移支付应当在全国人民代表大会批准预算后三十日内正式下达，中央对地方的专项转移支付应当在全国人民代表大会批准预算后九十日内正式下达。省、自治区、直辖市政府接到中央一般性转移支付和专项转移支付后，应当在三十日内正式下达到本行政区域县级以上各级政府。县级以上地方各级预算安排对下级政府的一般性转移支付和专项转移支付，应当分别在本级人民代表大会批准预算后的三十日和六十日内正式下达。对自然灾害等突发事件处理的转移支付，应当及时下达预算，对据实结算等特殊项目的转移支付，可以分期下达预算，或者先预付后结算。县级以上各级政府财政部门应当将批复本级各部门的预算和批复下级政府的转移支付预算，抄送本级人民代表大会财政经济委员会、有关专门委员会和常务委员会有关工作机构。

(三)预算的执行

预算执行是指经法定程序批准的预算进入具体实施阶段,各级政府、各部门、各预算单位在组织实施本级权力机关批准的本级预算中筹措预算收入、拨付预算支出等的活动。我国预算执行的主体包括各级政府、各级政府财政部门、预算收入征收部门、国家金库、各有关部门和有关单位。只有法律规定有预算执行权的主体,才能依法执行预算。同时,不同的预算执行主体享有不同的权力,担负不同的职责。

《中华人民共和国预算法》规定,各级预算由本级政府组织执行,具体工作由本级政府财政部门负责。各部门、各单位是本部门、本单位的预算执行主体,负责本部门、本单位的预算执行,并对执行结果负责。预算年度开始后,各级预算草案在本级人民代表大会批准前,可以安排下列支出:

(1)上一年度结转的支出。

(2)参照上一年同期的预算支出数额安排必须支付的本年度部门基本支出、项目支出,以及对下级政府的转移性支出。

(3)法律规定必须履行支付义务的支出,以及用于自然灾害等突发事件处理的支出。根据规定安排支出的情况,应当在预算草案的报告中作出说明。

预算经本级人民代表大会批准后,按照批准的预算执行。政府的全部收入应当上缴国家金库(以下简称国库),任何部门、单位和个人不得截留、占用、挪用或者拖欠;对于法律有明确规定或者经国务院批准的特定专用资金,可以依照国务院的规定设立财政专户。预算收入征收部门和单位,必须依照法律、行政法规的规定,及时、足额征收应征的预算收入。不得违反法律、行政法规规定,多征、提前征收或者减征、免征、缓征应征的预算收入,不得截留、占用或者挪用预算收入。各级政府不得向预算收入征收部门和单位下达收入指标。

对于预算支出,各级政府财政部门必须依照法律、行政法规和国务院财政部门的规定,及时、足额地拨付预算支出资金,加强对预算支出的管理和监督。省、自治区、直辖市一般公共预算年度执行中出现短收,通过调入预算稳定调节基金、减少支出等方式仍不能实现收支平衡的,省、自治区、直辖市政府报本级人民代表大会或者其常务委员会批准,可以增列赤字,报国务院财政部门备案,并应当在下一年度预算中予以弥补。各级政府、各部门、各单位的支出必须按照预算执行,不得虚假列支,并对预算支出情况开展绩效评价。

目前,我国实行的是国库集中收缴和集中支付制度,对政府全部收入和支出实行国库集中收付管理。按照《中华人民共和国预算法》规定,县级以上各级预算必须设立国库,具备条件的乡、民族乡、镇也应当设立国库。中央国库业务由中国人民银行经理,地方国库业务依照国务院的有关规定办理。各级国库应当按照国家有关规定,及时准确地办理预算收入的收纳、划分、留解、退付和预算支出的拨付。各级国库库款的支配权属于本级政府财政部门。除法律、行政法规另有规定外,未经本级政府财政部门同意,任何部门、单位和个人都无权冻结、动用国库库款或者以其他方式支配已入国库的库款,已经缴入国库的资金,依照法律、行政法规的规定或者国务院的决定需要退付的,各级政府财政部门或者其授权的机构应当及时办理退付。按照规定应当由财政支出安排的事项,不得用退库处理。各级政府应当加强对本级国库的管理和监督,按照国务院的规定完善国库现金管理,合理调节国库资金余额。

（四）预算的调整

预算是一种计划，在执行过程中，由于客观的政治、经济形势变化，往往会发生一些原定预算没有考虑或考虑不充分的减收增支因素，导致预算收支由原来的平衡变得不平衡，这时就必须依法进行预算调整。《中华人民共和国预算法》规定，经全国人民代表大会批准的中央预算和经地方各级人民代表大会批准的地方各级预算，在执行中出现以下情况之一的，应当进行预算调整：

（1）需要增加或并减少预算总支出的。

（2）需要调入预算调节基金的。

（3）需要调减预算安排的重点支出数额的。

（4）需要增加举借债务数额的。

预算调整固然是正常的活动，但它又是对已经产生法律效力的预算的变动，必须严格依照法定程序来进行，任何政府或者部门都不得擅自变动预算。各级政府对于必须进行的预算调整，应当编制预算调整方案。预算调整方案由财政部门负责具体编制。在调整方案中，应列明调整的原因、项目、数额、措施及有关说明，经本级政府审定后，送交本级人民代表大会有关机构进行初步审查或征求意见。国务院财政部门应当在全国人民代表大会常务委员会举行会议审查和批准预算调整方案的三日前，将预算调整初步方案送交全国人民代表大会财政经济委员会进行初步审查。省、自治区、直辖市政府财政部门应当在本级人民代表大会常务委员会举行会议审查和批准预算调整方案的三十日前，将预算调整初步方案送交本级人民代表大会有关专门委员会进行初步审查；设区的市、自治州政府财政部门应当在本级人民代表大会常务委员会举行会议审查和批准预算调整方案的三十日前，将预算调整初步方案送交本级人民代表大会有关专门委员会进行初步审查，或者送交本级人民代表大会常务委员会有关工作机构征求意见；县、自治县、不设区的市、市辖区政府财政部门应当在本级人民代表大会常务委员会举行会议审查和批准预算调整方案的三十日前，将预算调整初步方案送交本级人民代表大会常务委员会有关工作机构征求意见。

中央预算的调整方案必须提请全国人民代表大会常务委员会审查和批准，县级以上地方各级政府预算的调整方案必须提请本级人民代表大会常务委员会审查和批准，乡、民族乡、镇政府预算的调整方案必须提请本级人民代表大会审查和批准。调整方案未经批准，不得调整预算。地方各级政府预算的调整方案经批准后，由本级政府报上一级政府备案。

另外，根据《中华人民共和国预算法实施条例》的有关规定，以下几个问题需要注意：一是接受上级返还或者补助的地方政府，应当按照上级政府规定的用途使用款项，不得擅自改变用途。二是政府有关部门以本级预算安排的资金拨付给下级政府有关部门的专款，必须经本级政府财政部门同意并办理预算划转手续。三是各部门、各单位的预算支出，必须按照本级政府财政部门批复的预算科目和数额执行，确需作出调整的，必须经本级政府财政部门同意。四是年度预算确定后，企业、事业单位改变隶属关系，引起预算级次和关系变更的，应当在改变财务关系的同时，相应办理预算划转。

七、决算

决算是指年度预算收支执行结果的会计报告，是预算执行的总结，是国家管理预算活动的最后。它包括决算草案的编制、决算草案的审批和决算的批复。

（一）决算草案的编制

决算草案由各级政府、各部门、各单位在每一预算年度终了后，按国务院规定的时间编制，具体事项由国务院财政部门部署。决算草案的编制，必须符合法律和行政法规的规定，做到收支真实、数额准确、内容完整、报送及时。决算草案应当与预算相对应，按预算数、调整预算数、决算数分别列出。一般公共预算支出应当按其功能分类编列到项，按其经济性质分类编列到款。各部门对所属各单位的决算草案，应当审核并汇总编制本部门的决算草案，在规定的期限内报本级政府财政部门审核。各级政府财政部门对本级各部门决算草案审核后发现有不符合法律、行政法规规定的，有权予以纠正。

（二）决算草案的审批

国务院财政部门编制中央决算草案，经国务院令计部门审计后，报国务院审定，由国务院提请全国人民代表大会常务委员会审查和批准。县级以上地方各级政府财政部门编制本级决算草案。经本级政府审计部门审计后，报本级政府审定，由本级政府提请本级人民代表大会常务委员会审查和批准。乡、民族乡、镇政府编制本级决算草案，提请本级人民代表大会审查和批准。根据《中华人民共和国预算法》规定，决算草案审查的重点内容有：

（1）预算收入情况。

（2）支出政策实施情况和重点支出、重大投资项目资金的使用及绩效情况。

（3）结转资金的使用情况。

（4）资金结余情况。

（5）本级预算调整及执行情况。

（6）财政转移支付安排执行情况。

（7）经批准举借债务的规模、结构、使用、偿还等情况。

（8）本级预算周转金规模和使用情况。

（9）本级预备费使用情况。

（10）超收收入安排情况，预算稳定调节基金的规模和使用情况。

（11）本级人民代表大会批准的预算决议落实情况。

（12）其他与决算有关的重要情况。

县级以上各级人民代表大会常务委员会应当结合本级政府提出的上一年度预算执行和其他财政收支的审计工作报告，对本级决算草案进行审查。

（三）决算草案的批复

各级决算经批准后，财政部门应当在二十日内向本级各部门批复决算。各部门应当在接到本级政府财政部门批复的本部门决算后十五日内向所属单位批复决算。地方各级政府应当将经批准的决算及下一级政府上报备案的决算汇总，报上一级政府备案，县级以上各级政府还应当将下一级政府报送备案的决算汇总后，报本级人民代表大会常务委员会备案。国务院和县级以上地方各级政府对下一级政府依照规定报送备案的决算，认为有同法律、行政法规相抵触或者有其他不适到之处，需要撤销批准该项决算的决议的，应当提请本级人民代表大会常务委员会审议决定；经审议决定撤销的，该下级人民代表大会常务委员会应当责成本级政府依照《中华人民共和国预算法》规定重新编制决算草案，提请本级人民代表大会常务委员会审查和批准。

八、预决算的监督

国家权力机关、各级政府、各级政府财政部门和各级政府审计部门以和人员、依法切实履行法律赋予的预算、决算监督职责，是国家依法理财的有力保障。预算法不同于一般以事后救济为主的民事、刑事法律规范，它在调整社会关系时，强调事前、事中和事后全过程的调整，因而应当积极发挥其对社会经济的影响和作用。要做好预算决算监督工作，各类监督主体应当充分做好本职监督工作，这对于预算工作的顺利开展意义重大。

对预决算的监督可以按不同标准做不同的分类。比如，按照时间先后，可以分为事前监督、事中监督和事后监督；按照监督的内容，可以分为对预算编制的监督、对预算执行的监督、对预算调整的监督、对决算的监督；按照监督的主体，则可以分为各级国家权力机关即各级人民代表大会及其常委会对预算、决算进行的监督，各级政府对下一级政府预算执行的监督、各级政府财政部门对本级各部门、各单位和下一级财政部门预算执行的监督检查，以及各级政府审计部门对预算执行情况和决算情况实行的审计监督，社会公众、新闻媒体等也有权利进行依法监督。

《中华人民共和国预算法》对预决算的监督作出了明确规定：

(1)全国人民代表大会及其常务委员会对中央和地方预算、决算进行监督，县以上的地方各级人民代表大会及其常务委员会对本级和下级政府预算、决算进行监督，乡、民族乡、镇人民代表大会对本级预算、决算进行监督。

(2)国务院和县级以上地方各级政府应当在每年 6 月至 9 月期间向本级人民代表大会常务委员会报告预算执行情况，各级政府监督下级政府的预算执行下级政府应当定期向上一级政府报告预算执行情况。

(3)各级政府财政部门负责监督检查本级各部门及其所属各单位预算的编制、执行，并向本级政府和上一级政府财政部门报告预算执行情况。

(4)县级以上政府审计部门依法对预算执行、决算实行审计监督、对预算执行和其他财政收支的审计工作报告应当向社会公开。

(5)政府各部门负责监督检查所属各单位的预算执行，及时向本级政府财政部门反映本部门预算执行情况，依法纠正违反预算的行为。

(6)公民、法人或者其他组织发现有违反本法的行为，可以依法向有关国家机关进行检举、控告。接受检举、控告的国家机关应当依法进行处理，并为检举人、控告人保密。任何单位或者个人不得压制和打击报复检举人、控告人。

第二节 政府采购法律制度

一、政府采购法律制度的构成

我国的政府采购法律制度由《中华人民共和国政府采购法》《中华人民共和国政府采购法实施条例》、国务院各部门特别是财政部颁布的一系列部门规章，以及地方性法规和政府规章组成。这些法规数量众多，形成了一个从中央到地方、从上位法到下位法都衔接得较为严密的制度体系。

（一）《中华人民共和国政府采购法》

为了规范政府采购行为、提高政府采购资金的使用效益、维护国家利益和社会公共利益、保护政府采购当事人的合法权益、促进廉政建设，全国人民代表大会常务委员会颁布了《中华人民共和国政府采购法》。

《中华人民共和国政府采购法》由第九届全国人民代表大会常务委员会第二十八次会议于2002年6月29日通过，自2003年1月1日起施行。它包括总则、政府采购当事人、政府采购方式、政府采购程序、政府采购合同、质疑与投诉、监督检查、法律责任、附则共9章88条。《中华人民共和国政府采购法》是规范我国政府采购活动的根本性法律，也是制定其他政府采购法规制度的基本依据。该法只适用于在我国境内发生的政府采购活动，且不适用于军事采购、紧急采购、安全秘密采购和使用国外资金进行的采购等情况。

（二）《中华人民共和国政府采购法实施条例》

为了进一步促进政府采购的规范化、法制化，构建规范透明、公平竞争、监督到位、严格问责的政府采购工作机制，在《中华人民共和国政府采购法》十多年充分实践的基础上，国务院于2015年1月30日颁布了《中华人民共和国政府采购法实施条例》，自2015年3月1日起施行。它包括总则、政府采购当事人，政府采购方式、政府采购程序、政府采购合同、质疑与投诉、监督检查、法律责任、附则共9章79条。《中华人民共和国政府采购法实施条例》为政府采购及其监督检查等提供了更为具体明确的行为准则，从而使《中华人民共和国政府采购法》更具有操作性。

（三）政府采购部门规章

《中华人民共和国政府采购法》颁布后，国务院各部门，特别是财政部颁布了一系列有关政府采购的部门规章，以细化《中华人民共和国政府采购法》中的原则性规定。有关政府采购方面的部门规章有《政府采购信息公告管理办法》（财政部令第19号）、《政府采购货物和服务招标投标管理办法》（财政部令第18号）等。

（四）政府采购的地方性法规和政府规章

各地政府根据各地的具体情况颁布了规范本行政区域内政府采购活动的地方性法规和政府规章。这些法规和规章都以《中华人民共和国政府采购法》为依据，同时结合了本地区的实际情况，具有较强的针对性和操作性。

二、政府采购的概念与原则

（一）政府采购的概念

政府采购又称公共采购，是指各级国家机关、事业单位和团体组织，使用财政性资金采购依法制定的集中采购目录以内的或者采购限额标准以上的货物、工程和服务的行为。这里所称的采购，是指以合同方式有偿取得货物、工程和服务的行为，包括购买、租赁、委托、雇用等。《中华人民共和国政府采购法》，对政府采购的采购主体、采购资金、采购目录、采购对象都作出了明确规定。

1. 政府采购的主体范围

政府采购的主体，亦即采购人，是指使用财政性资金采购依法制定的集中采购目录以内的或者限额标准以上的货物、工程和服务的国家机关、事业单位和团体组织。国家机关是指各级国家权力机关、行政机关、司法机关、党务机关等;事业单位是指依法设立的履行科、教、文、卫、体、医等公共事业发展职能的机构和单位;社会团体是指依法设立的由财政供养的从事公共社会活动的团体组织,如有关行业协会等。《中华人民共和国政府采购法》没有将国有企业纳入政府采购的主体范围。

2. 政府采购的资金范围

政府采购资金是指采购机关获取货物、工程和服务时支付的资金,其性质是确定采购行为是否属于政府采购制度规范范围的重要依据。《政府采购法》规定的政府采购资金为财政性资金,这里所称的财政性资金是指纳入预算管理的资金。以财政性资金作为还款来源的借贷资金,应视同为财政性资金。

国家机关、事业单位和团体组织的既使用财政性资金又使用非财政性资金的采购项目,使用财政性资金采购的部分属于政府采购。财政性资金与非财政性资金无法分割的采购,应统一纳入政府采购范围。

3. 政府集中采购目录和政府采购限额标准

政府集中采购目录和采购限额标准由省级以上人民政府确定并公布,每年在政府预算编制前予以公布,以利于政府采购预算的编制。属于中央预算的政府采购项目,其集中采购目录和政府采购限额标准由国务院确定并公布属于地方预算的政府采购项目,其集中采购目录和政府采购限额标准由省、自治区、直辖市人民政府或者其授权的机构确定并公布。

4. 政府采购的对象范围

政府采购的对象包括货物、工程和服务。这里的货物是指各种形态和种类的物品,包括原材料、燃料、设备、产品等。工程是指建设工程,包括建筑物和构筑物的新建、改建、扩建、装修、拆除、修缮等。服务则是指除货物和工程以外的其他政府采购对象,如会议服务、保险服务等。

(二)政府采购的原则

政府采购的原则是建立政府采购制度,制定政府采购法律法规,制定实施政府采购活动以及管理政府采购事务所遵循的基本指导思想。《中华人民共和国政府采购法》规定,政府采购应当遵循公开透明原则、公平竞争原则、公正原则和诚实信用原则。

1. 公开透明原则

公开透明原则是指有关采购的法律、政策、程序和采购活动对社会公开,所有相关信息都必须公之于众。公开透明是政府采购必须遵循的基本原则之一,政府采购被誉为“阳光下的交易”。政府采购的资金来源于纳税人缴纳的各种税金,只有坚持公开透明,才能为供应商参加政府采购提供公平竞争的环境、为公众对政府采购资金的使用情况进行有效的监督创造条件。公开透明要求政府采购的信息和行为不仅要全面公开,而且要完全透明。仅公开信息但仍然暗箱操作的属于违法行为。依照《中华人民共和国政府采购法》精神,公开透明要求做到政府采购的法规和规章制度要公开、招标信息及中标或成交结果要公开、开标活动要公开、投诉处理结果或司法裁决决定等都要公开,使政府采购活动在完全透明的状态下运作,全面、广泛地接受监督。

2. 公平竞争原则

公平原则是市场经济运行的重要法则,是政府采购的基本规则。公平竞争要求在竞争的前提下公平地开展政府采购活动。首先,要将竞争机制引入采购活动中,实行优胜劣汰,让采购人通过优中选优的方式,获得价廉物美的货物、工程或者服务,提高财政性资金的使用效益。其次,竞争必须公平,不能设置妨碍充分竞争的不正当条件。公平竞争是指政府采购的竞争是有序竞争,要公平地对待每一个供应商,不能有歧视某些潜在的符合条件的供应商参与政府采购活动的现象,而且采购信息要在政府采购监督管理部门指定的媒体上公平披露。《中华人民共和国政府采购法》有关这方面的规定将推进我国政府采购市场向竞争更为充分、运行更为规范、交易更为公平的方向发展,不仅使采购人能够获得价格低廉、质量有保证的货物、工程和服务,而且还有利于提高企业的竞争能力和自我发展能力。

3. 公正原则

公正原则是为采购人与供应商之间在政府采购活动中处于平等地位而确立的。公正原则要求政府采购要按照事先约定的条件和程序进行,对所有供应商一视同仁,不得有歧视条件和行为,任何单位或个人无权干预采购活动的正常开展。尤其是在评标活动中,要严格按照统一的评标标准评定中标供应商,不得存在任何主观倾向。为了实现公正,《中华人民共和国政府采购法》提出了评标委员会以及有关的小组人员必须要有一定数量的要求,要有各方面代表,而且人数必须为单数、相关人员要回避,同时规定了保护供应商合法权益的方式。这些规定都有利于实现公正原则。

4. 诚实信用原则

诚实信用原则是发展市场经济的内在要求,诚实信用原则要求政府采购当事人在政府采购活动中,本着诚实、守信的态度履行各自的权利和义务,讲究信誉,兑现承诺,不得散布虚假信息,不得有欺诈、串通、隐瞒等行为,不得伪造、变造、隐匿、销毁需要依法保存的文件,不得规避法律法规,不得损害第三人的利益。《中华人民共和国政府采购法》对此以及违法后应当承担的法律责任作了相应规定。坚持诚实信用原则,能够增强公众对采购过程的信任。

三、政府采购的功能

(一)政府采购的功能与执行模式

1. 节约财政支出,提高财政资金的使用效益

实行统一集中的政府采购,可以使采购规模得以扩大,有助于形成政府采购买方市场。与此同时,政府采购通过公开、公平、公正、透明、科学的制度设计,充分引入竞争机制并建立对供应商的激励约束机制。使得政府采购主体能够以较低廉的价格购买到高质量的货物、工程和服务,从而起到节约财政支出、提高资金使用效益的作用。

2. 强化宏观调控

政府采购作为财政支出形式之一,是实现财政支出政策的重要工具。政府在政府采购市场中处于有利地位,可以通过调整采购规模、采购时间、采购项目、采购规则等方式来实现特定的宏观调控目标。比如,政府可以通过调整采购总量来调控社会总需求,进而促进社会总供给

和总需求的平衡;可以通过调整采购品种、数量和频率等影响国民经济产业结构和产品结构;可以通过对采购地区的选择以平衡地区间的经济发展。《中华人民共和国政府采购法》明确规定,政府采购应当有助于实现国家的经济和社会发展政策目标,包括保护环境、扶持不发达地区和少数民族地区、促进中小企业发展等。

3. 推进反腐倡廉

政府采购作为一项制度安排可以从两方面推进政府的反腐倡廉工作,首先,政府采购中的采购人、采购代理机构和供应商三者之间在各自内在利益驱动下所形成的内在相互监督机制,可以促进反腐倡廉。其次,实行政府采购制度的同时也建立了一套外在的监督机制,如法律监督,政府采购主管部门的监督,各级纪检、监察、审计等部门的监督等,这些监督都最大限度地增加了政府采购的透明度,尽可能避免腐败现象的发生。

4. 活跃市场经济

政府采购必须遵循公开、公平、公正的原则,在竞标过程中执行严密、透明的"优胜劣汰"机制。所有这些都会调动供应商参与政府采购的积极性,并能够促使供应商不断提高产品质量、降低生产成本或改善售后服务,以使自己能够赢得政府订单。供应商竞争能力的提高又能够带动整个国内市场经济的繁荣。从国际竞争的角度看,政府采购有助于供应商迈出国、走向国际市场,提高我国产品在国际市场上的竞争力,并早日进入国际政府采购市场。

5. 保护民族产业

在众多的非关税贸易壁垒中,政府采购是世界各国为保护民族产业所普遍采用的有效手段。根据《中华人民共和国政府采购法》的规定,除极少数法定情形外,政府采购应当采购本国货物、工程和服务。这一规定就体现了国货优先原则,即政府采购保护民族产业的功能。

(二)政府采购的执行模式

根据《中华人民共和国政府采购法》规定,我国的政府采购实行集中采购和分散采购相结合的执行模式

1. 集中采购

集中采购是指由政府设立的职能机构统一为其他政府机构提供采购服务的一种采购组织实施形式。采购人采购纳入集中采购目录的政府采购项目,应当实行集中采购。按照集中程度的不同,集中采购又可分政府采购和部门集中采购两类。政府集中采购是指采购单位委托政府集中采购机构(政府采购中心)组织实施的,纳入集中采购目录以内的属于通用性的项目采购活动;部门集中采购则是指由采购单位主管部门统一负责组织实施的,纳入集中采购目录以内的属于本部门或本系统有专业技术等特殊要求的项目采购活动。

集中采购具有采购成本低、操作相对规范和便于监督管理的优势,有利于发挥政府采购的规模优势和政策作用,体现政府采购的效益性和公共性原则。不利之处是难以适应紧急情况采购和满足用户多样性需求、采购程序复杂、采购周期较长等。

2. 分散采购

分散采购是指由各预算单位自行开展采购活动的一种采购组织实施形式。按照《中华人民共和国政府采购法》的规定,采购未纳入集中采购目录的政府采购项目,可以自行采购,也可以委托集中采购机构在委托的范围内代理采购。采购纳入集中采购目录的政府采购项目,

如果属于本单位有特殊要求的,经省级以上人民政府批准后可以自行采购。分散采购可以借助采购单位的技术优势和社会中介代理机构的专业优势,充分调动其进行政府采购活动的积极性和主动性,提高采购效率,从而满足采购及时性和多样性的需求。不利之处是失去了规模效益,加大了采购成本,不便于监督管理等。

四、政府采购当事人

政府采购当事人,是指在政府采购活动中享有权利和承担义务的各类主体、采购人、供应商和采购代理机构。

(一)采购人

采购人是政府采购中货物、工程和服务的直接需求者。它一般具有两个特征:一是采购人是依法进行政府采购的国家机关、事业单位和人民团体组织;二是采购人的政府采购行为从筹划、决策到实施,都必须在《中华人民共和国政府采购法》等法律法规的规范内进行。《中华人民共和国政府采购法》及其实施条例对采购人在政府采购活动中的有关事宜作出了明确规定,主要包括:

(1)采购人在政府采购活动中应当维护国家利益和社会公共利益,公正廉洁,诚实守信,执行政府采购政策,建立政府采购内部管理制度,厉行节约,科学合理确定采购需求。

(2)采购人可以委托经国务院(或省级人民政府)有关部门认定资格的采购代理机构,在委托范围内办理政府采购事宜。采购人有权自行选择采购代理机构。

(3)采购人应当与采购代理机构签订委托代理协议,依法明确代理采购的范围、权限和期限等具体事项,约定双方的权利义务,并按照委托代理协议履行各自义务。

(4)采购人应当根据政府采购政策、采购预算、采购需求编制采购文件。

(5)采购人对供应商进行资格预审的,应当在省级以上人民政府财政部门指定的媒体上发布资格预审公告。采购人可以要求参加政府采购的供应商提供有关资质证明文件和业绩情况,依法对供应商的资格进行审查。

(6)按照政府采购方式和程序要求,依法确定政府采购供应商。采购人应当在规定时间内与供应商签订由国务院财政部门制定的标准文本的政府采购合同,按照平等、自愿的原则,以合同方式约定双方的权利和义务。

(7)采购人或者采购代理机构应当按照政府采购合同规定的技术、服务、安全标准组织对供应商履约情况进行验收,并出具验收书。

(8)采购人对政府采购项目每项采购活动的采购文件应当妥善保存,不得伪造、变造、隐匿或者销毁。

(9)接受和配合政府采购监督管理部门的监督检查,同时还要接受和配合审计机关的审计监督以及监察机关的监督。

(二)供应商

供应商是指向采购人提供货物、工程或者服务的法人、其他组织或者自然人。《中华人民共和国政府采购法》对供应商应当具备的条件、权利和义务都作出了规定。

根据《中华人民共和国政府采购法》的规定,供应商参加政府采购活动,应当具备以下条件:

(1)具有独立承担民事责任的能力。

(2)具有良好的商业信誉和健全的财务会计制度。

(3)具有履行合同所必需的设备和专业技术能力。

(4)有依法缴纳税收和社会保障资金的良好记录。

(5)参加政府采购活动前三年内,在经营活动中没有重大违法记录。

(6)法律、行政法规规定的其他条件。

根据《中华人民共和国政府采购法实施条例》的规定,供应商参加政府采购活动除了应当具备规定的条件外,还需提供下列材料:

(1)法人或者其他组织的营业执照等证明文件、自然人的身份证明。

(2)财务状况报告、依法缴纳税收和社会保障资金的相关材料。

(3)具备履行合同所必需的设备和专业技术能力的证明材料。

(4)参加政府采购活动前三年内在经营活动中没有重大违法记录的书面声明。

(5)具备法律、行政法规规定的其他条件的证明材料。

采购项目有特殊要求的,供应商还应当提供其符合特殊要求的证明材料或者情况说明。

(三)采购代理机构

采购代理机构是指具备一定条件、经政府有关部门批准而依法拥有政府采购代理资格的社会中介机构或非营利事业法人。采购代理机构分为一般采购代理机构和集中采购机构两种。一般采购代理机构是由国务院有关部门或省级人民政府有关部门认定,主要负责分散采购代理业务的社会中介机构。集中采购机构是设区的市级以上人民政府依法设立的非营利事业法人、是代理集中采购项目的执行机构。

政府采购代理机构作为一种特殊的利益主体,应当对包括自身在内的政府采购当事人负责,自觉履行政府采购法律规定的义务,依法开展代理采购活动,维护国家利益和社会公共利益。就具体操作过程而言,其义务和责任主要包括:

(1)集中采购机构应当根据采购人委托制定集中采购项目的实施方案,明确采购规程,组织政府采购活动,不得将集中采购项目转委托。

(2)应当建立完善的政府采购内部监督管理制度,具备开展政府采购业务所需的评审条件和设施。

(3)采购代理机构应当按照委托代理协议履行义务,不得超越代理权限。

(4)根据采购人委托在规定的时间内组织签订政府采购合同,及时协助采购人对采购项目进行验收。

(5)采购代理机构对政府采购项目每项采购活动的采购文件应当妥善保存,不得伪造、变造、隐匿或者销毁。

(6)接受和配合政府采购监督管理部门的监督检查,同时还要接受和配合审计机关的审计监督以及监察机关的监督。

五、政府采购的方式

《中华人民共和国政府采购法》规定的政府采购方式有公开招标、邀请招标、竞争性谈判、单一来源采购、询价等,并强调要建立以公开招标方式为主、其他采购方式为辅的采购方式体系。

(一)公开招标

公开招标是指按照法定程序,通过公开发布招标公告,邀请所有潜在的不特定的供应商参加投标,从所有投标人中择优选出中标供应商,并与之签订合同的一种采购方式。其程序主要包括招标、投标、开标、评标和定标五个环节。这种采购方式具有采购程序复杂、采购规模大和采购效率高的特点。《中华人民共和国政府采购法》规定:

(1)公开招标应作为政府采购的主要采购方式。

(2)采购人采购货物或者服务的具体数额标准,属于中央预算的政府采购项目,由国务院规定;属于地方预算的政府采购项目,由省、自区治、直辖市人民政府规定。

(3)采购人不得将应当以公开招标方式采购的货物或者服务化整为零或者以其他任何方式规避公开招标采购。

(二)邀请招标

邀请招标是指根据供应商的资信和业绩,选择多个供应商并向其发出投标邀请书。从被邀请的供应商中选定中标者的招标方式。根据规定,符合下列情形之一的货物或行服务,可以采用该方式采购:

(1)具有特殊性,只能从有限范围的供应商处采购的。

(2)采用公开招标方式的费用占政府采购项目总价值比例过大的。

(三)竞争性谈判

竞争性谈判是指采购人或其委托的政府采购代理机构通过与多家供应商就采购事宜进行谈判,经分析比较后从中确定中标供应商的采购方式。根据规定,符合下列情形之一的可以采用该方式采购:

(1)招标后没有供应商投标或者没有合格标的或者重新招标未能成立的。

(2)技术复杂或者性质特殊,不能确定详细规格或者具体要求的货物或者服务。

(3)采用招标所需时间不能满足用户紧急需要的。

(4)不能事先计算出价格总标的货物或者服务。

(四)单一来源采购

单一来源采购是指采购人采购不具备竞争条件的物品、只能从唯一的供应商处取得采购货物或服务的情况下,直接向该供应商协商采购的采购方式。根据规定,符合下列情形之一的货物或者服务,可以采用该方式采购:

(1)货物或者服务使用不可替代的专利、专有技术,或者公共服务项目具有特殊要求,导致只能从某一特定供应商处采购的。

(2)发生了不可预见的紧急情况,不能从其他供应商处采购的。

(3)必须保证原有采购项目一致性或者服务配套的要求,需要继续从原供应商处添购,且添购资金总额不超过原合同采购金额10%的采购项目。

由于单一来源采购是一种没有竞争的采购,所以也叫直接采购。

(五)询价

询价是指采购人向有关供应商发出询价单让其报价,然后在报价的基础上结合产品质量和服务质量进行比较并确定供应商的一种采购方式。《中华人民共和国政府采购法》规定,采购的货物规格、标准统一，现货货源充足且价格变化幅度小的政府采购项目，可以采用询价方式采购。

六、政府采购的监督检查

(一)政府采购监督管理部门的监督

各级人民政府财政部门是负责政府采购监督管理的部门，应当依法履行对政府采购活动的监督管理职责，加强对参加政府采购活动的供应商、采购代理机构、评审专家的监督管理，有权查阅、复制政府采购活动的有关文件和资料，其监督检查的主要内容：一是有关政府采购的法律、行政法规和规章的执行情况；二是采购范围、采购方式和采购程序的执行情况；三是政府采购人员的职业素质和专业技能。

政府采购监督管理部门不得设置集中采购机构，不得参与政府采购项目的采购活动。政府采购监督管理部门应当制订考核计划，定期对集中采购机构进行考核。除了对集中采购机构的采购价格、节约资金效果、服务质量、信誉状况、有无违法行为等事项进行考核外，考核事项还有：

(1)政府采购政策的执行情况。

(2)采购文件的编制水平。

(3)采购方式和采购程序的执行情况。

(4)询问、质疑的答复情况。

(5)内部监督管理制度建设及执行情况。

(6)省级以上人民政府财政部门规定的其他事项。

考核结果有重要情况的，应当向本级人民政府报告。

(二)集中采购机构的内部监督

集中采购机构应当建立健全内部监督管理制度，采购活动的决策和执行程序应当明确，并相互监督、相互制约。经办采购的人员与负责采购合同审核、验收人员的职责权限应当明确，并相互分离。

集中采购机构对其工作人员应当加强教育和培训，对采购人员的专业水平、工作实绩和职业道德状况定期进行考核。采购人员经考核不合格的，不得继续任职。

(三)采购人的内部监督

采购人必须按照《中华人民共和国政府采购法》规定的采购方式和采购程序进行采购，采购的标准和采购结果应当公开。任何单位和个人不得违反《中华人民共和国政府采购法》的规定，要求采购人或者采购工作人员向其指定的供应商进行采购。

(四)政府其他有关部门的监督

依照法律、行政法规的规定对政府采购负有行政监督职责的政府部门，应当按照其职责分工，加强对政府采购活动的监督。

审计机关应当对政府采购进行审计监督，政府采购监督管理部门、政府采购各当事人有关政府采购活动，应当接受审计机关的审计监督，监察机关应当对参与政府采购活动的国家机关、国家公务员和国家行政机关任命的其他人员实施监察。审计机关、监察机关如发现政府采购当事人有违法行为的,应当及时通报政府采购监督管理部门。

(五)政府采购活动的社会监督

任何单位和个人对政府采购活动中的违法行为都有控告和检举的权利,有关部门、机关应依照自身职责及时处理。

第三节　国库集中收付制度

国库是国家金库的简称,是负责办理政府预算资金的收纳、划分报解、保管、支拨和监督等工作的机构。国库是政府预算执行的重要环节,是政府预算管理的基础。

我国自2001年起开始实施国库集中收付制度改革,至今已经建立起比较完善的制度体系,其中最主要的文件包括财政部与中国人民银行联合印发的《财政国库管理制度改革试点方案》(财库〔2001〕24号)、《中央单位财政国库管理制度改革试点资金支付管理办法》(财库〔2002〕28号)等。

一、国库集中收付制度概述

国库集中收付制度也称国库单一账户制度,包括国库集中支付制度和收入缴管制度,是指以财政部门代表政府设置国库单一账户体系,所有的财政资金均纳入国库单一账户体系收缴、支付和管理的制度。

实行国库集中收付制度,有利于提高财政资金的使用效率和规范化运作程度,有利于加强对收入缴库和支出拨付过程的监管,有利于预算单位用款及时和便利,增强财政资金收付过程的透明度,解决了财政性资金截留、挤占、挪用等问题。

借鉴国际通行做法,同时结合具体国情,我国财政国库管理制度改革的主要内容包括建立国库单一账户体系、规范收入收缴程序和规范支出拨付程序三个方面的内容。

二、国库单一账户体系

(一)国库单一账户体系的概念

国库单一账户体系,是指以财政国库存款账户为核心的各类财政性资金账户的集合。所有财政性资金的收入、支付、存储及资金清算活动均在该账户体系运行。

(二)国库单一账户体系的构成

具体来讲,国库单一账户体系包括国库单一账户、财政零余额账户、预算单位零余额账户、预算外资金财政专户和特设专户。

1. 国库单一账户

国库单一账户是财政部门在中国人民银行开设的,用于记录、核算和反映纳入预算管理的财政收入和支出活动,并用于与财政部门在商业银行开设的零余额账户进行清算和实现支付的账户,国库单一账户按收入和支出设置分类账,收入账按预算科目进行明细核算,支出账按资金使用性质设立分账册。

2. 财政部门零余额账户

它是由财政部门按资金使用性质在商业银行开设的零余额账户，用于财政直接支付和国库单一账户支出清算。

3. 预算单位零余额账户

它是由财政部门在商业银行为预算单位开设的零余额账户，用于财政授权支付和清算。预算单位零余额账户可以办理转账、提取现金等结算业务，可以向本单位按账户管理规定保留的相应账户划拨工会经费、住房公积金、提租补贴以及经财政部门批准的特殊款项，不得违反规定向本单位其他账户和上级主管单位、所属下级单位账户划拨资金。

4. 预算外资金财政专户

由财政部门在商业银行开设的预算外资金财政专户，用于记录、核算和反映预算外资金的收入支出活动，并用于预算外资金的日常收支清算。

5. 特设专户

这是经国务院和省级人民政府批准或授权财政部门批准开设的特殊过渡性账户，用于记录、核算和反映预算单位的特殊专项支出活动，并用于与国库单一账户清算。

三、财政收入的收缴

（一）划分收入类型

为实现对财政资金的统一管理，按照新的收入分类方法，可将财政收入分为税收收入、社会保险基金收入、非税收入、贷款转贷回收本金收入、债务收入和转移性收入。

（二）收缴方式

为适应建立我国现代国库管理制度的要求，可将财政收入的收缴分为直接缴库和集中汇缴两种方式。

直接缴库是指由缴款单位或缴款人按有关法律法规规定，直接将应缴收入缴入国库单一账户或预算外资金财政专户。

集中汇缴是指由征收机关（有关法定单位）按有关法律规定，将所收的应缴收入汇总缴入国库单一账户或预算外资金财政专户。

（三）确定收缴程序

1. 直接缴库程序

直接缴库的税收收入，由纳税人或税务代理人提出纳税申报，经征收机关审核无误后，由纳税人通过开户银行将税款缴入国库单一账户。直接缴库的其他收入，如社会保障基金收入、非税收入、债务收入和转移性收入等，比照上述程序缴入国库单账户或预算外资金财政专户。

2. 集中汇缴程序

集中汇缴是指由征收机关（有关法定单位）按有关法律、法规规定，将所收的应缴收入汇总缴入国库单一账户或预算外资金专户的收缴方式。在集中汇缴方式下，小额零散税收和法律另有规定的应缴收入，由征收机关于收缴收入的当日汇总缴入国库单一账户。非税收入中的现金缴款，比照本程序缴入国库单一账户或预算外资金财政专户。

四、财政支出的拨付

（一）划分支出类型

财政支出从总体上分为购买性支出和转移性支出，根据支付管理需要，具体分为四类：

（1）工资支出，即预算单位的工资性支出。

（2）购买支出，即预算单位除工资支出、零星支出之外购买服务、货物、工程项目等支出。

（3）零星支出，即预算单位购买支出中的日常小额部分，除"政府采购品目分类目录"所列品目以外的支出，或列入政府采购品目分类目录，但未达到规定数额的支出。

（4）转移支出，即拨付给预算单位或下级财政部门未指明具体用途的支出，包括拨付企业补贴和未指明具体用途的资金、中央对地方的一般性转移支付等。

（二）确定支付方式

按照不同的支付主体，对不同类型的财政性资金支付，实行财政直接支付和财政授权支付两种方式。财政直接支付和财政授权支付的具体支出项目，由财政部门在确定部门预算时列出。

1. 财政直接支付

财政直接支付是指由财政部门向中国人民银行和代理银行签发支付指令、代理银行根据支付指令通过国库单一账户体系将资金直接支付到收款人（即商品或劳务的供应商等）或用款单位（即具体申请和使用财政性资金的预算单位）账户。

2. 财政授权支付

财政授权支付是指预算单位按照财政部门的授权，自行向代理银行签发支付指令，代理银行根据支付指令，在财政部门批准的预算单位的用款额度内，通过国库单一账户体系将资金支付到收款人账户。

（三）设定支付程序

1. 财政直接支付程序

财政直接支付是预算单位按照批复的部门预算和资金使用计划，向财政国库的支付执行机构提出支付申请，财政国库支付执行机构根据批复的部门预算和资金使用计划及相关要求对支付申请审核无误后，向代理银行发出支付令，并通知中国人民银行国库部门，通过代理银行进入全国银行清算系统实时清算，财政资金从国库单一账户划拨到收款人的银行账户。财政直接支付主要通过转账方式进行，也可以采用"国库支票"进行支付。具体流程为：

（1）一级预算单位汇总、填制"财政直接支付申请书"上报财政国库的支付执行机构。

（2）财政国库的支付执行机构审核确认后，开具"财政直接支付汇总清算额度通知单"和"财政直接支付凭证"分别送人民银行、预算外专户的开户行和代理银行。

（3）代理银行根据财政直接支付凭证，及时将资金直接支付到收款人或用款单位，然后开具"财政直接支付入账通知书"，送一级预算单位和基层预算单位。

(4)一级预算单位及基层预算单位以“财政直接支付入账通知书”作为收到和付出款项的凭证。

(5)代理银行依据财政国库支付执行机构的支付指令，将当日实际支付的资金，按一级预算单位、预算科目汇总，分资金性质填制划款申请凭证并附实际支付清单，分别与国库单一账户、预算外专户进行清算。

(6)人民银行和预算外专户开户行在“财政直接支付汇总清算额度通知单”确定的数额内，根据代理银行每日按实际发生的财政性资金支付金额填制的划款申请与代理银行进行资金清算。

2. 财政授权支付程序

财政授权支付是预算单位按照批复的部门预算和资金使用计划，向财政国库支付执行机构申请授权支付的月度用款限额，财政国库支付执行机构将批准后的限额通知代理银行和预算单位，并通知中国人民银行国库部门。预算单位在月度用款限额内，自行开具支付令，通过财政国库支付执行机构转由代理银行向收款人付款，并与国库单一账户清算。具体的流程为：

(1)申请和下达用款额度。预算单位按照规定时间和程序编报分月用款计划，申请财政授权支付用款额度。财政部门批准后，分别向中国人民银行和代理银行总行签发“财政授权支付汇总清算额度通知”和“财政授权支付额度到账通知书”。前者用以通知中国人民银行办理汇总清算业务，后者通知代理银行总行逐级下达财政授权支付额度。代理银行总行要在1个工作日内将额度通知有关分支机构，各分支机构在1个工作日内通知预算单位。预算单位收到代理银行分支机构转来的“财政授权支付额度到账通知书”即可办理财政授权支付业务。

(2)预算单位办理支付业务。预算单位依据财政授权支付额度到账通知书确定的额度，自行签发财政授权支付指令，通知代理银行办理资金支付业务。

(3)代理银行办理支付。代理银行收到预算单位提交的支付指令后，审核支付指令的金额是否在财政部下达的相应预算科目财政授权支付用款额度范围内，以及支付指令信息是否齐全完整。审核无误后，按照有关规定办理现金支付或转账、信汇、电汇等资金支付和汇划业务。

(4)预算单位账务处理。预算单位账务处理包括两方面内容：一是收到代理银行转来的“财政授权支付额度到账通知书”后，借记“零余额账户用款额度”，贷记“财政补助收入(或拨入经费)——财政授权支付”；二是通知代理银行付款后，根据代理银行加盖转讫章的“进账单”(第三联)及其他凭证，借记相关支出科目，贷记“零余额账户用款额度”。

(5)代理银行清算资金。代理银行根据已办理支付的资金，在营业日终了前的规定时间内，填写“财政授权支付申请划款凭证”，向中国人民银行提出清算申请。中国人民银行审核无误后，按规定程序在规定时间里将资金划往代理银行在中国人民银行的存款准备金账户。对于预算单位退回的资金，代理银行及时向中国人民银行提出“申请退款凭证”，中国人民银行营业管理部按规定办理向国库单一账户的资金清算工作。

(6)中国人民银行办理清算业务。中国人民银行国库局收到代理银行提交的“财政授权支付申请划款凭证”书后，审核凭证基本要素是否齐全、准确、规范，以及申请划款金额是否超出“财政授权支付汇总清算额度通知单”的累计额度和国库单一账户库存余额。审核无误后，通知营业管理部办理资金清算业务。

练习题

一、单项选择题

1. 在财政法的体系中，处于核心法、骨干法地位的是(　　)。

A. 预算法　　B. 政府采购法

C. 国库集中收付制度　　D. 税法

2. 国家预算是国家(　　)财政资金的重要工具和调节、调控、管理社会经济活动的重要经济杠杆。

A. 组织分配　　B. 提高运用

C. 组织发展　　D. 加快分配

3. 按我国的预算法规定，国家预算共分为(　　)。

A. 三级　　B. 两级　　C. 五级　　D. 七级

4. 我国各级预算都要采用(　　)原则。

A. 借贷平衡　　B. 浮动盈亏

C. 大致平衡　　D. 收支平衡

5. 国家预算收入中最主要的组成部分是(　　)。

A. 税收收入　　B. 依照规定应当上缴的国有资产收益

C. 专项收入　　D. 其他收入

6. 中央预算由(　　)审查和批准。

A. 全国人民代表大会　　B. 全国人民代表大会常务委员会

C. 国务院　　D. 财政部

7. 各级预算执行的具体工作由(　　)负责。

A. 本级人民政府　　B. 本级人民代表大会常务委员会

C. 预算编制部门　　D. 本级人民代表大会

8. (　　)不是政府采购的当事人。

A. 行政机关　　B. 银行

C. 供应商　　D. 采购代理机构

9. 政府采购被誉为"阳光下的交易"，指的是(　　)。

A. 公开透明　　B. 公平竞争　　C. 公正　　D. 诚实信用

10. 政府采购主体不包括(　　)。

A. 国家机关　　B. 事业单位　　C. 团体组织　　D. 国有企业

11. (　　)是政府采购的监督部门。

A. 各级人民代表大会　　B. 各级人大常委会

C. 各级人民政府　　D. 各级人民政府财政部门

12. 根据《中华人民共和国政府采购法》的规定，我国政府采购实行(　　)的执行模式。

A. 集中采购　　B. 分散采购

C. 自行采购　　D. 集中采购与分散采购相结合

13. 政府采购的主要采购方式有(　　)。

A. 邀请指标　　B. 竞争性谈判

C. 询价　　D. 公开招标

14. 实行财政授权支付的支出是(　　)。

A. 工资支出　　B. 零星支出　　C. 转移支出　　D. 购买支出

15. 财政收入收缴方式中,由征收机关(有关法定单位)按有关法律法规规定,将所收到的应缴收入汇总缴入国库单一账户或预算外资金财政专户的方式是(　　)。

A. 分次汇缴　　B. 直接缴库　　C. 集中汇缴　　D. 汇总缴纳

16. 根据《中华人民共和国政府采购法》的规定,对于具有特殊性,只能从有限范围的供应商处采购的货物,其适用的政府采购方式是(　　)。

A. 公开招标方式　　B. 邀请招标方式

C. 竞争性谈判方式　　D. 单一来源方式

17. 根据政府采购法律制度的规定,采用邀请招标方式的,采购人应当从符合相应资格条件的供应商中随机邀请(　　)以上供应商,并以投标邀请书的方式,邀请其参加投标。

A. 3 家　　B. 5 家　　C. 7 家　　D. 10 家

18. 采购人向 3 家以上潜在的供应商发出询价单,对各供应商一次性报出的价格进行分析比较,按照符合采购需求、质量和服务相等且报价最低的原则确定中标供应商的采购方式为(　　)。

A. 公开招标　　B. 邀请招标

C. 竞争性谈判　　D. 询价

19. 根据《中华人民共和国政府采购法》的有关规定,招标后没有供应商投标或者没有合格标的或者重新招标未能成立的,其适用的政府采购方式是(　　)。

A. 询价方式　　B. 邀请招标方式

C. 公开招标方式　　D. 竞争性谈判方式

20. 财政收入收缴方式中,由征收机关(有关法定单位)按有关法律法规规定,将所收的应缴收入汇总缴入国库单一账户或预算外资金财政专户的方式是(　　)。

A. 分次汇缴　　B. 直接缴库

C. 集中汇缴　　D. 汇总缴纳

二、多项选择题

1. 国家预算的原则包括(　　)。

A. 公开性　　B. 完整性　　C. 统一性　　D. 法律性

2. 我国的国家预算体系中包括(　　)。

A. 中央预算　　B. 省级(省、自治区、直辖市)预算

C. 乡镇级(乡、民族乡、镇)预算　　D. 县级以上地方政府的派出机关

3. 预算收入划分为(　　)。

A. 中央预算收入　　B. 地方预算收入

C. 中央和地方预算共享收入　　D. 税收收入

4.《中华人民共和国预算法》规定的预算收入形式包括(　　)。

A. 税收收入　　B. 国有资产的有偿转让、出让的收益

C. 铁道专项收入　　D. 罚没收入

5.《中华人民共和国预算法》规定的预算支出形式包括(　　)。

A. 经济建设支出

B. 教育、科学、文化、卫生、体育等事业发展支出

C. 国家管理费用支出

D. 各项补贴支出

6. 以下不属于中央预算草案编制内容的是(　　)。

A. 本级预算收入和支出　　B. 上一年度结余用于本年度安排的支出

C. 返还或者补助下级的支出　　D. 上解上级的支出

7. 县级以上地方各级人民代表大会的预算管理职权有(　　)。

A. 审查权　　B. 批准权　　C. 变更撤销权　　D. 执行权

8. 政府采购的对象为(　　)。

A. 货物　　B. 土地　　C. 工程　　D. 服务

9. 政府采购的法定采购人包括(　　)。

A. 各级国家机关　　B. 事业单位

C. 部队　　D. 团体组织

10. 政府采购的原则是(　　)。

A. 公开透明原则　　B. 公平竞争原则

C. 诚实信用原则　　D. 公正原则

11. 政府采购的执行模式有(　　)。

A. 集中采购　　B. 分散采购

C. 询价采购　　D. 招标采购

12. 我国法定的政府采购方式包括(　　)等及财政部认定的其他采购方式。

A. 公开招标　　B. 邀请招标

C. 集中采购　　D. 分散采购

13. 财政收入收缴方式分为(　　)方式。

A. 直接缴库　　B. 集中汇缴

C. 集中汇款　　D. 现金汇缴

14. 根据国家金库法律法规规定,财政支出根据支付管理需要,总体上分为(　　)。

A. 预算支出　　B. 购买性支出

C. 国防支出　　D. 转移性支出

15. 下列选项中,可以作为政府采购当事人中采购人的有(　　)。

A. 中华人民共和国商务部　　B. 人民教育出版社

C. 中国红十字会　　D. 个人独资企业

三、判断题

1. 采购单位委托社会中介机构代理采购的,无须支付任何采购代理费用。　　(　　)

2. 政府采购中,竞争性谈判是指采购人或代理机构通过与多家供应商进行谈判(不少于3家),最后从中确定中标供应商的一种采购方式。　　(　　)

3. 国库单一账户体系主要由国库单一账户、财政零余额账户、预算单位零余额账户、预算外资金专户和特设专户构成。　　(　　)

4. 预算单位小额现金的提取实行财政授权支付。　　(　　)

5. 中央预算是指经法定程序批准的中央政府的年度财政收支计划，是中央政府履行职能的基本财力保证。 (　　)

6. 总预算是指政府的财政汇总预算，也即中央预算。 (　　)

7. 各级财政部门是预算管理的职能部门，直接担负着各级预算的组织实施工作。 (　　)

8. 中央和地方预算共享收入就是中央预算和地方预算对所有税收收入按照比例分享的收入。 (　　)

9. 中央预算由全国人民代表大会常务委员会审查和批准。 (　　)

10. 预算调整是指在预算执行中，因上级政府返还或者给予补助而引起的预算收支变化。 (　　)

11. 政府采购中采购目录和采购限额标准由国务院确定并公布。 (　　)

12. 政府采购中心是典型的集中采购机构，是非营利性企业法人。 (　　)

13. 国库单一账户体系是以国库单一账户为核心的各类财政性资金账户的集合。 (　　)

14. 财政部门零余额账户在行政学位和事业单位会计中使用。 (　　)

15. 实行财政授权支付的支出包括暂未实行财政直接支付的专项支出和共用支出中的零星支出及小额现金的提取。 (　　)

四、案例分析

李某于 2014 年末被任命为某高等院校财务处处长，在 2015 年度预算研究会议上，李某作了如下发言。

(1)我们学校是由省教育厅直接管理的学校，年度资金预算只需要向省教育厅报送就可以了，然后等教育厅批复预算。

(2)除了财政预算内资金的部分应该通过政府采购外，其他由学校收费产生的收入可以由学校自行采购。

(3)对于使用财政性资金采购的，无论采购的是何种货物、工程或服务，都必须通过政府采购。

(4)政府采购必须全部通过政府采购中心组织实施，不能由教育厅和学校自己组织采购。

(5)既然是政府采购，我们学校就无权过问政府采购供应商的资格以及参与采购合同签订和对供应商的履约验收。

李某的发言正确吗？同时回答下列问题。

1. 下列关于预算审批的说法中正确的有(　　)。

A. 地方各级政府预算由本级人民代表大会审查和批准

B. 各级政府预算经批准后，由本级政府财政部门向本级政府各部门批复预算

C. 各部门应将经本级政府财政部门批复的预算及时向所属各单位批复

D. 本学校的预算只需要教育厅批准就可以了

2. 下列关于政府采购资金的说法，正确的有(　　)。

A. 政府采购资金就是财政性资金

B. 财政性资金包括预算内资金和预算外资企

C. 财政性资金不包括与财政性资金相配套的单位自筹资金

D. 学校收取的学费等不纳入财政性资金

3. 下列关于政府采购的表述，正确的有(　　)。

A. 政府采购的主体范围是指各级国家机关、事业单位和由财政供养的从事公共活动的社会团体

B. 使用财政性资金采购的集中采购目录以内的或采购限额标准以上的货物、工程或服务通过政府集中采购

C. 政府集中采购必须由政府采购中心组织实施

D. 各预算单位采购未纳入集中采购目录的政府采购项目,可以自行采购

4. 下列说法中,正确的是(　　)。

A. 政府采购实行集中采购和分散采购相结合的模式

B. 政府集中采购可以由政府采购中心组织实施通用性的项目采购活动,也可以由采购单位主管部门统一负责组织实施纳入集中采购目录中的本部门有专业技术特殊要求的项目采购活动

C 对于教育部门特殊技术要求的、列入集中采购目录中的项目采购活动,可以由省教育厅组织集中采购

D. 未纳入政府集中采购目录以内的政府采购项目,学校可以自行组织采购

5. 下列说法中,错误的是(　　)。

A. 政府采购的采购人有权自行选择采购代理机构

B. 政府采购的采购人是政府采购中货物、工程和服务的直接需求者

C. 政府采购的采购人有权审查政府采购供应商的资格

D. 政府采购的采购人无权参与采购合同的签订

第五章　会计职业道德

知识目标

(1)掌握会计职业道德的概念与功能。

(2)熟悉会计职业道德与会计法律制度的关系。

(3)掌握会计职业道德规范的主要内容。

(4)掌握会计职业道德教育与修养的内容和途径。

(5)掌握会计职业道德的组织与实施等方面的知识。

能力目标

(1)掌握会计职业道德的概念,理解会计职业道德所具有的功能。

(2)深刻理解和正确把握会计职业道德规范的主要内容,自觉遵守会计职业道德规范。

(3)理解会计职业道德与会计法律制度的联系和区别,把握好两者的关系。

(4)熟悉会计职业道德教育与修养的内容、形式及途径,主动进行会计职业道德教育。

(5)理解会计职业道德建设的相关问题,为会计职业道德建设贡献力量。

第一节　职业道德与会计职业道德

本章案例导入

一、职业道德的概念和主要内容

(一)职业道德的概念

职业道德的概念有广义和狭义之分。广义的职业道德是指从业人员在职业活动中应该遵循的行为准则,涵盖了从业人员与服务对象、职业与职工、职业与职业之间的关系。狭义的职业道德是指在一定职业活动中应遵循的、体现一定职业特征的、调整一定职业关系的职业行为准则和规范。不同职业的人员在特定的职业活动中形成了特殊的职业关系,包括职业主体与职业服务对象之间的关系、职业团体之间的关系、同一职业团体内部人与人之间的关系,以及职业劳动者、职业团体与国家之间的关系等等。为了协调这些复杂的、特殊的社会关系,除了需要政治的、行政的、法律的、经济的规范和手段之外,还需要一种适应职业生活特点的、调节职业社会关系的规范和手段,由此形成了不同职业人员的道德规范,即职业道德。如医生的职业道德是救死扶伤、治病救人、实行人道主义;法官的职业道德是清正廉明、刚直不阿;商人的职业道德是买卖公平、童叟无欺;注册会计师的职业道德是独立、客观、公正;军人的职业道德是服从命令、不怕牺牲。这些职业道德规范用来指导和约束职业行为，以保证职业活动的正常进行。

（二）职业道德的特征

职业道德是道德在职业实践活动中的具体体现，除了具有道德的一般特征之外，还具有以下特征：

1. 职业性（行业性）

职业道德的内容与职业实践活动紧密相联，反映着特定职业活动对从业人员行为的道德要求。所以，职业道德的行业性很强，不具有全社会普遍的适用性。一定的职业道德规范只适用一定的职业活动领域；有些具体的行业道德规范，只适用本行业，其他行业就不完全适用，或完全不适用。

2. 实践性

由于职业活动都是具体的实践活动，因此根据职业实践经验概括出来的职业道德规范，具有较强的针对性、实践性；形成条文，它一般用行业公约、工作守则、行为须知、操作规程等具体的规章制度形式；未来教育，约束本行业的从业人员，并且公之于众，让行业内外人员（包括服务对象）检查、监督。有的甚至被纳入法律规范，如《中国注册会计师职业道德基本准则》就是以财政部部门规范性文件的形式颁布的，可以直接指导、规范注册会计师的职业活动。

3. 继承性

职业道德作为社会意识形态的一种特殊形式，是受社会经济关系决定的，随着社会经济关系的变化而改变。由于职业首先是与职业活动紧密结合的，所以在不同的社会经济发展阶段，同样一种职业因服务对象、服务手段、职业利益、职业责任和义务相对稳定，职业行为的道德要求的核心内容就会被继承和发扬。因此，职业道德具有较强的相对稳定性和历史继承性的特点。例如，教师“诲人不倦”、医生“救死扶伤”、商人“买卖公平”等道德要求，就在这些行业中世代相传，并且得到不断丰富和发展。

4. 多样性

既然职业道德与具体的职业相联系，而社会上的职业是复杂、多样的，因此有多少种职业就有多少种职业道德。例如，经商有“商德”、行医有“医德”、执教有“师德”、从艺有“艺德”。而在同一行业中又有不同的岗位，这些不同的岗位又有更加具体的职业道德要求。而且随着生产力和社会的发展，新兴行业不断产生，与之相适应的职业道德也就层出不穷，职业道德就会越来越多样、越来越丰富。

（三）职业道德的作用

1. 促进职业活动的健康进行

职业道德最主要的作用就是通过调节职业关系，维护正常的职业活动秩序。人们在从事的各种职业活动中所涉及的各方都会存在责、权、利的矛盾和差异，职业道德作为职业行为的规范，用来协调职业关系中的各种矛盾和差异，确保职业活动的正常进行，同时也促进职业的健康发展。

2. 对社会道德风尚会产生积极的影响

职业道德是社会道德的一个重要组成部分。职业道德状况对社会道德风尚会产生极大的影响。在我们的现实生活中,人们把商业、交通、医疗、供电、供热等对社会生活影响较大的一些行业和部门形象地比喻为“窗口”行业,这些行业和部门的职业道德水准,直接体现着社会道德风尚的面貌。如果人们都能自觉地遵守各自的职业道德规范,必将会形成良好的社会道德风尚。

(四)职业道德的主要内容

职业道德主要内容包括:

1. 爱岗敬业

爱岗就是热爱自己的工作岗位,热爱本职工作。爱岗是对人们工作态度的一种普遍要求。热爱本职,就是职业工作者以正确的态度对待各种职业劳动,努力培养热爱自己所从事的工作的幸福感、荣誉感。敬业就是用一种严肃的态度对待自己的工作,勤勤恳恳、兢兢业业、忠于职守、尽职尽责。

爱岗与敬业精神是相通的,是相互联系在一起的。爱岗是敬业的基础,敬业是爱岗的具体表现,不爱岗就很难做到敬业,不敬业也很难说是真正的爱岗。爱岗敬业是为人民服务和集体主义精神的具体体现,是社会主义职业道德一切基本规范的基础。

2. 诚实守信

诚实,就是忠诚老实,不讲假话。诚实的人能忠实于事物的本来面目,不歪曲、不篡改事实,同时也不隐瞒自己的真实思想,光明磊落、言语真切、处事实在。诚实的人反对投机取巧、趋炎附势、吹拍奉迎、见风使舵、争功诿过、弄虚作假、口是心非。守信,就是信守诺言、说话算数、讲信誉、重信用,履行自己应承担的义务。

诚实和守信两者意思是相通的,是互相联系在一起的。诚实是守信的基础,守信是诚实的具体表现,不诚实很难做到守信,不守信也很难说是真正的诚实。“诚实”是真实不欺,“守信”也是真实不欺。诚实侧重于对客观事实的反映是真实的,对自己内心的思想、情感的表达是真实的。守信侧重于对自己应承担、履行的责任和义务的忠实,毫无保留地实践自己的诺言。诚实守信是忠诚老实、信守诺言,是为人处事的一种美德。

3. 办事公道

办事公道是指从业人员在办理事情、处理问题时,要站在公正的立场上,按照同一标准和同一原则办事的职业道德规范。

人们生活在世界上,就要与人打交道,就要处理各种关系,这就存在办事是否公道的问题,每个从业人员都有一个办事公道问题。如一个服务员接待顾客不以貌取人,对不同国籍、不同肤色、不同民族的宾客能一视同仁,同样热情服务,这就是办事公道。一个售货员对于购买其商品的消费者,无论其购买商品的贵贱,同样接待周到,这就是办事公道。

4. 服务群众

服务群众就是为人民群众服务,时时刻刻为群众着想,急群众所急,忧群众所忧,乐群众所乐。服务群众的含义,应注意以下两个方面:

(1)服务群众是对各级领导及各级领导机关、各级公务员的一种要求。领导干部、各级公务员一定要真心诚意地服务于群众,绝不能践踏人民的利益,不能利用人民赋予的权力随心所欲,谋取私利。服务群众是党的群众路线在社会主义职业道德的具体表现,这也是社会主义职业道德与以往私有制社会职业道德的根本区别。

(2)服务群众是对所有从业人员的要求。每个从业人员都是群众中的一员,既是为别人服务的主体,又是别人服务的对象。每个人都有权享受他人职业服务,同时又承担着为他人作出职业服务的义务。因此,服务群众作为职业道德,不仅仅是对领导及公务员的要求,而且是对所有从业者的要求。

5. 奉献社会

奉献社会,就是全心全意为社会做贡献。奉献就是不计较个人得失,兢兢业业,任劳任怨。一个人不论从事什么行业的工作,不论在什么岗位,都可以做到奉献社会。奉献社会是一种人生境界,是一种融在一生事业中的高尚人格。

奉献社会与爱岗敬业、诚实守信、办事公道、服务群众这四项规范相比较,是职业道德中的最高境界,同时也是做人的最高境界。爱岗敬业、诚实守信是对从业人员的职业行为的基础要求,是首先应当做到的。做不到这两项要求,就很难做好工作。办事公道、服务群众比前两项要求高了一些,需要有一定的道德修养做基础。奉献社会,则是这五项要求中最高的境界。一个人只要达到一心为社会做奉献的境界,他的工作就必然会做得很好,这就是全心全意为人民服务。

二、会计职业道德

(一)会计职业道德概念

会计职业道德是指在会计职业活动中应当遵循的、体现会计职业特征的、调整会计职业关系的职业行为准则和规范。其含义包括以下几个方面:

1. 会计职业道德是调整会计职业活动中各种利益关系的手段

会计工作的性质决定了在会计职业活动中要处理方方面面的经济关系,包括单位与单位、单位与国家、单位与投资者、单位与债权人、单位与职工、单位内部各部门之间及单位与社会公众之间等经济关系,这些经济关系的实质是经济利益关系。在我国社会主义市场经济建设中,当各经济主体的利益与国家利益、社会公众利益发生冲突的时候,会计职业道德不允许通过损害国家和社会公众利益而获取违法利益,但允许个人和各经济主体获取合法的自身利益。会计职业道德可以配合国家法律制度,调整职业关系中的经济利益关系,维护正常的经济秩序。

2. 会计职业道德具有相对稳定性

会计是一种专业技术性很强的职业。在其对单位经济事项进行确认、计量、记录和报告中,会计标准的设计、会计政策的制定、会计方法的选择,都必须遵循其内在的客观经济规律和要求。由于人们面对的是共同的客观经济规律,因此,会计职业道德在社会经济关系的不断变迁中,始终保持自己的相对稳定性。在会计职业活动中诚实守信、客观公正等是对会计人员的普遍要求。没有任何一个社会制度能够容忍虚假会计信息,也没有任何一个经济主体会允许会计人员私自向外界提供或者泄露单位的商业秘密。

3. 会计职业道德具有广泛的社会性

会计职业道德的社会性是由会计职业活动所生成的产品决定的。特别是在所有权和经营权分离的情况下,会计不仅要为政府机构、企业管理层、金融机构等提供符合质量要求的会计信息,而且要为投资者、债权人及社会公众服务,因其服务对象涉及面很广,提供的会计信息是公共产品,所以会计职业道德的优劣将影响国家和社会公众利益。像银广夏、郑百文、蓝田股份等会计造假丑闻就是典型例子,由于会计造假致使广大股东遭受了巨大的损失,严重干扰了社会经济的正常秩序。可见,会计信息质量直接影响着社会经济的发展和社会经济秩序的健康运行,会计职业道德必然受社会关注,具有广泛的社会性。

(二)会计职业道德的特征

会计作为社会经济活动中的一种特殊职业,除了具有职业道德的一般特征外,与其他职业道德相比还具有如下特征:

1.具有一定的强制性

法律是具有强制性的,它要求人们"必须这样或那样做";而道德一般不具有强制性,它要求人们"应该这样或那样做"。在我国,会计职业道德和其他道德不一样,许多内容都直接纳入了会计法律制度,如《中华人民共和国会计法》《会计基础工作规范》等都规定了会计职业道德的内容和要求。因此,会计职业道德是一种"思想立法",它已经超出"应该怎样做"的界限,跨入"必须这样做"的范围。如果不按照"守则""准则""条例"去做,有的虽谈不上犯罪,但也是违反职业纪律的,更是职业道德所不允许的。会计职业道德的这种独特的强制性,是由会计工作在市场经济活动中的特殊地位所决定的。当然,会计职业道德的许多非强制性内容仍然存在,而且也在发挥着作用。例如,会计职业道德中的提高技能、强化服务、参与管理、奉献社会等内容虽然是非强制性要求,但其直接影响到专业胜任能力、会计信息质量和会计职业的声誉,也要求会计人员遵守。

2.较多关注公众利益

会计职业的一个显著特征是会计职业活动与社会公众利益密切联系。在会计工作中,会计确认、计量、记录和报告的程序、标准和方法,在选择和运用上发生任何变化,都会引起与经济主体有关的各方经济利益受到直接的影响。由于会计人员自身的经济利益往往与其所处的经济主体的利益一致,当经济主体利益与国家利益和社会公众利益出现矛盾时,会计人员的利益指向如果偏向经济主体,那么国家和社会公众的利益就会受损,便产生了会计职业道德危机。因此,会计职业的特殊性,对会计职业道德提出了更高的要求,要求会计人员客观公正,在会计职业活动中,发生道德冲突时要坚持准则,把社会公众利益放在第一位。

(三)会计职业道德的作用

会计职业道德的作用,主要体现在以下几个方面:

1.会计职业道德是规范会计行为的基础

动机是行为的先导,有什么样的动机就有什么样的行为。会计职业道德对会计的行为动机提出了相应的要求,如诚实守信、客观公正等,引导、规劝、约束会计人员树立正确的职业观念,建立良好的职业品行,从而达到规范会计行为的目的。

2.会计职业道德是实现会计目标的重要保证

从会计职业关系角度讲,会计目标就是为会计职业关系中的各个服务对象提供真实、可靠的会计信息。由于会计职业活动既是技术性的处理过程,同时又涉及对多种经济利益关系的调整。会计目标能否顺利实现,既取决于会计从业者专业技能水平,又取决于会计从业者能否严格履行职业行为准则。如果会计从业者故意或非故意地提供了不真实、不可靠的会计信息,就会导致服务对象的决策失误,甚至导致社会经济秩序混乱。因此,依靠会计职业道德规范约束会计从业者的职业行为,是实现会计目标的重要保证。

3. 会计职业道德是对会计法律制度的重要补充

在现实生活中,人们的很多行为很难由法律作出规定。例如,会计法律只能对会计人员不得违法的行为作出规定,不宜对他们如何爱岗敬业、诚实守信、提高技能等提出具体要求。但是,如果会计人员缺乏爱岗敬业的热情和态度,缺乏诚实守信的做人准则,没有必要的职业技能,则很难保证会计信息达到真实、完整的法定要求。很显然,会计职业道德是其他会计法律制度所不能替代的。会计职业道德是对会计法律规范的重要补充。

(四)会计职业道德规范的主要内容

1. 爱岗敬业

(1)爱岗敬业的含义。爱岗敬业指的是忠于职守的事业精神,这是会计职业道德的基础。爱岗就是会计人员应该热爱自己的本职工作,安心于本职岗位,稳定、持久地在会计天地中耕耘,恪尽职守地做好本职工作。敬业就是会计人员应该充分认识本职工作在社会经济活动中的地位和作用,认识本职工作的社会意义和道德价值,具有会计职业的荣誉感和自豪感,在职业活动中具有高度的劳动热情和创造性,以强烈的事业心、责任感,从事会计工作。

爱岗敬业是爱岗与敬业的总称。爱岗和敬业互为前提,相互支持、相辅相成。“爱岗”是“敬业”的基石,“敬业”是“爱岗”的升华。如果会计人员对所从事的会计工作不热爱,工作中就难以做到兢兢业业,就不会主动刻苦钻研业务、更新专业知识、提高业务技能;就不会珍惜会计这份工作,努力维护会计职业的声誉和形象;就无法具备与其职务相适应的业务素质和能力,更谈不上坚持准则、客观公正、文明服务,维护国家和集体的利益,为国家和企业承担责任。反之,会计人员虽有热爱会计职业的一腔热情,但如果没有勤奋踏实的工作作风和忠于职守的实际行动,敬业也就成为一句空话。

(2)爱岗敬业的基本要求。

第一,正确认识会计职业,树立职业荣誉感。爱岗敬业精神,自始至终都是以人们对职业的认识程度以及所采取的态度作为行动的指导并体现在实际工作中的。如果会计人员对所从事的会计职业缺乏正确的认识,认为会计不过是简单的“写写算算”“收收支支”的琐碎工作,或者有“会计难当,职权难用,成绩难见,违纪难免”的想法,就必然会自觉不自觉地把这些意识反映到其工作行动之中,就会表现出“懒、惰、拖”的不良行为,给会计职业及其声誉造成不良影响。

会计人员只有正确地认识会计本质,明确会计在经济管理工作中的地位和重要性,树立职业荣誉感,才有可能去爱岗敬业。这是做到爱岗敬业的前提,也是首要要求。

第二,热爱会计工作,敬重会计职业。热爱一项工作,首先就意味着对这项工作有一种职业的荣誉感,有自信心和自尊心;其次是对这项工作抱有浓厚的兴趣,把职业生活看成是一种乐趣。于是平凡的,甚至是琐碎的日常工作,就成为生活中不可缺少的内容,并且能在工作中时时感受到它的乐趣。只要人们是根据自己的爱好、兴趣和特长来选择职业,通常都对所选职业充满情感、喜爱这一职业。但是,任何社会、任何时候都难以绝对保证人们所选择的职业是自己满意的。因而,在所从事的职业与自己的兴趣、爱好不一致时,要求人们对其所从事的职业有一个正确的认识态度。如果做了会计,就应该热爱会计工作,敬重会计职业,即使对会计职业并不感兴趣。

在我国,各行各业的无数职业道德标兵的先进事迹告诉我们,对自己的工作是否热爱、对自己的岗位是否敬重,是做好本职工作的前提。会计人员只要树立了"干一行爱一行"的思想,就会发现会计职业中的乐趣;只有树立"干一行爱一行"的思想,才会刻苦钻研会计业务技能,才会努力学习会计业务知识,才会发现在会计核算、企业理财领域有许多值得人们去研究与探索的东西。有了对本职工作的热爱,就会激发出一种敬业精神,自觉自愿地执行职业道德的各种规范,不断改进自己的工作,在平凡的岗位上作出不平凡的业绩。

第三,安心工作,任劳任怨。安心本职工作,就是以从事会计工作为"乐",而不是"这山望着那山高"。只有安心本职工作,才能潜下心来"勤学多思,勤问多练",才能不断地探索和研究会计工作中不断出现的新问题,才能真正做到敬业。任劳任怨,要求会计人员具有不怕吃苦的精神和不计较个人得失的思想境界。会计人员在进行会计事项的处理中,有时会出现两难的境地,当集体利益与职工个人利益或国家利益与单位利益发生冲突时,会计人员如果维护了国家利益或集体利益,就可能不被人们理解,甚至抱怨;反之,则会有道德危机。会计职业道德要求会计人员既任劳也任怨。

第四,严肃认真,一丝不苟。从业者对自己本职工作的热爱,必定会体现在对工作所必需的职业技能的态度上,体现在对自己工作成果的追求上,这就是对工作严肃认真、一丝不苟,对技术精益求精。会计工作是一项严肃细致的工作,没有严肃认真的工作态度和一丝不苟的工作作风,就容易出现偏差。对一些损失浪费、违法乱纪的行为和一切不合法不合理的业务开支,要严肃认真地对待,把好费用支出关。严肃认真、一丝不苟的职业作风贯穿于会计工作的始终,不仅要求数字计算准确、手续清楚完备,而且绝不能有"都是熟人不会错"的麻痹思想和"马马虎虎"的工作作风。

第五,忠于职守,尽职尽责。忠于职守,不仅要求会计人员认真地执行岗位规范,而且要求会计人员在各种复杂的情况下,能够抵制各种诱惑,忠实地履行岗位职责。尽职尽责具体表现为会计人员对自己应承担责任和义务所表现出的一种责任感和义务感,这种责任感和义务感包含两方面的内容:一是社会或他人对会计人员规定的责任;二是会计人员对社会或他人所负的道义责任。

在现代经济生活中,会计职业因其所处的环境具有其特殊性,不同的岗位要求承担的责任和义务不尽相同。注册会计师接受单位委托对委托者进行审计、鉴证或咨询,要维护委托人的权益,保守商业秘密,依法出具审计报告。单位内部会计人员不仅要尽职尽责地履行会计职能,客观真实地记录反映服务主体的经济活动状况,负责其资金的有效动作,积极参与经营和决策,而且还应抵制不当的开支,防止有人侵占单位资产,保护财产安全完整。在对单位(或雇主)的忠诚与国家及社会公众利益发生冲突时,会计人员应该忠实于国家、忠实于社会公众,承担起维护国家和社会公众的责任。单位会计人员应对外提供有关服务主体真实可靠地会计信息;注册会计师不仅要对委托人负责,更应对广大的信息使用者负责,对被审计单位的财务状况和经营成果作出客观、公允的审计报告。

2. 诚实守信

(1)诚实守信的含义。诚实是指言行与内心思想一致,不弄虚作假、不欺上瞒下,做老实人，说老实话，办老实事。守信就是遵守自己所作出的承诺，讲信用，重信用，信守诺言，保守秘密。诚实守信是做人的基本准则，是人们在古往今来的交往中产生出的最根本的道德规范，也是会计职业道德的精髓。

诚实与守信具有内在的因果联系，一般来说，诚实即为守信，守信就是诚实。有诚无信，道德品质得不到推广和延伸；有信无诚，信就失去了根基，德就失去了依托。诚实必须守信。

中国现代会计学之父潘序伦先生认为，“诚信”是会计职业道德的重要内容。他终身倡导：“信以立志，信以守身，信以处事，信以待人，毋忘‘立信’，当必有成”，并将其作为立信会计学校的校训。为突显并倡导会计职业的诚信，潘序伦先生一生的实业，皆冠之以“立信”，如立信会计事务所、立信会计学校、立信会计出版社等。

人无信不立，国无信不强。在现代市场经济社会，“诚信”尤为重要。市场经济是“信用经济”“契约经济”，注重的就是“诚实守信”。可以说，信用是维护市场经济步入良性发展轨道的前提和基础，是市场经济社会赖以生存的基石。

(2)诚实守信的基本要求。

第一，做老实人，说老实话，办老实事，不搞虚假。做老实人，要求会计人员言行一致，表里如一，光明正大。说老实话，要求会计人员说话诚实：是一说一，是二说二，不夸大，不缩小，不隐瞒，如实反映和披露单位经济业务事项。办老实事，要求会计人员工作踏踏实实，不弄虚作假，不欺上瞒下。总之，会计人员应言行一致，实事求是，如实反映单位经济业务活动情况，不为个人和小集团利益，伪造账目，弄虚作假，损害国家和社会公众利益。

近年来，在财政部进行的会计信息质量抽查中，假凭证、假账簿、假报表比较普遍。而虚假信息均是出自单位管理层和会计人员之手，而且一些注册会计师也扮演了不光彩的角色，严重影响了会计职业的社会信誉。会计人员要树立良好的职业形象，就必须恪守诚实守信的基本道德准则。

第二，保密守信，不为利益所诱惑。所谓保守秘密就是指会计人员在履行自己的职责时，应树立保密观念，做到保守商业秘密，机密资料不外传、不外泄，守口如瓶。在市场经济中，秘密可以带来经济利益，严守单位的商业秘密是极其重要的，它往往关系到单位的生死存亡。而会计人员因职业特点，经常接触到单位和客户的一些秘密，如单位的财务状况、经营情况、成本资料及重要单据、经济合同等。因而，会计人员应依法保守单位秘密，这是会计人员应尽的义务，也是诚实守信的具体体现。

泄密，不仅是一种不道德的行为，而且也是违法行为，是会计职业的大忌。会计人员在没有得到法律规定或经单位规定程序批准外，不能以任何借口或方式把单位商业秘密泄露出去。我国有关法律制度对会计人员保守秘密作了相关的规定。如《中华人民共和国注册会计师法》第十九条规定：“注册会计师对执行业务中知悉的商业秘密，负有保密义务。”财政部印发的《会计基础工作规范》第二十三条规定：“会计人员应当保守本单位的商业秘密。除法律规定和单位领导人同意外，不能私自向外界提供或者泄露单位的会计信息。”

会计人员如果泄露本单位的商业秘密，不仅会对单位的利益产生威胁，同时也将会损害会计人员自身的形象和利益。一是会计人员是单位里的一分子，泄露单位的商业秘密后会使单位利益受损，单位的损失最终将不同程度地反映到每位员工身上，会计人员因此也会身受其害。二是泄露商业秘密属于违法行为，一旦查出，泄露秘密的会计人员将承担法律责任。三是会计人员泄露商业秘密将对整个会计职业的社会声誉产生负面影响，使会计职业信誉“受到怀疑”，整个行业的利益将会蒙受损失。在这一点上，对注册会计师的影响尤为显著。

会计人员要做到保密守信,就要注意不在工作岗位以外的场所谈论、评价企业的经营状况和财务数据。此外,在日常生活中会计人员也应保持必要的警惕,防止无意泄密。俗话说,说者无意,听者有心。人们在日常交流中经常会对熟知的事情脱口而出,而没有想到后果。为了防止这种情况的发生,会计人员要了解自己所知的信息中,哪些是商业秘密,哪些是无关紧要的事项,以防止无意泄密的情况发生。而且要抵制住各种各样的利益诱惑,绝对不能用商业秘密作为牟利的手段。

3. 廉洁自律

(1)廉洁自律的含义。廉洁就是不贪污钱财,不收受贿赂,保持清白。自律是指自律主体按照一定的标准,自己约束自己、自己控制自己的言行和思想的过程。廉洁自律是会计职业道德的前提,也是会计职业道德的内在要求,这是会计工作的特点决定的。

作为整天与钱财打交道的会计人员,必须两袖清风,不取不义之财,做到面对金钱不眼红。会计人员只有首先做到自身廉洁,严格约束自己,才能要求别人廉洁,才能理直气壮地阻止或防止别人侵占集体利益,正确行使反映和监督的会计职责,保证各项经济活动正常进行。

自律的核心就是用道德观念自觉地抵制自己的不良欲望。一个能自律的人,能保持清醒的头脑,把持住自我,不迷失方向;而不能自律的人则头脑昏昏,丧失警惕,终将成为权、财的奴隶。在我们身边这方面事例有很多。惩治腐败,打击会计职业活动中的各种违法活动和违反职业道德的行为,除了要靠法制手段,建立坚强和完善的法律外。会计人员严格自律,防微杜渐,构筑思想道德防线,也是防止腐败和非职业道德行为的有效手段。

会计人员的廉洁是会计职业道德自律的基础,而自律是廉洁的保证。自律性不强就很难做到廉洁,不廉洁就谈不上自律。

"吃了人家的嘴软,拿了人家的手短"。会计人员必须既廉洁又自律,二者不可偏废。

(2)廉洁自律的基本要求。

第一,树立正确的人生观和价值观。廉洁自律,首先要求会计人员必须加强世界观的改造,树立正确的人生观和价值观。人生观是人们对人生的目的和意义的总的观点和看法。价值观是指人们对于价值的根本观点和看法,它是世界观的一个重要组成部分,包括对价值的本质、功能、创造、认识、实现等有关价值的一系列问题的基本观点和看法。会计人员应以马克思列宁主义、毛泽东思想、邓小平理论、"三个代表"重要思想和科学发展观为指导,树立科学的人生观和价值观,自觉抵制享乐主义、个人主义、拜金主义等错误的思想,这是在会计工作中做到廉洁自律的思想基础。

第二,公私分明,不贪不占。公私分明就是指严格划分公与私的界线,公是公,私是私。如果公私分明,就能够廉洁奉公,一尘不染,做到"常在河边走,就是不湿鞋"。如果公私不分,就会出现以权谋私的腐败现象,甚至出现违法违纪行为。

廉洁自律的天敌就是"贪、欲"。在会计工作中,由于大量的钱财要经过会计人员之手,因此,很容易诱发会计人员的"贪、欲"。一些会计人员贪图金钱和物质上的享受,利用职务之便,自觉或不自觉地行"贪"。有的被动受贿,有的主动索贿,有的贪污、挪用公款,有的监守自盗,有的集体贪污。究其根本原因,是这些会计人员忽视了世界观的自我改造,放松了道德的自我修养,弱化了职业道德的自律。

第三,遵纪守法,尽职尽责。遵纪守法,正确处理会计职业权利与职业义务的关系,增强抵制行业不正之风的能力,是会计人员廉洁自律的又一个基本要求。会计人员的权利和义务在

《中华人民共和国会计法》中作出了明确规定。会计人员不仅要遵纪守法，不违法乱纪、以权谋私，做到廉洁自律；而且要敢于、善于运用法律所赋予的权利，尽职尽责，勇于承担职业责任，履行职业义务，保证廉洁自律。

4. 客观公正

(1)客观公正的含义。客观是指按事物的本来面目去反映，不掺杂个人的主观意愿，也不为他人意见所左右。公正就是平等、公平、正直，没有偏失。但公正是相对的，世上没有绝对的公正。客观公正是会计职业道德所追求的理想目标。

对于会计职业活动而言，客观主要包括两层含义：一是真实性，即以实际发生的经济活动为依据，对会计事项进行确认、计量、记录和报告；二是可靠性，即会计核算要准确，记录要可靠，凭证要合法。

在会计职业活动中，由于涉及对多方利益的协调处理，因此，公正就是要求各企事业单位管理层和会计人员不仅应当具备诚实的品质，而且应公正地开展会计核算和会计监督工作，即在履行会计职能时，摒弃单位、个人私利，公平公正，不偏不倚地对待相关利益各方。作为注册会计师，在进行审计鉴证时，应以超然独立的姿态，进行公平公正的判断和评价，出具客观、适当的审计意见。

客观是公正的基础，公正是客观的反映。要达到公正，仅仅做到客观是不够的。公正不仅仅单指诚实、真实、可靠，还包括在真实、可靠中作出公正选择。这种选择尽管是建立在客观的基础之上，还需要在主观上作出公平合理的选择。是否公平、合理，既取决于客观的选择标准，也取决于选择者的道德品质和职业态度。

(2)客观公正的基本要求。

第一，端正态度。坚持客观公正原则的基础是会计人员的态度、专业知识和专业技能。没有客观公正的态度，不可能尊重事实。有了正确的态度之后，没有扎实的理论功底和较高的专业技能，工作也会出现失误，感到力不从心。

第二，依法办事。依法办事，认真遵守法律法规，是会计工作保证客观公正的前提。当会计人员有了端正的态度和专业知识技能之后，必须依据《中华人民共和国会计法》《企业会计准则》《企业会计制度》等法律、法规和制度的规定进行会计业务处理，并对复杂疑难的经济业务，作出客观的会计职业判断。总之，只有熟练掌握并严格遵守会计法律法规，才能客观公正地处理会计业务。

第三，实事求是，不偏不倚。社会经济是复杂多变的，会计法律制度不可能对所有的经济事项作出规范，那么会计人员对经济事项的职业判断，就可能会出现偏差。因此，客观公正是会计工作和会计人员追求的目标，通过不断提高专业技能，正确理解、把握并严格执行会计准则、制度，不断消除非客观、非公正因素的影响，才能做到最大限度的客观公正。

在实际生活中，要做到“客观公正”，最根本的是要有实事求是的科学态度。没有实事求是的严谨态度，主观、片面、表面地看问题，就无法做到“情况明”，也就无法根据客观情况来公正地处理问题。即使主观上想“客观公正”，客观上也无从实现。

客观公正应贯穿于会计活动的整个过程：一是在处理会计业务的过程中或进行职业判断时，应保持客观公正的态度，实事求是、不偏不倚。二是指会计人员对经济业务的处理结果是公正的。例如，某人因公出差丢失了报销用的车票，在业务处理时，不能因为无报销凭证就不报销，也不能随意报销，而是要求出差人员办理各种合法合理的证明手续后，才能报销，即最终结果是客观公正地进行会计处理。不报销或随意报销，都是不客观公正的。总之，会计核算过程的客观公正和最终结果的客观公正都是十分重要的，没有客观公正的会计核算过程作为保证，结果的客观公正性就难以保证；没有客观公正的结果，业务操作过程的客观公正就没有意义。

注册会计师的职业特征是维护国家和社会公众利益。注册会计师在进行职业判断时，将会涉及多方的利益，在处理这些复杂的利益关系时，绝不能采取折中的态度和方法。注册会计师应始终站在第三者的独立立场上，不偏不倚地对待有关利益各方，不以牺牲一方利益为条件而使另一方受益，超然独立地对企业遵守会计准则、制度的具体情况进行客观公正的评价并作出恰当的审计意见。只有这样，财务报告的使用者才能确定企业财务报告的可信度，并作出适当的投资决策或信贷决策。

第四，保持独立性。客观公正是会计职业者的一种工作态度。它要求会计人员对会计业务的处理、对会计政策和会计方法的选择，以及对财务会计报告的编制、披露和评价，必须独立进行职业判断，做到客观、公平、理智、诚实。

保持独立性，对于注册会计师行业尤为重要。由于工作关系和经济利益等问题，决定了单位会计人员在形式上或实质上都难以保证绝对的独立性。所以这里所说的独立性主要是指注册会计师在执行审计业务的过程中，与相关利益当事人应保持独立。独立是客观、公正的基础，也是注册会计师行业存在的基础。根据《中国注册会计师职业道德规范指导意见》，注册会计师保持其独立性应当做到以下两点：

一是注册会计师应当回避可能影响独立性的审计事项，实现形式上的独立。注册会计师在履行其职责时，保持独立性固然十分重要，但财务报表的使用者对这种独立性的信任也很重要。如果审计人员在执业过程中实质上是独立的，但报表的使用者认为他们是客户的辩护人，则审计职业的大部分价值将随之丧失。

二是注册会计师应当恪守职业良心，保持实质上的独立。形式上独立是实质上独立的必要条件，形式上不独立，就不能保证实质上独立，而形式上独立也不一定能够保持实质上独立。注册会计师更重要的是保持实质上的独立。

5. 坚持准则

(1)坚持准则的含义。坚持准则是指会计人员在处理业务过程中，要严格按照会计法律制度办事，不为主观或他人意志左右。这里所说的“准则”不仅指会计准则，而且包括会计法律、法规、国家统一的会计制度以及与会计工作相关的法律制度。坚持准则是会计职业道德的核心。

会计人员在进行核算和监督的过程中，只有坚持准则，才能以准则作为自己的行动指南，在发生道德冲突时，应坚持准则，以维护国家利益、社会公众利益和正常的经济秩序。注册会计师在进行审计业务时，应严格按照独立审计准则的有关要求和国家统一会计制度的规定，出具客观公正的审计报告。

现实生活中，经常会出现单位、社会公众和国家利益发生冲突的情况。面对不同的情况，会计人员应如何处理，国际会计师联合会发布的《职业会计师道德守则》提出了如下建议：

第一，如遇到严重的职业道德问题时，职业会计师首先应遵循所在组织的已有政策加以解决；如果这些政策不能解决道德冲突，则可私下向独立的咨询师或会计职业团体寻求建议，以便采取可能的行动步骤。

第二，若自己无法独立解决，可与最直接的上级一起研究解决这种冲突的办法。

第三，若仍无法解决，则在通知直接上级的情况下，请教更高一级的管理层。若有迹象表明，上级已卷入这种冲突，职业会计师必须和更高一级的管理当局商讨该问题。

第四，如果在经过内部所有各级审议之后，道德冲突仍然存在，那么对于一些重大问题，如舞弊，职业会计师可能没有其他选择。作为最后手段，他只能诉诸辞职，并向该组织的适当代表提交一份信息备忘录。

国际会计师联合会发布的《职业会计师道德守则》中提出的发生道德冲突时解决的途径值得借鉴。我国会计人员如果遇到道德冲突时，首先要对发生的事件作出“是、非”判断，如涉及严重的道德冲突时，应维护国家和社会公众利益。

(2)坚持准则的基本要求。

第一，熟悉准则。熟悉准则是指会计人员应了解和掌握《中华人民共和国会计法》和国家统一的会计制度及与会计相关的法律制度，这是遵循准则、坚持准则的前提。只有熟悉准则，才能按准则办事，才能遵纪守法，才能保证会计信息的真实性、完整性。

第二，遵循准则。遵循准则即执行准则。准则是会计人员开展会计工作的外在标准和参照物。会计人员在会计核算和监督时要自觉地严格遵守各项准则，将单位具体的经济业务事项与准则相对照，先作出是否合法合规的判断，对不合法的经济业务不予受理。在实际工作中，由于经济的发展和社会环境的变化，会计业务日趋复杂，因而准则规范的内容也会不断变化和完善。这就要求会计人员不仅要经常学习、掌握准则的最新变化，了解本部门、本单位的实际情况，准确地理解和执行准则，而且还要在面对经济活动中出现的新情况、新问题以及准则未涉及的经济业务或事项时，通过运用所掌握的会计专业理论和技能，作出客观的职业判断，予以妥善地处理。

第三，坚持准则。市场经济是利益经济。在会计工作中，常常由于各种利益的交织，引起会计人员道德上的冲突。如果会计人员为了自己的个人利益不受影响，放弃原则，做“老好人”，就会使会计工作严重偏离准则，会计信息的真实性、完整性就无法保证，作为会计人员，也应当承担相应责任。如果会计人员坚持准则，往往会受到单位负责人和其他方面的阻挠、刁难甚至打击报复。

为了切实维护会计人员的合法权益，《中华人民共和国会计法》强化了单位负责人对单位会计工作的法律责任，赋予了会计人员相应的权利，改善了会计人员的执法环境。会计人员应认真执行国家统一的会计制度，依法发行会计监督职责，发生首先冲突时，应坚持准则，对法律负责，对国家和社会公众负责，敢于同违反会计法律法规和财务制度的现象做斗争，确保会计信息的真实性和完整性。

6. 提高技能

(1)提高技能的含义。会计人员是会计工作的主体。会计工作质量的好坏，一方面受会计人员职业技能水平的影响；另一方面受会计人员道德品行的影响。会计人员的道德品行是会计职业道德的根本和核心，会计人员的职业技能水平是会计人员职业道德水平的保证。会计工作是一门专业性和技术性很强的工作，从业人员必须“具备一定的会计专业知识和技能”，才能胜任会计工作。作为一名会计工作者，必须不断地提高职业技能，这既是会计人员的义务，也是在职业活动中做到客观公正、坚持准则的基础，是参与管理的前提。

职业技能，也可称为职业能力，是人们进行职业活动、承担职业责任的能力和手段。就会计职业而言，职业技能包括会计理论水平、会计实务操作能力、职业判断能力、自动更新知识能力、提供会计信息的能力、沟通交流能力以及职业经验等。提高技能就是指会计人员通过学习、培训和实践等途径，持续提高上述职业技能，以达到和维持足够的专业胜任能力的活动。遵守会计职业道德客观上需要不断提高会计职业技能。

会计人员在对会计事项进行确认、计量、记录和报告，以及对单位内部会计控制制度设计等活动中，都需要有扎实的理论功底和丰富的实践经验；在进行具体业务处理时，对会计处理方法的选择、会计估计的变更、会计信息电算化的处理、网络化传输等都是技术性很强的工作。没有娴熟的专业技能，是无法开展会计工作、履行会计职责的。特别是加入世界贸易组织以后，我国经济逐渐融入全球经济体系，要求会计准则、会计制度与国际会计惯例充分协调，需要会计人员不断地学习新的会计理论和新的准则制度，熟悉和掌握新的法律法规。会计人员只有不断地学习，才能保持持续的专业胜任能力、职业判断能力和交流沟通能力，不断地提高会计专业技能，以适应我国深化会计改革和会计国际化的要求。

(2)提高技能的基本要求。

第一，具有不断提高会计专业技能的意识和愿望。随着市场经济的发展、全球经济一体化以及科学技术日新月异，会计在经济发展中的作用越来越明显，对会计的要求也越来越高，会计人才的竞争也越来越激烈。会计人员要想生存和发展，就必须具有不断提高会计专业技能的意识和愿望，才能不断进取，才会主动地求知、求学，刻苦钻研，使自身的专业技能不断提高、使自己的知识不断更新，从而掌握过硬的本领，在会计人才的竞争中立于不败之地。

第二，具有勤学苦练的精神和科学的学习方法。专业技能的提高和学习不可能是一劳永逸之事，必须持之以恒，不间断地学习、充实和提高。只有锲而不舍地“勤学”，同时掌握科学的学习方法，在学中思、在思中学、在实践中不断锤炼，才能不断地提高自己的业务水平，才能推动会计工作和会计职业的发展，以适应不断变化的新形势和新情况的需要。

谦虚好学、刻苦钻研、锲而不舍，是练就高超的专业技术和过硬本领的唯一途径，也是衡量会计人员职业道德水准高低的重要标志之一。

7. 参与管理

(1)参与管理的含义。参与管理简单地讲就是参加管理活动，为管理者当参谋，为管理活动服务。会计管理是企业管理的重要组成部分，在企业管理中具有十分重要的作用。但会计工作的性质决定了会计在企业管理活动中，更多的是从事间接管理活动。参与管理就是要求会计人员积极主动地向单位领导反映本单位的财务、经营状况及存在的问题，主动提出合理化建议，积极地参与市场调研和预测，参与决策方案的制订和选择，参与决策的执行、检查和监督，为领导的经营管理和决策活动，当好助手和参谋。如果没有会计人员的积极参与，企业的经营管理就会出现问题，决策就可能出现失误。会计人员特别是会计部门的负责人，必须强化自己参与管理、当好参谋的角色意识和责任意识。

(2)参与管理的基本要求。

第一，努力钻研业务，熟悉财经法规和相关制度，提高业务技能，为参与管理打下坚实的基础。

娴熟的业务、精湛的技能，是会计人员参与管理的前提。会计人员只有努力钻研业务、不断提高业务技能、深刻领会财经法规和相关制度，才能有效地参与管理、改善经营管理、提高经济效益服务。首先，要求会计人员要有扎实的基本功，掌握会计的基本理论、基本方法和基本技能，做好会计核算的各项基础性工作，确保会计信息真实、完整。其次，要充分利用掌握的大量会计信息，运用各种管理分析方法，对单位的经营管理活动进行分析、预测，找出经营管理中的问题和薄弱环节，提出改进意见和措施，把管理结合在日常工作之中。从而使会计的事后反映变为事前的预测和事中的控制，真正起到当家理财的作用，成为决策层的参谋助手。

第二，熟悉服务对象的经营活动和业务流程，使管理活动更具针对性和有效性。会计人员应当了解本单位的整体情况，特别是要熟悉本单位的生产经营、业务流程和管理情况，掌握单位的生产经营能力、技术设备条件、产品市场及资源状况等情况。只有如此，才能充分利用会计工作的优势，更好地满足经营管理的需要，才能在参与管理的活动中有针对性地拟定可行性方案，从而提高经营决策的合理性和科学性，更有效地服务于单位的总体发展目标。

8. 强化服务

(1)强化服务的含义。强化服务就是要求会计人员具有文明的服务态度、强烈的服务意识和优良的服务质量。服务态度是服务者的行为表现，“文明服务，以礼待人”，不仅仅是对服务行业提出的道德要求，而是对所有职业活动提出的道德要求。在我们的社会生活中，各岗位上的就业者都处于服务他人和接受他人服务的地位。在服务他人的过程中，人们承担对他人的责任和义务的同时，也接受着他人的服务。

会计工作虽不能说是窗口行业，但其工作涉及面广，又往往需要服务对象和其他部门的协作及配合，而且会计工作的政策性又很强，在工作交往和处理业务过程中，容易同其他部门及服务对象发生利益冲突或意见分歧。这样，会计人员待人处世的态度直接关系到工作能否顺利开展和工作的成效。这就要求会计人员不仅要有热情、耐心、诚恳的工作态度，待人平等礼貌，而且遇到问题要以商量的口吻，充分尊重服务对象和其他部门的意见。做到大事讲原则，小事讲风格，沟通讲策略，用语讲准确，建议看场合。

强化服务的结果，就是奉献社会。任何职业的利益、职业劳动者个人的利益都必须服从社会的利益、国家的利益。如果说爱岗敬业是职业道德的出发点，那么，强化服务、奉献社会就是职业道德的归宿点。

(2)强化服务的基本要求。

第一，强化服务意识。会计人员要树立强烈的服务意识，为管理者服务、为所有者服务、为社会公众服务、为人民服务。不论服务对象的地位高低，都要摆正自己的工作位置，管钱管账是自己的工作职责，参与管理是自己的义务。只有树立了强烈的服务意识，才能做好会计工作，履行会计职能，为单位和社会经济的发展作出应有的贡献。

第二，提高服务质量。强化服务的关键是提高服务质量。单位会计人员的服务质量表现在：是否真实地记录单位的经济活动，向有关方面提供可靠的会计信息；是否积极主动地向单位领导反映经营活动情况和存在的问题，提出合理化建议，协助领导决策，参与经营管理活动。注册会计师的服务质量表现在：是否以客观、公正的态度正确评价委托单位的财务状况、经营成果，出具恰当的审计报告，为社会公众及信息使用者服好务。

需要注意的是，在会计工作中提供上乘的服务质量，并非是无原则地满足服务主体的需要，而是在坚持原则、坚持准则的基础上尽量满足用户或服务主体的需要。

第二节　会计职业道德与会计法律制度的关系

会计职业道德与会计法律制度都属于会计人员行为规范的范畴，两者既有联系，也有区别。

一、会计职业道德与会计法律制度的联系

会计职业道德与会计法律制度有着共同的目标、相同的调整对象、承担着同样的职责，两者联系密切。主要表现在：

1. 两者在作用上相互补充、协调

在规范会计行为中，我们不可能完全依赖会计法律制度的强制功能而排斥会计职业道德的教化功能，会计行为不可能都由会计法律制度进行规范，不需要或不宜由会计法律制度进行规范的行为，可通过会计职业道德规范来实现。同样，那些基本的会计行为必须运用会计法律制度强制遵守。

2. 两者在内容上相互渗透、相互重叠

会计法律制度中含有会计职业道德规范的内容，同时，会计职业道德规范中也包含会计法律制度的某些条款。

3. 两者在地位上相互转化、相互吸收

最初的会计职业道德规范就是对会计职业行为约定俗成的基本要求，后来制定的会计法律制度吸收了这些基本要求，便形成了会计法律制度。

总之，会计法律制度和会计职业道德在实施过程中相互作用，会计职业道德是会计法律规范实施的重要的社会和思想基础，会计法律制度是促进会计职业道德规范形成和遵守的制度保障。

二、会计职业道德与会计法律制度的区别

会计职业道德与会计法律制度的主要区别表现在：

(一)两者的性质不同

会计法律制度反映统治者的意志和愿望，因而在同一社会内，只允许存在一种会计法律制度，并通过国家机器强制执行。

凡违法者，轻者被罚款，若有触犯刑律的，则被判刑，失去人身自由乃至失去生命。会计法律具有很强的他律性。而会计职业道德并不都代表统治者的意志，很多来自于职业习惯和约定俗成。在同一社会里，会计职业道德不是唯一的。会计职业道德依靠会计从业人员的自觉性，自愿地执行，并依靠社会舆论和良心来实现，基本上是非强制执行的，具有很强的自律性。

(二)两者作用范围不同

会计法律制度侧重于调整会计人员的外在行为和结果的合法化，具有较强的客观性。会计职业道德不仅要求调整会计人员的外在行为，还要调整会计人员内在的精神世界，其调节的范围远比法律广泛。会计人员某些错误的行为，只要它还不到触犯会计法律的地步，法律可以不予追究、制裁，但从道德方面来说，却要受到社会舆论的批评、谴责。可以这么说，受到会计职业道德谴责的，不一定受到会计法律的制裁；而受到会计法律制裁的，一般都会受到道德的谴责(某些过失犯罪除外)。

(三)两者表现形式不同

会计法律制度是通过一定的程序由国家立法部门或行政管理部门制定和颁布的，其表现

形式是具体的、正式形成文字的成文条款。而会计职业道德源自会计人员的职业生活和职业实践,日积月累、约定俗成。其表现形式既有明确成文的规定,也有不成文的只存在于会计人员内心的意识和信念。即使是那些成文的会计职业道德,与会计法律制度相比,在表现形式上也缺乏具体性和准确性,通常只是指出会计人员应当做或不应当做某种行为的一般原则和要求。

(四)实施保障机制不同

会计法律制度由国家强制力保障实施;会计职业道德既有国家法律的相应要求,又需要会计人员自觉的遵守。

(五)两者的评价标准不同

会计法律是以会计人员享有的权利和义务为标准来判定其行为是否违法。会计法律规定会计人员享有一定的权利,如果这种权利遭受侵犯,造成不良后果,那么侵权者就要受到会计法律制裁;会计法律同时规定了会计人员要承担的义务,如果会计人员不尽义务,造成不良后果,同样要受到会计法律的制裁。而会计职业道德则以善恶为标准来判定人们的行为是否违背道德规范。如果一个会计人员的职业行为符合会计职业的道德规范,就是善的,就会受到社会舆论的赞扬、鼓励,自己内心也会受到激励;反之,就是恶的、不道德的,就会受到社会舆论的批评、谴责,其内心将是痛苦的,感到内疚不安。一般来说,道德重在确认人们的义务,而不讲权利,即不以谋取个人某种权利作为履行义务的前提和归宿,这点与兼顾权利与义务的法律规范也是不同的。

第三节　会计职业道德教育

实现以诚信为核心的会计职业道德目标,必须要多管齐下,开展全方位、多形式、多渠道的会计职业道德教育,从而有利于逐步培养会计人员的会计职业道德情感,树立会计职业道德观念,提高会计职业道德水平,使会计职业健康发展。

一、会计职业道德教育形式

会计职业道德教育的主要形式包括接受教育和自我教育。

(一)接受教育

接受教育即外在教育,是指通过学校或培训单位对会计从业人员进行以职业责任、职业义务为核心内容的正面灌输,以规范其职业行为,维护国家和社会公众利益的教育。接受教育具有导向作用,行业部门或行业协会通常是职业道德教育的组织者,由其对从业人员开展正面职业道德教育和灌输;接受教育是一种被动学习。

(二)自我教育

自我教育是内在教育,是从业人员自我学习、自我改造、自身道德修养的行为活动。自我教育是把外在的职业道德的要求,逐步转变为会计从业人员内在的职业道德情感、职业道德意志和职业道德信念。要大力提倡和引导会计人员自我教育,在社会实践中不断地加强职业道德修养,养成良好的道德行为,从而实现道德境界的升华。

二、会计职业道德教育内容

(一)会计职业道德观念教育

在社会上广泛宣传会计职业道德基本常识,使广大会计人员懂得什么是会计职业道德,了解会计职业道德对社会经济秩序、会计信息质量的影响,以及违反会计职业道德将受到的惩戒和处罚。利用广播电视、报纸杂志等媒介,表彰坚持原则、德才兼备的会计人员,鞭挞违法违纪的会计行为。形成遵守职业道德光荣,违反职业道德可耻的社会氛围。

(二)会计职业道德规范教育

会计职业道德规范教育就是指对会计人员开展以会计职业道德规范为内容的教育。会计职业道德规范的主要内容包括爱岗敬业、诚实守信、廉洁自律、客观公正、坚持准则、提高技能、参与管理和强化服务等。这是会计职业道德教育的核心内容,应贯穿于会计职业道德教育的始终。

(三)会计职业道德警示教育

会计职业道德警示教育就是指通过开展对违反会计职业道德行为和对违法会计行为典型案例的讨论和剖析,给会计人员以启发和警示,从而可以提高会计人员的法律意识和会计职业道德观念,提高会计人员辨别是非的能力。

(四)其他与会计职业道德相关的教育

其他与会计职业道德相关的教育包括:形势教育、品德教育、法制教育等。

三、会计职业道德教育途径

(一)岗前职业道德教育

岗前职业道德教育是指对将要从事会计职业的人员进行的道德教育,包括会计专业学历教育及获取会计从业资格中的职业道德教育。教育的侧重点应放在职业观念、职业情感及职业规范等方面。

1. 会计学历教育中的职业道德教育

《公民道德建设实施纲要》中指出:"学校是进行系统道德教育的重要阵地。各级各类学校必须认真贯彻党的教育方针,全面推进素质教育。"我国大专院校是培养各类专门人才的基地,其会计类专业的学生,是会计队伍的预备人员,他们当中的大部分将走入会计队伍,从事会计工作。会计学历教育的阶段是他们的会计职业情感、道德观念和是非善恶判断标准初步形成的时期,所以会计专业类大专院校是会计职业道德教育的重要阵地,是会计人员岗前道德教育的主要场所,在会计职业道德教育中具有基础性地位。据统计,我国每年有 10 万名左右的大中专毕业生进入会计队伍的行列。为保证进入到会计队伍的新鲜血液具有良好的职业道德观念,会计职业道德教育必须从会计学历教育抓起。

2. 会计从业资格中的职业道德教育

在我国,根据财政部门的有关规定,从事会计工作必须持证上岗。对于要从事会计工作的从业人员来说,必须通过考试取得会计从业资格。为了使希望从事会计职业的人员在进入会计岗位时具备一定的会计职业道德,财政部在会计从业资格考试科目中增加了《财经法规与会计职业道德》。我国注册会计师资格“审计”科目的考试中,也加入了注册会计师职业规范体系和注册会计师法律责任的内容。这就是说,从事会计工作,就要接受必要的会计职业道德教育。

(二)岗位职业道德继续教育

继续教育是指从业人员在完成某一阶段的工作和学习后,重新接受一定形式的、有组织的、知识更新的教育和培训活动。会计人员继续教育是强化会计职业道德教育的有效形式。

会计职业道德教育应贯穿于整个会计人员继续教育的始终。在职业继续教育中应体现出社会经济的发展变化对道德的要求,也就是说在不同的阶段,道德教育的侧重点应有所不同。就现阶段而言,会计人员继续教育中的会计职业道德教育目标是适应新的市场经济形势的发展变化,在不断更新、补充、拓展会计人员业务能力的同时,使其政治素质、职业道德水平不断提高,具体包括以下内容:

1. 形势教育

教育的重点是要贯彻以德治国重要思想和“诚信为本,操守为重,坚持准则,不做假账”的精神,进一步全面、系统地加强会计职业道德培训,提高广大会计人员的政治水平和思想道德意识。

2. 品德教育

教育的重点是引导会计人员自觉地用会计职业道德规范指导和约束自身的行为,提高职业道德自律能力,最终形成良好的、稳定的道德品行。

3. 法制教育

教育的重点是引导会计人员熟悉并了解不同历史时期的会计法律法规政策,学会运用法律的手段处理会计事务。

(三)会计职业道德的自我教育与修养

1. 自我教育

自我教育是会计职业道德教育的一种重要形式,是会计职业道德的作用得以顺利实现的重要环节。通过自我教育有利于培养会计职业道德情感;锻炼会计职业道德意志;树立会计职业道德信念;养成良好的会计职业道德行为,从而凝结成会计职业道德品质。

(1)自我教育的内容。

第一,职业义务教育。会计职业客观上要求会计人员承担起本职工作对社会和国家的道德使命与职责。会计人员自我教育的目的,就在于提高会计人员对本职工作社会责任的认识,使会计人员具有强烈的职业道德义务感,能做到在没有社会舆论压力、没有他人监督的情况下,都能很好地履行自己应尽的职业道德义务。

第二,职业荣誉教育。就是通过会计实践活动,使会计人员充分认识到本职工作在社会经济活动中的重要社会地位和真正的职业价值,从而逐步形成对自己所从事职业的光荣感、自豪感、幸福感。

第三,职业节操教育。节操,也叫志气、气节。会计职业节操,就是要不畏压力、不为利诱,在任何时候、任何情况下都要诚信为本,坚持准则,廉洁自律,严格把关,尽职尽责,一尘不染。

(2)自我教育的方法。要达到会计人员职业道德自我教育的目的,需要借助正确的自我教育方法

第一,自我解剖法。就是会计人员对自己所做的会计工作要进行自我批评、自我解剖,用会计职业道德这面镜子对照检查,认真找出自己的缺点、差距,并通过主观努力来加以改正,使自己的行为纳入职业道德规范和要求的轨道,用自我批评的方法来加强自身的职业道德修养,同时要虚心听取别人意见。对待别人的批评,要态度诚恳,虚心接受。

第二,自重自省法。就是会计人员通过注意自己的言行,反省自己的缺点,不断摒除杂念,严于自我剖析,敢于做到是非观、价值观、知行观的自我斗争,逐步树立起正确的道德观念,培养高尚的道德品质,提高自己的精神境界。

第三,自警自励法。自警就是要随时警醒、告诫自己,要警钟长鸣。防止各种不良思想对自己的侵袭。自励就是要以崇高的会计职业道德理想、信念激励自己、教育自己。经常用会计职业道德规范这把标尺,认真度量自己在职业实践中的一切言行,树立起正确的会计职业道德观。

第四,自律慎独法。慎独就是在单独处事、无人监督时,仍能坚持道德准则,不做任何对国家、对社会、对他人不道德的事情。慎独,既是一种道德修养方法,又是一种很高的道德境界。通过自我约束、自我监督,可以更好地培养、锻炼坚强的职业道德信念和意志。慎独的最基本特征是以高度自觉性为前提,要求会计人员在独立工作、无人监督的环境下,也能够严格按照会计职业道德规范行事。

2. 会计职业道德修养

(1)会计职业道德修养的概念。良好的会计职业道德的形成,离不开职业道德的教育与灌输。教育灌输使会计从业人员将会计职业规范看作是外在的、不受内心支配的东西,而被动地去遵守、服从。教育灌输并不必然使道德规范这种外在要求转化为从业人员的内在要求,也难以让人们自觉地产生符合道德要求的道德行为和道德情感。因此,要达到职业道德的更高境界,就应该向以职业良心为特征的自律型职业道德发展。职业良心是对职业责任的自觉意识,是认识和情感、意志和信念的统一,它不仅会使从业人员表现出强烈的道德责任感,而且能够使其自觉地依据一定的职业道德原则和规范选择和决定其职业行为。这种发自内心的巨大精神动力,在从业人员的职业活动中起主导作用。实施这种转换的途径,就是要开展会计人员的职业道德修养。

会计职业道德修养是指会计人员在会计职业活动中,按照会计职业道德的基本要求,在自身道德品质方面进行的自我教育、自我改造、自我锻炼、自我提高,从而达到一定的职业道德境界。

会计职业道德修养要求会计人员学习职业道德的知识,培养自己的职业情感,在履行义务时,克服困难障碍,磨炼职业道德意志,树立坚定的职业道德信念。职业道德修养的最终目的,在于把职业道德原则和规范逐步地转化为自己的职业道德品质,从而将职业实践中对职业道德的意识情感和信念上升为职业道德习惯,使其贯穿于职业活动的始终。此时,会计人员对职业道德规范的遵守,已成为自己的职业本能。

会计职业道德修养和会计职业道德教育是相辅相成的两个方面。在我国经济体制转型期间,先进与落后的道德思想并存,因此,必须通过教育、灌输和培养,以使先进的道德思想发扬光大。而道德觉悟和道德境界的形成,最终必须通过自我修养和自我改造,甚至要经过一个非

常复杂的自我磨炼过程。因此,会计职业道德教育是外因,会计职业道德修养是内因,职业道德原则和规范转化为会计人员的职业道德品质和行为,是一个内外结合、外因通过内因起作用的过程。所以,在我国的会计职业道德体系的建设中,对职业道德教育和职业道德修养要齐抓共建。

(2)会计职业道德修养的途径。高尚的会计职业品德的形成,不是一蹴而就的,而是刻苦进行道德修养的结果。会计职业道德修养,虽然是道德品质和思想素质方面的自我锻炼,但决非指“闭门思过”,这里所说的修养,是在社会实践中的自我锻炼。

在会计职业活动中,会计人员会遇到各种利益关系和人际关系的协调处理,有成功的经验,也有失败的教训,这就需要加强意志的修养;在会计职业活动中,会计人员还会遇到现实的义利关系、理欲关系,要抵制社会各种不良风气和错误思潮的侵袭,就需要加强品质的修养;在会计职业活动中,会计人员为了更好地与职业对象打交道,还要注意自身形象的修养。总之,会计职业道德修养一刻也离不开社会实践,只有在社会实践中不断磨炼,才能不断提高会计职业道德修养。

(3)会计职业道德修养的境界和方法。

第一,慎独。会计职业道德修养的最高境界在于做到“慎独”。即在一个人单独处事、无人监督的情况下,也应该自觉地按照道德准则去办事。慎独的前提是坚定的职业信念和职业良心。会计职业道德修养讲“慎独”,就是要求每个会计人员严格要求自己,在履行职责时自律谨慎,不管财经法规、制度是否有漏洞,也不管是否有人监督,领导管理是否严格,都按照职业道德的要求去办。

第二,慎欲。就是指用正当的手段获得物质利益。会计人员做到慎欲,一是要把国家、社会公众和集体利益放在首位,在追求自身利益的时候,不损害国家和他人利益。二是做到节欲,对利益的追求要适度适当,要合理合法,反对用不正当手段达到利己的目的。

第三,慎微。就是指在微处、小处自律,从微处、小处着眼,积小善成大德。慎微,首先要求从微处自律,俗话说“千里之堤,溃于蚁穴”;其次要求从小事着手,从一点一滴的小事做起,日积月累,就能获得良好的信誉。

第四,慎省。就是认真自省,就是通过自我反思、自我解剖、自我总结而发场长处、克服短处,不断地自我升华、自我超越。

第四节　会计职业道德的检查与奖惩

为了充分发挥会计职业道德的作用,健全会计职业道德体系,应在建立会计职业道德规范和加强职业道德教育的基础上,强化对会计人员职业道德规范遵循情况的检查,并根据检查的结果进行相应的表彰和惩罚,建立起会计职业道德的奖惩机制,这是会计职业道德他律机制的重要组成部分。

一、会计职业道德检查与奖惩的意义

开展会计职业道德检查与奖惩是道德规范付诸实施的必要方式,也是促使道德力量发挥作用的必要手段,有着很重要的现实意义。

(1)会计职业道德的检查与奖惩,具有促使会计人员遵守职业道德规范的作用。奖惩机

制利用人类趋利避害的特点,以利益的给予或剥夺为砝码,对会计人员起着引导或威慑的作用,使会计行为主体不论出于什么样的动机,都必须遵循会计职业道德规范,否则就会遭受利益上的损失。奖惩机制把会计职业道德要求与个人利益结合起来,体现了义利统一的原则。

(2)会计职业道德的检查与奖惩,可以对各种会计行为进行裁决,对会计人员具有深刻的教育作用。作为会计人员,哪些会计行为是对的,哪些会计行为是不对的,均可通过会计职业道德的检查与奖惩作出裁决。在这里,会计职业道德的检查与奖惩起着道德法庭的作用。它是运用各种会计法规、条例及道德要求等一系列标准,鞭挞违反道德的行为,同时褒奖那些符合职业道德要求的行为,并使其发扬光大。因此,通过会计职业道德的检查与奖惩,使广大会计人员生动而直接地感受到道德的价值分量,其教育的作用是不可低估的。

(3)会计职业道德的检查与奖惩,有利于形成抑恶扬善的社会环境。会计职业道德是整个社会道德的一个组成部分。因此,会计职业道德的好坏,对社会道德环境的优劣会产生一定的影响;反之,社会道德环境的好坏,也影响着会计的职业行为。奖惩机制是抑恶扬善的杠杆。对会计行为而言,判断善恶的标准就是会计职业道德规范。那些遵守职业道德规范的行为,就可称之为善行;反之,那些违背职业道德规范的行为,就可称之为恶行。通过倡导、赞扬、鼓励自觉遵守会计职业道德规范的行为,贬抑、鞭挞、谴责、查处会计造假等不良行为,有助于人们分清是非,形成良好的社会风气,从而进一步促进会计职业道德的发展。

就道德规范自身特点而言,它主要是依靠传统习俗、社会舆论和内心信念来维系的。这种非刚性的特征也就决定了它的落实、实施,还必须同时借助政府部门的行政监管、职业团体自律性监管和企事业单位内部纪律等外在的硬性他律机制。只有这样才能有效地发挥道德规范潜在的裁判和激励效力。

二、会计职业道德检查与奖惩机制

会计职业道德检查与奖惩机制的建立是一个复杂的系统工程,需要政府部门、行业组织、有关单位的积极参与,运用经济、法律、行政、自律等综合治理手段。在我国,会计职业道德检查与奖惩机制的建立尚处探索阶段,需要在理论上深入研究,在实践中不断摸索。

(一)财政部门对会计职业道德进行监督检查

《中华人民共和国会计法》规定,国务院财政部门主管全国的会计工作,县级以上财政部门管理本行政区域内的会计工作。《中华人民共和国注册会计师法》规定,财政部对注册会计师、会计师事务所和注册会计师协会进行监督指导。会计职业道德建设是会计管理工作的重要组成部分,因此各级财政部门应负起组织和推动本地区会计职业道德建设的责任。财政部门可以利用行政管理上的优势,对会计职业道德情况实施必要的行政监管。

1. 执法检查与会计职业道德检查相结合

财政部门作为《中华人民共和国会计法》的执法主体,可以依法对社会各单位执行会计法律制度情况及会计信息质量进行不同形式的检查或抽查。通过检查,一方面督促各单位严格执行会计法律法规;另一方面也是对各单位会计人员执行会计职业道德情况的检查和检验。

改革开放以来,我国财政部经常开展全国性的财经大检查,2001 年 1 月,财政部在全国范围内又组织开展了《中华人民共和国会计法》执行情况的检查。对于执法检查过程中查出的违法违规行为,《中华人民共和国会计法》等有较详细的处理规定。违反《中华人民共和国会计法》的行为,同时也一定是违反了会计职业道德要求的行为。会计人员若存在这种行为,不仅要承担《中华人民共和国会计法》规定的法律责任,受到行政处罚或刑事处罚,同时还必须接受相应的道德制裁,可以在会计行业范围内通报批评、指令其参加一定学时的继续教育课程、暂停从业资格、在行业内部的公开刊物上予以曝光等。法律惩罚和道德惩罚两者是并行不悖、不可替代的,应同时并举。

2. 会计从业资格证书注册登记和年检与会计职业道德检查相结合

会计从业资格证书注册登记制度,是指取得会计从业资格的人员,被单位聘用从事会计工作时,应由本人或本人所在单位提出申请,按照会计从业资格管理部门规定的时间到会计从业资格管理部门进行注册登记。年检即年度检查验证制度。根据《会计从业资格管理办法》的规定,会计从业资格证书实行定期年检制度。年检时,审查的内容中包括持证人员遵守财经纪律、法规和会计职业纪律情况,依法履行会计职责情况。不符合有关规定的不予通过年检。

《会计基础工作规范》第二十四条规定:"财政部门、业务主管部门和各单位应当定期检查会计人员遵守职业道德的情况,并作为会计人员晋升、晋级、聘任专业职务,表彰奖励的重要考核依据。会计人员违反职业道德的,由所在单位进行处罚;情节严重的,由会计从业资格证书发证机关吊销其会计从业资格证书。"

因此,将会计从业资格证书注册登记和年检制度与会计职业道德检查结合起来,有利于强化对会计人员行为的约束,强制引导会计人员遵守会计职业道德。对那些不遵守会计职业道德规范、道德考核不合格的人,不予通过年检,这样就会使会计人员像重视自己的从业资格一样重视自身的职业道德操守,自觉遵守会计职业道德规范的要求。

为了加强对会计人员职业道德情况的考核检查,财政部门正在考虑建立会计持证人员诚信档案。目前,财政部门对会计从业资格证书档案实行电子计算机管理,为建立会计人员诚信档案创造了有利条件。可以结合会计从业资格证书注册登记、年检和其他行政检查工作,将会计人员执行会计法规制度和会计职业道德情况,以及受到的奖惩情况等,输入电子档案,形成会计人员的诚信档案,不仅作为财政部门监管会计人员的依据,也可以向用人单位和社会公众开放,从而督促、约束、激励会计人员严格自律,认真执行会计职业道德规范。

3. 会计专业技术资格考评、聘用与会计职业道德检查相结合

根据财政部、人事部联合印发的《会计专业技术资格考试暂行规定》及其实施办法规定,报考初级资格、中级资格的会计人员,应"坚持原则,具备良好的职业道德品质"等。会计专业技术资格考试管理机构在组织报名时,应对参加报名的会计人员职业道德情况进行检查。对有不遵循会计职业道德记录的,应取消其报名资格。

目前,高级会计师资格实行评审方式,但有不少地方已开始试行高级会计师资格考试与评审相结合的方式。由于高级会计师资格的取得是采取考试和评审相结合,因此有必要在考试和评审两个方面对其会计职业道德进行检查、考核。一是在考试方面。考虑到职业道德对高级会计师的重要性,有必要增设职业道德的内容,从理论上加深其对会计职业道德的理解和认识。二是在评审方面要对申报人的会计职业道德情况严格审查。

三是规定一些关于职业道德规范的否决条款。比如申报人曾因违法犯罪行为而受过刑事处罚,不能参加高级会计师资格的评审。将会计职业道德奖惩与会计专业技术资格的考、评、聘联系起来,必将使广大会计人员像重视自己专业技术职称一样重视自己的职业道德形象,在日常的学习工作中不断提高自身的职业道德修养。

(二)会计行业组织对会计职业道德进行自律管理与约束

对会计职业道德情况的检查,除了依靠政府监管外,行业自律也是一种重要手段。会计行业自律是一个群体概念,是会计职业组织对整个会计职业的会计行为进行自我约束、自我控制的过程。在会计职业较发达的市场经济国家,会计职业道德准则一般由会计职业组织制定、颁布与督导实施的。有些做法和经验值得我们借鉴。

在日常会计工作中,经常发生这样的情况,一些会计人员缺乏必要的专业胜任能力,业务素质低下,专业知识贫乏,对新颁布的会计准则、会计制度知之甚少,从而导致记账不符合规范,账簿混乱,账账、账表不符,报表挤数现象时有发生;还有一些会计人员按照领导的意志,放弃了客观性原则,钻准则、制度的空子,通过改变会计估计或会计方法,调节利润或亏损,从而达到隐瞒拖欠或逃避应交税利的目的。这些做法有的虽然没有触犯法律,但却违反了会计职业道德的要求。在会计行业自律组织比较健全的情况下,可以由职业团体通过自律性监管,对发现违反会计职业道德规范的行为进行相应的惩罚,根据情节轻重程度采取通报批评、罚款、支付费用、取消其会员资格、警告、退回向客户收取的费用,参加后续教育等方式。目前,我国会计职业的行业自律机制尚不健全,对违反会计职业道德的会计人员和会计师事务所惩处力度不够。所以,必须建立健全会计职业团体自律性监管机制,确保会计职业的健康发展。

当然,近些年来,我国通过会计行业组织强化自律管理和行业惩戒也已取得了一定进展。中国注册会计师协会作为注册会计师行业自律组织,为提高我国注册会计师职业道德水平作出了积极努力,先后发布了《中国注册会计师职业道德基本准则》《中国注册会计师职业道德规范指导意见》《注册会计师、注册资产评估师行业诚信建设实施纲要》等。研究建立调查委员会、技术鉴定委员会、惩戒委员会等行业自律性决策组织。由于我国会计职业组织建立比较晚,自律性监管还比较薄弱,在注册会计师职业道德规范的实施与惩戒过程中仍存在不少问题。因此要求注册会计师职业组织从行业整体利益和社会责任出发,切实改进管理和服务,把行业建设好。

(三)建立奖惩机制

依据会计法等法律法规,建立激励机制,对会计人员遵守职业道德情况进行考核和奖惩对自觉遵守会计职业道德的优秀会计工作者进行表彰、宣传,可以使受奖者感到对遵守道德规范的回报和社会肯定,从而促使其强化道德行为。同时,还可以树立本行业的楷模、榜样,使会计职业道德原则和规范具体化、人格化,使广大会计工作者从这些富于感染性、可行性的道德榜样中获得启示、获得动力,在潜移默化中逐渐提高自身的职业道德素质。奖励是积极的,是对一个人的肯定。它利用人的上进心,调动人的荣誉感,使其遵纪守法、尽职尽责,并发挥内在的潜能。它带给人的是满足、自尊、自豪感。而惩罚则是消极的,它利用人的恐惧心理,使人循规蹈矩。过分的惩罚会使人产生挫折感,损伤自尊心和自信心。

实践中的大量事实表明,奖励和惩罚相结合的方法优于只奖不罚或只罚不奖。赏罚结合可以带来双重的激励效果。因此,在对违反会计职业道德的行为进行惩戒的同时,还应对自觉遵守会计职业道德的先进人物进行表彰。

我国会计人员表彰制度早在1963年就已实现制度化。1963年1月,国务院发布了《会计人员职权试行条例》,确立了会计人员奖惩制度;1985年1月,全国人大常委会通过的《中华人民共和国会计法》规定:"对认真执行本法,忠于职守,坚持原则,作出显著成绩的会计人员,给予精神的或者物质的奖励。"1988年6月,财政部印发《颁发会计人员荣誉证书试行规定》,为在全民所有制企业、事业单位、国家机关、军队、社会团体、县以上集体所有制企业、事业单位以及中外合资、合作和外资经营企业从事财务会计工作满30年的会计人员颁发《会计人员荣誉证书》。财政部先后于1990年、1995年组织了两次全国先进财会工作集体和先进会计工作者表彰大会，共评选出全国先进会计工作者900名。对先进集体授予“全国先进财会工作集体”荣誉称号，颁发奖牌；对先进个人授予“全国先进会计工作者”荣誉称号，颁发奖章和证书。这些表彰活动，调动了广大会计人员的工作积极性和开拓创新的精神，增强了会计人员的职业荣誉感，树立了可信、可学的楷模，推动了会计职业道德建设活动。

会计职业道德激励机制应当与会计人员表彰制度相结合，以起到弘扬正气、激励先进、鞭策后进的作用。对会计职业道德检查中涌现出的先进人物事迹进行表彰奖励，应注意将物质奖励和精神奖励相结合。

我国会计人员的庞大队伍中蕴藏着许许多多优秀的先进人物和动人事迹。在会计职业道德检查中，应善于发现典型、树立榜样。通过对优秀会计工作者进行表彰、奖励，营造抑恶扬善的环境，从而在潜移默化中提高全体会计人员的职业道德素质。

第五节　会计职业道德建设组织与实施

会计职业道德建设是一项复杂的系统工程，要抓好会计职业道德建设，关键在于加强和改善会计职业道德建设的组织和领导，并得到切实贯彻和实施。

一、财政部门组织和推动会计职业道德建设，依法行政，探索会计职业道德建设的有效途径和实现形式

会计职业道德建设是会计管理工作的重要组成部分，作为管理会计工作的各级财政部门，应当将会计职业道德建设纳入重要议事日程，负起组织和推动本地区会计职业道德建设的责任，要深入实际，调查研究，了解新情况，分析新问题，及时发现、总结和推广会计职业道德建设的新经验，在内容、形式、方法、手段、机制等方面积极创新，与时俱进，探索新的有效途径和实践形式。

会计管理工作者要以高度的责任感和事业心，适应新时期的要求，努力学习会计法律知识，不断提高自身的政策理论水平和服务质量，在工作中应求真务实，依法办事，廉洁奉公，勤政为民，率先垂范，以身作则，树立良好的会计职业道德风尚。

各级财政部门要把会计职业道德建设与会计法制建设紧密结合起来。在认真宣传贯彻《中华人民共和国会计法》和国家统一的会计制度的同时，加大执法力度，严厉打击违法会计行为，维护国家和社会公众利益，维护正常经济秩序，为会计职业道德建设提供强有力的法律支持和政策保障。

各级财政部门应当根据会计法律制度，积极探索将会计职业道德建设与会计从业人员管理相结合的机制，逐步完善会计从业人员的资格准入、考核、奖惩、培训、退出等制度，同时通过会计从业资格发证、注册、年检等手段，建立会计从业人员诚信档案。各地在组织开展会计人员继续教育中，要将会计职业道德作为一项重要内容。通过组织一定学时的继续教育，使会计人员了解和掌握会计职业道德的主要内容。

二、会计职业组织建立行业自律机制和会计职业道德惩戒制度

会计职业组织起着联系会员与政府的桥梁作用，应充分发挥协会等会计职业组织的作用，改革和完善会计职业组织自律机制，有效发挥自律机制在会计职业道德建设中的促进作用。

我国可以借鉴国外通过会计职业组织实施职业道德约束的做法和经验，在注册会计师协会、会计学会、总会计师协会等职业组织中设立职业道德委员会，专司职业道德规范的制定、解释、修订和实施之职。对涉及会计职业道德的案件，由会计职业组织进行处罚。

三、企事业单位任用合格会计人员，开展会计人员职业道德教育，建立和完善内部控制制度，形成内部约束机制，防范舞弊和经营风险，支持并督促会计人员遵循会计职业道德，依法开展会计工作

各企事业单位必须任用具备会计从业资格的人员从事会计工作，在任用重要会计岗位的人员时，应审查其职业记录和诚信档案，选择业务素质高、职业道德好的会计人员；在日常工作中，应注意开展对会计人员的道德和纪律教育，并加强检查，督促会计人员坚持原则，诚实守信；在制度建设上要加强单位内部控制制度的建立和完善，形成内部约束机制，依法开展会计工作，为会计人员遵守职业道德提供良好的执业环境，从而可以有效地防范舞弊和经营风险，规避道德失范。同时，单位负责人要做遵纪守法的表率，支持会计人员依法开展工作。

四、社会各界各尽其责相互配合，齐抓共管

加强会计职业道德建设，既是提高广大会计人员素质的一项基础性工作，又是一项复杂的社会系统工程，不仅是某一个单位、某一个部门的任务，也是各地区、各部门、各单位的共同责任。正如《公民道德建设实施纲要》指出："推进公民道德建设，需要社会各方面的共同努力。各级宣传、教育、文化、科技、组织人事、纪检监察等党政部门，工会、共青团、妇联等群众团体以及社会各界，都应当在党委的统一领导下，各尽其责，相互配合，把道德建设与业务工作紧密结合起来，纳入目标管理责任制，制定规划，完善措施，扎实推进。要充分发挥各民主党派和工商联在公民道德建设中的作用。"因此，加强会计职业道德建设，不仅各级党组织要管，各级机关、群众组织等也要管。只有重视和加强各级组织、广大群众和新闻媒体的监督作用，齐抓共管，形成合力，才能有效地搞好会计职业道德建设，更好地提高广大会计人员的思想道德素质。

五、社会舆论监督，形成良好的社会氛围

良好会计职业道德风尚的树立，离不开社会舆论的支持和监督。银广夏等会计造假事件的发现，媒体的追踪报道功不可没。强化舆论监督，有利于在全社会形成诚实守信的氛围。要以新闻媒体为阵地，广泛开展会计职业道德的宣传教育，使社会各界了解会计职业道德规范的内容，促进良好的会计职业道德深入人心。要在全社会会计人员中倡导诚信为荣、失信为耻的职业道德意识，引导会计人员加强职业修养。通过会计职业道德建设中正反典型的宣传，弘扬正气，打击歪风。

第六节　会计职业道德案例分析

【案例一】　安然唱起悲歌，会计路在何方？

一、基本案情

1. 安然的神话

1985 年 7 月，美国休斯敦天然气公司与奥马哈的安然天然气公司合并，成立了后来的安然石油天然气公司。15 年以后，该公司一度成为美国，甚至也是全球的头号能源交易商，其市值曾高达 700 亿美元、年收入达 1000 亿美元。2000 年 12 月 28 日，安然公司的股票价格达到 84.87 美元（有资料说是 90.75 美元）。2001 年初，被美国《财富》杂志连续四年评为美国"最具创新精神的公司"。

2. 安然的轰然倒地

美国创造了安然，安然创造了现代神话。却谁知美梦甚短，一瞬间安然"大厦"轰然倒地：2001 年 10 月 16 日，安然公布其第三季度亏损 6.38 亿美元；11 月安然向美国证券交易委员会承认，自 1997 年以来，共虚报利润 5.86 亿美元；当月 29 日，安然股价一天之内猛跌超过 75%，创下纽约股票交易所和纳斯达克市场有史以来的单日下跌之最；次日，安然股票暴跌至每股 0.26 美元，成为名副其实的垃圾股，其股价缩水近 360 倍。两天后，即 12 月 2 日，安然向纽约破产法院申请破产保护，其申请文件中开列的资产总额 468 亿美元。安然又创造两个之最——美国（或许是世界）有史以来最大宗的破产申请记录；最快的破产速度。

3. 安然到底做了什么

一是在财务报表上隐瞒并粉饰公司的真实财务状况；二是利用错综复杂的关联方交易虚构利润，利用现行财务规则漏洞"不进入资产负债表"隐藏债务，以回避法律和相关规则对其提出的信息披露要求；三是夸大公司业绩并向投资者隐瞒公司业务等违法手段来误导投资者。而当时世界五大会计师公司之一的安达信公司又为其提供了不实的审计报告，从而使安然神话套上了"皇帝的新衣"。

二、案例评析

（一）安然轰倒的原因

安然轰倒的根本原因是什么呢？媒体认为主要有两点：

1. 制度腐败

安然事件，其实是现代企业制度、公司治理制度、现代会计制度、证券及金融市场制度、社会审计制度等存在问题，使内部人员滥用职权而没有有效的监督和约束机制的集中表现。此案不仅涉及美国两党政要，而且涉及许多政府高官和国会议员，可以说，这与其社会制度不无关系，安然公司的破产揭示了现代资本主义的各种弊端。

2. 道德沦丧

媒体披露，安然公司与布什家族、众多政府要员、国会议员关系非同一般，在其破产前，更是接触频繁。公司总裁肯尼斯·莱在公司破产前已经秘密抛售了其掌握的全部股票,那些持有安然公司股份的某些部长、副部长们,也在公司倒闭前卖出了自己手中的股票。

(二)安然轰倒的启示

1. 恪守职业道德,保持职业尊严

从会计的角度上看安然事件,主要不是会计标准和会计人员的专业水平问题,而是如何坚守职业道德的问题。应该建立、健全行业自律组织,制定行业自律规范,并确保有效实施(奖惩、准入、退出等)。不论公司财务会计人员,还是社会审计人员,都应坚守职业道德底线,保持职业尊严,做高尚的会计人,"诚信为本,操守为重"。有人说,会计没有了诚实,就像战士没有了勇敢,科学家没有了智慧,官员没有了廉洁。比喻形象,言之有理。总之,做人与做事,做人应为先。

2. 规范社会审计,保持审计的独立性

自20世纪90年代中期以来,安达信既是安然的外部审计人,又是内部审计人和提供管理咨询服务人。即一只手教其做账,另一只手证明这只做账的手。换言之,安达信既是安然的裁判员,又是安然的运动员。为此,安达信每年从安然得到上千万美元的丰厚报酬。因此,安达信还能保持最起码的独立性吗?因此,安然的丑闻同时也必定成为安达信的丑闻。安然轰倒后,安然公司在销毁重要文件,为安然出具审计报告的安达信首席审计师大卫·邓肯(已被解雇)也在销毁资料。这些充分说明,即使在美国这样市场经济比较健全的国家,在1997年就成立了独立性准则委员会的国家,连五大会计师事务所都时有严重违规、严重违反独立性的事件发生。虽然美国证监会(SEC)于2000年6月27日就提出了修改独立性规则的动议,但会计师真正做到独立、公正从业的路途仍然遥远。

3. 建立健全法制,加强政府监管

从安然轰倒及安达信丑闻,我们不仅看到了道德严重失范,更看到了法制的缺漏和政府监管乏力。因此,应该建立健全法制,既要规范企业,又要规范社会中介;对政府官员、对注册会计师进入企业任职,要有严格规定、具体要求,政府监督、监察部门也要严格执法,违者严惩不贷。2001年底,中国证监会发布的《A股公司实行补充审计的暂行规定》,可以视为是以中国注册会计师审计不可信或不完全可信为前提的监管措施。

【案例二】 差距只在一个信字

一、基本案情

据《文汇报》2002年3月15日报道,地处黄河口的广饶县和利津县同处山东省东营市,相隔不过数十公里,10年前,两地经济状况还难分伯仲,可如今,广饶人在经济上已经远远走在了前面。前年,广饶县实现工业总产值接近90亿元,而利津县只有30亿元。两县工业基础相差无几,发展模式也基本相同,为何会产生如此大的差距?

前些年,适逢我国经济结构调整之际,银行紧缩银根,许多乡镇和地方企业步履艰难。此时,不少地方和企业纷纷刮起了借改制为名逃避金融债务之风。广饶县委县政府则要求企业不能借改制逃废金融债务。对那些濒临关停倒闭的企业,从全县信用环境的大局出发,由县政府出面,让一些效益好的大企业先把其债务全部承担落实下来,由政府部门想办法逐步消化。连续5年,广饶县金融机构家家赢利。良好的信用环境,使银行敢于向企业贷款。这为广饶的经济发展提供了强大的金融后盾。

同样的处境，一些利津人却采取了截然不同的措施。从1995年起，利津县的一些企业在改制过程中采取母体分离、嫁接改造等形式，“悬空”银行债务，进而又以破产为名，另组建新企业，逃避银行债务。在利津县，有近半数的县属企业存在逃债的行为。这种状况，使银行损失惨重。短期利益行为，破坏了利津县长期的信用环境。信用根基的动摇与损坏，使利津的经济发展受到了影响。利津那些通过逃避债务而得以一时喘息的企业，也因为失去了银行长久的支持，很快再次陷入困境。

二、案例评析

讲诚信是市场经济的黄金规则。市场经济是信用经济，信用是市场经济的基石。市场经济越发达，越要求诚实守信，这是市场经济的内在要求，是人们进行经济活动和从事职业活动应该遵循的基本行为准则。

市场经济是信誉经济。利津的经济发展与广饶的经济发展差距巨大，是因为利津县一些企业采取欺诈行为逃避银行债务，破坏了市场经济的游戏规则，也破坏了利津县长期的信用环境，真可谓咎由自取。而广饶县全面承担下所有的债务，并积极设法归还，他们终于以诚信赢得了信任，也赢得了市场。

经济学家萧灼基讲过一则颇有意味的小故事：一位留学生在国外乘公共汽车逃票，当时并没有对他进行罚款，他自以为洋洋得意，谁料毕业找工作时候才发现已被记录在案，虽然学习成绩优秀，求职却遇到障碍。他因小失大，后悔不及。

这则故事令人回味，也令人深思。今天我们的会计师为了抢客户、为了一个红包、为了不得罪领导，而忘记了职业道德，可能明天失去的将是立足于社会的信用德行，将失去的是我们曾拥有的以此谋生、以此为荣的会计天地。诚信是会计师的灵魂，一旦失去，整个行业将遭毁灭。

【案例三】 麦科特为什么能上市圈了5亿多？

一、基本案情

1. 麦科特上市了

2000年8月7日，一只新股在上海股市走得很火，那就是麦科特。麦科特通过伪造进出口设备融资租赁合同，虚构固定资产9074万港币。就是这么一家“虚构”的公司，竟然顺利出炉，招摇上市了。

2. 谁在帮助他

在麦科特发行上市的过程中，深圳华鹏会计师事务所为其出具了严重失实的审计报告，广东正大联合资产评估有限责任公司为其出具了严重失实的法律意见书，南方证券有限公司参与编制了严重失实的发行申报文件。对麦科特及其上述中介机构涉嫌犯罪的有关责任人员，中国证监会依法移送公安机关追究其刑事责任。

麦科特欺诈上市一案中，如果没有这么多中介机构的配合，麦科特是不可能招股上市的。如此多的机构、如此多的关口，任何一个“不”都可能使麦科特的美梦变成一枕黄粱。遗憾的是，在这条造假流水线上，这些中介机构都扮演着极其不光彩的角色。

3. 全为五斗米折腰

华鹏会计师事务所知情不报还参与造假，原因很简单，那就是利益的诱惑。当然其他关联机构也是如此。麦科特发行股票圈了5亿多元，发行费总额也有1760万元。1760万元和5亿元相比，只能算九牛一毛。造假成本与造假收益之间的巨额反差，正是驱使造假的一个重要原因。一个生动的注释是，几家中介机构就是为了这区区1760万元折了腰，当然，分摊到每家中介机构里自然是不小数额。

二、案例评析

过好金钱关，保证会计师队伍的廉洁性，这是至关重要的，只有这样才能保证其公信力。作为经济社会的成员，除了薪金收入外，会计人员也可以得到法律许可的其他收入，如合法投资的收入、继承遗产收入、稿费收入等。但不能获得影响会计职业行为的不合法收入。否则，必然影响到守法、执法的公正性。有人以会计师严格执法失去客户之由，为不法的会计行为开脱，这是没有理由的。正如人们不能原谅家贫而去偷盗的行为一样，更何况比较社会各阶层收入水平，会计师行业是公认的高收入行业。高报酬，意味着应该承担更多的责任和义务。要求会计人员保持清正廉洁的品质，是非常重要的职业道德规范。

【案例四】 公生明，廉生威

一、基本案情

刘新华，一个极为普通的会计人，在近十年的财会工作中，恪尽职守，勤奋敬业，甘于清贫，淡泊名利。多年的职业生涯使他树立了一个职场信念：没有人能打败你，能打败你的只有你自己，无论对个人还是对公司而言都是如此，必须从自身做起，廉洁自律、诚实守信、坚持原则。他最欣赏的一句话就是："会计人员要有一双透射的眼睛，要知道数字背后是什么，这就需要不断了解企业的运营，了解企业的战略，并结合企业战略制定财务战略，转而达到提升企业的目的。"

刘新华供职的上市公司是一家历史悠久的大型国有企业，但公司的产品质量与国外的同类产品有很大的差距。产品的重要原料有80%靠进口，自己生产的原料质量达不到国内重要大客户的要求。由于进口原料价格昂贵，导致成本居高不下，在市场中价格没有竞争优势，同时进口原料的产量波动也会对其产品造成直接影响。

根据当时情况，公司要生存下去，就必须自行生产原材料，进行技术改造，提高原料质量。但进行技术改造，企业就得投入大量的资金，而且相应的生产设备也要大量进口，并且在技术上需要专家指导。公司虽然在目前的情况下还不至于亏损，可是公司现金流不充足，技术改造的大量资金要从银行贷款，同时每年的贷款利息也是笔很大的支出。

这个重大决策从某种程度上讲可能是企业唯一的生存之路，但同样也可能让企业败走麦城，陷入困境。一旦技改投资失败，那对企业来讲就是灭顶之灾，也许从此就一蹶不振，更不要说发展了。这个重大的决策要经过各部门和领导层的反复讨论，在很大程度上需要真实的财务数据的支持，财务数据是决定是否进行投资和技术改造的重要依据。

然而，这个重大的决策却在匆忙之中由企业上市后的第一批领导层作出了。当在第二批领导层接手时，这个决策的失误就已经显露出来了，企业因此而走上亏损之路。第一批领导眼看企业已经深陷泥潭，便走的走、溜的溜。于是在危难之际，第二批领导层匆忙上任。作为第二批领导层中的一员，刘新华上任以后开始认真分析公司目前所处的境况：公司所需设备是从国外进口的二手设备，公司高层对这个项目所需资金估计不足，两年内已经陆续投入两个亿，两年的资金利息让企业不堪重负，同时随着国际市场的变化，当企业在大张旗鼓地进行技术改造投入时，国外已经停止生产这种产品了，也就是说这些产品基本属于淘汰品种，受到国外大环境的影响，国内市场对这种产品的需求也急转直下。

刘新华根据对企业目前状况的分析，清楚地意识到企业现在所处的困境，企业实际上已经陷入了一个死循环——用自己的原材料生产出来的产品质量达不到客户要求，可是又不能停止生产，因为机器设备停止生产后重新启动的成本更大，产品不断生产又不断积压，企业为了维持生存，保证现金流，又不得不亏本出售，生产越多，亏损就越多。

总之，企业寄希望的技术改造非但没有给企业带来一条光明之路，反而把企业引入了一个死胡同。还有一个更大的压力，那就是公司已经有一年亏损了，如果再亏损一年就会转入 ST 企业。在这种情况下，只有良好的年度报告才会使投资者增加信心，对公司的股票价格产生有利的影响。

当这些问题摆在面前的时候，企业即将面临会计师事务所的年报审计，因为年度报告的数字仍然是决定企业价值的核心要素，也是决定社会公众对其的信任度。如果按真实的数字进行披露，就势必影响投资者的信心，最直接的是造成公司的股票大幅度下跌，而且极有可能跌破面值。

于是，公司领导从企业的利益出发，同时也为了其自身利益，开始要求财务部门在数字上做一些文章，也就是掩饰一些东西，从而达到粉饰报表的目的。

公司的总经理将刘新华找来，语重心长地对他说：“新华，你是公司的老员工了，对公司应该很有感情，公司对你也不错，培养了你，也曾经送你出去学习深造，现在公司遇到了困难，我们是不是都应该为公司出一把力呢？而且你和你爱人都在这个公司，你也不愿意看着公司就这么垮了吧，公司垮了，对你的家庭也是最为不利的。”

显然，公司领导希望刘新华在今年企业年度报表上做文章。刘新华当然对公司当前面临的困境十分清楚，他对企业也很有感情，自从大专毕业后他就被分配到公司从事财务工作，一干就是十多年，加上爱人也是公司的员工，这个公司可以说是他半个家。但在工作中他已经养成了客观、严谨的工作态度，诚实可靠、有责任感的工作作风与职业道德，这些都自动驱使他去增产节约、开源节流、廉洁自律、奉公守法，但并没有教会他如何去舞弊造假。

在经过反复思考后，刘新华对总经理说：“我对公司是很有感情的，公司的现状摆在眼前，我也一直在认真思考，但是很难。你看我手里的借款合同就有整整 89 份之多，总计金额近几个亿，几个亿啊，我拿在手里心里都发慌，这些全是欠国家的钱，每天都有银行打电话追着要钱，那种尴尬与狼狈就不必说了，我现在与那过街的老鼠又有什么区别？现在我只要一听到电话铃声，心里就发慌。我认为现在我们的首要问题是如何真正为企业摆脱困境，而不是在财务上做文章骗取社会信任。”

听了刘新华的话，老总的脸色特别难看，他站了起来，大声地说道：“你知道吗，你的态度和决定将会关系到企业的生死存亡。不要被公司暂时的困难所吓倒，如果公司能够挺过今年这一关，就会东山再起，所有这些有点儿不合理的东西都会得到更正。你们年轻人就是没有经历过大风大浪，一遇到困难就打退堂鼓，这点儿困难算什么呀，我知道你的能力，只要在报表上面做做文章，一切问题不就迎刃而解了吗？我知道，你为公司做了许多贡献，公司是不会亏待你的，你会为你的付出有所得的，你不要担心以后的生活。我明说吧，你的付出将会为你换来下半辈子的安逸，我希望你能认真考虑一下，你不用立即回答我，回家去和老婆商量一下，我相信孰重孰轻你应该能够分得清。”

回到家里刘新华不停地抽烟，他心里特别矛盾，如果公司挺不过今年，那么就会被沦为PT类公司，甚至有退市的风险，同时这也将影响到他的前途和家庭的命运。而且不可否认的是，摆在他面前的还有一份相当的诱惑，如果能在报表上做文章，那么他就会得到一份不菲的收益，非但自己的位子依然会稳如泰山，而且家庭的环境也会得到改善。

但刘新华也深刻认识到，一个上市公司的财务报告是面对社会公众的，它应该呈现出充分的透明度。公司数据如果不实将会对投资人和债权人造成损害，从而使广大的中小投资者蒙受更大的损失。如果他按照决策层的要求去做，这不但违背他做人的原则，同样也是违背一个会计人应有的职业道德准则。

显然，公司的老总也找他的爱人谈了话，爱人回到家里对刘新华说：“你应该好好考虑一下，我们两个人都在一个公司，如果我们两人都丢了工作，那么孩子读书怎么办？而且老总说了公司这些都是暂时性的困难，他说已经联系好了，马上就有新的投资人加入，只要能顺利渡过这个困难期，所有的亏损就可以消化掉，他说根本就没有什么风险，是你的胆子太小了。”

听了爱人的话，刘新华叹道：“我何尝不为自己的利益和家庭的利益打算，但是，你知道吗，老总说在报表上做做文章，实际上就是要我做假账，你和我都不是小孩子，应该分得清什么是对、什么是错。任何做假都是违背实事求是精神的，违背了实事求是的精神，也就丧失了作为一名合格会计人员最起码的职业道德和行为准则。难道你要我一辈子都活在痛苦的煎熬之中，时时刻刻等着被揭穿的那一天吗？”

刘新华彻夜未眠，直到天色越来越亮。从夜晚到白天，转眼之间东方已经泛起了鱼肚白，这个世界渐渐苏醒并开始忙碌起来。刘新华依然呆坐着，他一夜未眠但却毫无倦意，就在此时他终于下定了决心。早晨一上班，他就向董事长提交了辞职报告，并且委婉地劝告说：“我认为公司应该想办法真正地走出困境，而不仅仅在报表上作秀，业绩不是作出来的，纸是包不住火的，希望老总能好好考虑考虑，我就言尽于此。”

刘新华走了，离开了他工作十多年的公司，离开了让很多人眼红的位置，带着他会计人的信念和执着走了……

二、案例评析

刘新华这样做值得吗？笔者认为是值得的，因为他表现出了一个会计人应有的品质，不做假账、廉洁自律是一个会计人应具备的起码底线。从表面上看刘新华很亏，他不但丢了财务总监的饭碗，而且对他的家庭也影响不小。但是这样他也许真的是挽救了一个上市公司，毕竟财务造假也只能隐瞒一时，却不能掩盖越来越严重的经营困境。要想救活一个企业，需要真正在经营上下工夫，找到突破，从根本上改变它。否则，无论怎么去包装，都不能解决实质性问题，这些虚假东西一旦被捅破、暴露，就会成为第二个银广夏。

一个上市公司做假最终所带来的巨大危害就是动摇市场经济的信用基础。如果证券市场的投资人知道上市公司在向他们骗钱，他们还会甘心买它的股票去投资吗？如果信用基础被破坏，投资者对公众信息失去了信任，企业又如何能通过上市来达到筹集资金的目的呢？那最终这个市场就会被淘汰。

如果上市公司股东知道上市公司做假，它还会持有这家公司的股票吗？如果政府知道上市公司在利用虚假会计信息偷逃税款，税务机关还会信任公司的账目和按报表来征税吗？如果银行知道公司提供的报表都是假的，它还会借钱给企业吗？如果大家都互不相信，市场经济体系也就难以为继了。

在刘新华的身上折射出了会计人正直诚实的本性；在他的血液里，有着公正、独立、诚信的会计精神，有着刚直不阿、廉洁自律的情操。诚信社会的建设正是无数个刘新华牺牲了个人的利益逐步建立、完善起来的。

【案例五】 从货仓服务员到 CFO

一、基本案情

2002 年，黄先生开始攻读会计学博士学位，进入人生最高的学历境界。但人们有所不知，他成功的背后隐藏了多少艰辛的历程和不断学习的坚定信念。20 世纪 60 年代，黄先生因家境贫困，初中尚未完成便辍学，在一间香港烟草公司担任货仓服务员，以贴补家用。但求学上进之心并没有因此而丧失。这段时间，他白天上班，晚上在一家英文中学继续念英文及其他课程，五年后考得中学会考及格证书。与此同时，他因工作表现勤奋、诚信敬业，被公司老板提升为货仓簿记员，管理公司货仓存货记录，从此对簿记及会计学产生浓厚兴趣。因此，他一边工作一边学习有关簿记、会计原理与实务，积极参加考试并取得优异成绩，先后取得英国伦敦商会的初级簿记、中级簿记及高级会计证书。

1971 年 10 月，黄先生转到一家上市公司（钢铁厂）担任成本会计主任，在这五年工作期间，他参加英国国际会计师公会的考试，取得该会会员证书，此间他深感会计学识与经验之不足，遂毅然离开这家上市公司，转到当时八大会计师事务所的其中一家，担任中级会计员。两年后，也就是 1978 年被提升为主任。在六年的会计师事务所工作中，他积累了相当丰富的会计审计经验，也学会了企业管理的操作以及内部控制的技巧。1982 年他加入香港置地公司，担任合资部门的财务与行政经理。两年后，也就是 1984 年到广州工作，参与了美国西方石油公司在南海海域探勘石油的管理，担任会计经理，因此，对内地的会计核算、财务管理、税务政策有一定程度的了解，同时也理解了石油行业在探勘时期的成本会计处理。在这段时间，他又取得了加拿大注册会计师资格。因此，在广州工作了五年后，由于家庭关系，移民到加拿大。工作于该国的地产集团，担任会计主任之职。在加拿大期间，他又利用业余时间进修，取得工商管理学士学位以及工商管理硕士学位。

六年后，他回归到香港特别行政区工作于法国电讯集团，担任东北亚区财务总监之职，2002 年 1 月该集团被收购，之后服务于收购后的公司，担任大中华区财务部门主管。

二、案例评析

纵观黄先生的经历，从货仓服务员提升为货仓簿记员，这是他人生一个重要的转折点，他因此产生了对簿记会计的浓厚兴趣，业余学习进修取得高级会计证书，然后担任会计主任，这是提高专业技能的结果，但是黄先生仍感学习与经验的不足，转职于会计师事务所，积累了丰富的实际经验，这个举动又是对专业知识渴求的结果，以及作为日后追求更高层次的一个原动力。然后再回流于公司企业，以及跨国企业等等，这些都足以证明作为一个会计人员随着环境的改变，必须随时提升自己在各方面的新知识与新技能，才能立足于这个千变万化的世界里。比如能适应于加拿大工作的需求，因为黄先生也取得了加拿大注册会计师的资格。这件事实能够说明,会计人员越是不断地提高技能、更新学识、充实自己,他的生存与发展空间就会越大,事业就能不断进步。

【案例六】 备用金:变通与捍卫

一、基本案情

一阵急促而尖锐的高跟鞋声传进"我"的办公室,来人正是公司营销部门高级经理,她带着不甚愉快的音调对"我"说,"你的备用金保管人(财务总监秘书兼会计文员)不合作,不给我领取差旅预支费用,我的付款申请书已获总经理批准,明天就要出差外地……""我"看了看她的付款申请金额,明白了为什么"我"的秘书即备用金保管人不同意支付的理由。因为她的预支金额已经超过公司有关"备用金操作规定及其实施程序"的限额。此时,作为一个称职的财务总监必须平衡(或叫摆平)备用金保管人与营销部门经理两者间为差旅预支金额一事引起的争端。也就是财务总监必须支持备用金保管人,因为她是按照规定处理此事,而营销部门经理的申请也经过了总经理的批准,看似小事,却事关重大。因为假设你同意以备用金支付,那么以后备用金相关的使用有关原则、规定就会形同虚设;假设你不同意支付这笔钱,又得罪了一位部门主管,以及批准这位主管的总经理,这是一个左右为难的事,偏偏也是会计人员经常遇到的问题。对这个问题,"我"的一贯处理方式就是站在财务部门立场,坚持程序处理,但有变通。"我"决定仍然签发支票,然后由公司司机陪同这位营销部门主管到银行支取现金。作为主管部门遇到问题解决问题是天职,可惜这位营销部门经理既不领情也不买账,因为她认为有靠山,气冲冲、带着尖锐的高跟鞋声走出了"我"的办公室。

"我"知道过一会儿外籍总经理将会来到财务总监办公室,于是"我"准备好有关资料,等待老总驾到。

果不出所料,十分钟后总经理来了,"我"礼貌地请老总坐下,老总手拿付款申请书质疑地说:"为什么我批准的差旅费预支申请表,备用金保管人拒绝支付?"回答这个问题需要有技巧。"我"回答:"请总经理在该申请预支表上再签一次名,我就马上支付。"他愣住了。又质疑地问:"为什么?"于是"我"把早就准备好的"公司备用金操作规定及其实施程序"文件亮了出来,"我"说:"这个程序是我设计的,经过您批准而实施,同时也通知了各部门,现在这张预支申请表虽经您批准,但已超过我们备用金规定的限额,如果我照付,则属违反已批准实施的规定。不过,若您再签一次名那就代表您'特批',特别批准您自己批准事件的越权措施。事实上,我已经与营销部经理解释过,同时也做好两全的安排,但她不同意,其他部门主管都是按照这种规定执行。我认为还是按照您批准的规定执行,而且应该不能有所例外。"

听完这番话,明白事理的总经理同意"我"的两全安排,同时并没有因为这事儿而有不悦的脸色,因为这是合情合理与合法的变通处理,在不影响基本原则(即内部控制制度)的前提下,要采取对方最能理解、最易接纳的办法实施。这就是工作的艺术,也是做人的方法。最后,我们的营销经理也只得按规定办事了。

从实例中我们可以体会出内部控制制度对于企业的重要性,尤其是对于财会部门或会计人员执行工作的准绳起了很大的明确作用,避免了人为因素的介入。因此,企业若有一套健全的内部控制制度,那么会计人员就好落实工作;外审人员好查账,同时降低审计风险;内审人员好绩效,工作起来轻松。

二、案例评析

在会计工作中，会计人员经常会遇到一些处理起来感到两难的事情，坚持按制度办事会得罪上级或周围的同事；反之，又会使工作丧失原则，制度形同虚设。本案例告诉我们，在会计工作中也应该讲究工作艺术，以达到最好的工作效果。本案例中的财务总监对事务的处理方法，既体现了会计人员坚持准则的道德规范要求，也体现了会计人员参与管理的道德规范要求。当然，对于工作中遇到的违法事项必须坚决抵制，决不能变通。

练习题

一、单项选择题

1. 下列关于会计职业道德和会计法律关系的表述中，错误的是（　　）。
   A. 两者在作用上相互补充、相互协调
   B. 违反了会计法律制度，一定违反会计职业道德
   C. 会计法律制度是会计职业道德的最低要求
   D. 违反会计职业道德，一定违反会计法律制度
2. 下列关于会计职业道德和会计法律制度的区别的表述中，正确的是（　　）。
   A. 两者的目标不同　　B. 两者的职责不同
   C. 两者的实施保障机制不同　　D. 两者的调整对象不同
3. 常在河边走，就是不湿鞋。体现的会计职业道德规范是（　　）。
   A. 廉洁自律　　B. 参与管理　　C. 强化服务　　D. 客观公正
4. 下列各项中，应当担负起组织和推动本地区会计职业道德建设责任的部门是（　　）。
   A. 各地会计行业自律组织　　B. 各地审计部门
   C. 各地的纪检部门　　D. 各级财政部门
5. 下列各项中，不属于会计职业道德功能的是（　　）。
   A. 指导功能　　B. 评价功能　　C. 规范功能　　D. 教化功能
6. 下列各项中，不属于会计职业道德教育内容的是（　　）。
   A. 观念教育　　B. 警示教育　　C. 形势教育　　D. 岗位教育
7. 下列各项中，是做人的基本准则，也是会计职业道德精髓的是（　　）。
   A 爱岗敬业　　B. 诚实守信　　C. 坚持准则　　D. 奉献社会
8. 坚持好制度，胜于做好事，制度大于天，人情薄如烟。这句话体现的会职业道德规范是（　　）。
   A. 诚实守信　　B. 坚持准则　　C. 提高技能　　D. 廉洁自律
9. 下列各项中，不属于会计职业道德、爱岗敬业规范要求的是（　　）。
   A. 忠于职守　　B. 尽职尽责　　C. 实事求是　　D. 严肃认真
10. 下列各项中，属于抑恶扬善重要手段的是（　　）。
   A. 赞扬机制　　B. 鼓励机制　　C. 奖惩机制　　D. 贬抑机制
11. 下列不属于客观公正基本要求的是（　　）。
   A. 保守秘密　　B. 依法办事　　C. 实事求是　　D. 如实反映

12. 下列各项中，要求单位内部的会计人员在进行核算和监督过程中，以会计准则为自己行动指南的是(　　)。

A. 客观公正　　B. 诚实守信　　C. 坚持准则　　D. 爱岗敬业

13. 清清白白做人，认认真真做事。体现的会计职业道德规范的内容是(　　)。

A. 爱岗敬业　　B. 诚实守信　　C. 廉洁自律　　D. 提高技能

14. 张某家庭条件富裕，大学虽学习会计专业，但并未真正掌握专业性的会计知识。毕业后从事出纳工作。在办理现金收付过程中，时常出现账目不平，造成长款短款，他不以为然，短款自己垫上，长款仍放在单位保险柜中备用。张某违反了会计职业道德内容中的(　　)。

A. 提高技能　　B. 客观公正　　C. 坚持准则　　D. 廉洁自律

15. 下列各项中，不属于会计职业道德主要作用的是(　　)。

A. 会计职业道德可以调节会计活动，纠正人们的错误会计行为，并指导社会经济实践活动

B. 会计职业道德可以向人们提供进行会计道德选择的知识

C. 在社会经济生活中，会计职业道德是人们会计行为方向的指导

D. 对会计职务犯罪严加处罚

16. 某单位出纳员在报销差旅费时，对于同样是领导批准、主管会计审核无误的差旅费报销单，对和自己私人关系不错的人是随来随报，但对和自己有矛盾、私人关系较为疏远的人则以账面无款、库存无现金、整理账务等理由无故拖欠。这违反了(　　)。

A. 诚实守信　　B. 提高技能　　C. 廉洁自律　　D. 客观公正

17. 下列各项关于会计职业道德与会计法律制度的关系的论述中，错误的是(　　)。

A. 两者在实施过程中相互作用、相互补充

B. 违反会计法律制度，一定违反会计职业道德

C. 会计法律制度是会计职业道德的最低要求

D. 违反会计职业道德，一定违反会计法律制度

18. 会计职业纪律，是指约束会计人员职业行为的法纪和戒律，包括会计人员应当遵循的会计职业准则和国家其他相关法规。具体规范不包括(　　)。

A. 熟悉法规　　B. 坚持准则　　C. 保守秘密　　D. 廉洁自律

19. 下列观点中，符合会计职业道德要求的是(　　)。

A. 既然《中华人民共和国会计法》已明确规定单位负责人应当保证财务会计报告真实、完整，那么会计人员就应该听领导的，在自己不贪不占的前提下，领导让干什么就干什么

B. 公司的生产经营决策是领导的事情，会计人员没有必要参与，也没有必要过问

C. 会计人员应保守单位的商业秘密，在任何情况下，都不能向外界提供或者泄露单位的会计信息

D. 会计人员应该按照国家统一的会计制度的规定记账、算账、报账，如实反映单位的经济业务活动情况

20. 下列各项中，不属于会计职业道德主要作用的是(　　)。

A. 会计职业道德可以调节会计活动，纠正人们的错误会计行为，并指导社会经济实践活动

B. 会计职业道德可以向人们提供进行会计道德选择的知识

C. 在社会经济生活中，会计职业道德是人们会计行为方向的指导

D. 对会计职务犯罪严加处罚

二、多选题

1. 我国会计职业道德规范的主要内容包括(　　)。

A. 会计职业品德

B. 会计职业思维

C. 会计职业约定

D. 会计职业纪律

E. 会计职业胜任能力

2. 会计法规与会计职业道德存在着以下的不同(　　)。

A. 两者调整的层次、范围有所不同

B. 社会主义会计职业道德作用的领域、范围较会计法规要更加广泛

C. 会计法规与会计职业道德所使用的工具不同

D. 会计法规禁止的行为也是会计职业道德所谴责的行为

E. 会计法规是会计职业道德的强有力保证。

3. 下面属于会计部门规章的有(　　)。

A.《会计电算化管理办法》

B.《财务会计报告条例》

C.《注册会计师法》

D.《会计准则》

4. 南京市某公司是一家生产电子产品的大型国有控股公司。2010 年 12 月，由于产品销售不畅，公司账面亏损，公司董事长责成财会部经理胡某对会计报表做技术处理，实现当年盈利目标，并承诺如果做得好，将推荐他作为公司总会计师人选。胡某知道本年度公司亏损已成定局，如要落实董事长的盈利目标，只能在会计报表上做假。于是，胡某通过虚拟交易、向子公司转移广告费支出的方法，将公司会计报表从亏损做成盈利。分析上述案例，下列对胡某行为认定中正确的有(　　)。

A. 胡某的行为违背了廉洁自律的会计职业道德要求

B. 胡某的行为违背了坚持准则的会计职业道德要求

C. 胡某的行为违背了诚实守信的会计职业道德要求

D. 胡某的行为违背了客观公正的会计职业道德要求

5. 下列属于会计法律的有(　　)。

A. 中华人民共和国会计法

B. 中华人民共和国注册会计师法

C. 中华人民共和国财务会计报告条例

D. 中华人民共和国公司法

E. 中华人民共和国会计基础工作规范

6. 下列符合会计职业道德“提高技能”要求的有(　　)。

A. 出纳人员向银行工作人员请教辨别假钞的技术

B. 会计主管与单位其他会计人员交流隐瞒业务收入的做法

C. 会计人员积极参加会计职称培训

D. 总会计师通过自学提高会计职业判断能力、精通经济政策

7. 会计职业道德的特征包括(　　)。

A. 自觉性与强制性相结合

B. 规范性与灵活性相结合

C. 经济的实践性与广泛渗透性相结合

D. 实效性与程序性结合

E. 职业道德义务与职业道德权利相互统一

8. 会计职业道德的作用包括(　　)。

A. 会计职业道德可以调节会计活动,纠正人们的错误会计行为,并指导社会经济实践活动

B. 会计职业道德能够通过会计道德判断、会计道德标准和会计道德理论等形式反映会计人员与他人、与社会的关系,向人们指明会计人员在现实世界的价值关系中的取向,提供进行会计道德选择的知识

C. 在社会经济生活中,会计职业道德是人们会计行为方向的指导,充分体现出会计职业道德的导向功能

D. 会计职业道德能深刻影响人们的会计道德观念和会计道德行为,培养人们的会计道德习惯和会计道德品质

E. 会计职业道德在促使会计人员人格升华以及提高社会道德水准方面发挥着积极作用

9. 股份有限公司会计王某不仅熟悉会计电算化业务,而且对利用现代信息技术手段加强经营管理颇有研究。SARS 期间,王某向公司总经理建议,开辟网上业务洽谈,并实行优惠的折扣政策。公司采纳了王某的建议,当期销售额克服 SARS 影响,保持了快速增长。王某的行为体现出的会计职业道德有(　　)。

A. 爱岗敬业　　B. 坚持准则　　C. 文明服务　　D. 保守秘密

10. 会计职业道德观念的转变主要体现在(　　)。

A. 经济效益观念的转变　　B. 时间观念的转变

C. 人才观念的转变　　D. 竞争观念的转变

三、判断题

1. 广义的职业道德是指在一定职业活动中应遵循的、体现一定职业特征的、调整一定职业关系的职业行为准则和规范。(　　)

2. 会计职业道德与会计法律制度的作用范围不同,会计职业道德只调整会计人员内在的精神世界。(　　)

3. 严肃认真,一丝不苟,是会计职业道德中客观公正原则的基本要求。(　　)

4. 职业道德警示教育,是指通过开展对违法会计行为典型案例的讨论,给会计人员以启发和警示,从而提高会计人员的法律意识和会计职业道德观念,提高会计人员辨别是非的能力。(　　)

5. 将会计执法检查与会计职业道德检查相结合是财政部门对会计职业道德进行监督检查的措施之一。(　　)

6. 会计人员小张认为,会计工作只是记记账、算算账,与单位经营决策关系不大,没有必要要求会计人员参与管理。(　　)

7. 会计人员泄露商业秘密违反了会计职业道德,但不违反会计法律制度。(　　)

8. 诚实守信是会计人员在职业活动中做到客观公正、坚持准则的基础,是参与管理的前

提。（　）

9. 实事求是、不偏不倚是体现会计职业道德规范的诚实守信原则的要求。（　）

10. 岗位职业道德继续教育是对已进入会计职业的会计人员进行的继续教育。（　）

11. 会计职业道德规范中“坚持准则”的“准则”就是指《企业会计准则》和《事业单位会计准则》。（　）

12. 会计职业道德规范中的参与管理就是指会计人员可直接参与单位的管理活动。（　）

13. 会计职业道德由国家强制力保障实施，会计法律制度需要会计人员自觉遵守。（　）

14. 岗前职业道德教育的侧重点应放在职业观念、职业情感和职业规范等方面。（　）

15. 会计职业道德源自会计人员的职业实践和日积月累，其表现形式既有明确成文的规定，也有不成文的规定。（　）

四、案例分析题

小李大学毕业后，就职于某公司办公室并从事文秘工作，由于其工作兢兢业业、恪尽职守，深得领导和同事的好评。一年后，公司出纳工作调动，领导便安排小李担任出纳工作任务。公司领导认为，小李虽然不是学会计专业的，也没有会计从业资格证书，但出纳工作不属于会计岗位，不需要会计从业资格证书，小李工作能力强，工作态度好，很快就能熟悉出纳工作。

半年后，小李通过自己的努力，通过了会计从业资格考试，取得了会计从业资格证书，于是领导又调任其为公司的总账会计。由于小李工作刻苦钻研，认真学习，积极为领导提出合理化建议，多次被评为先进会计工作者。

三年后，小李的男朋友在一家私营企业担任副经理，为作出业绩，多次让小李将在工作中接触到的公司新产品研发计划及相关资料复印件提供给他，小李的这一行为给小李所在公司造成了较大的损失，公司认为她不再适合继续从事会计工作，将其调整到原来的办公室文秘工作岗位。

根据以上资料，不考虑其他因素，回答下列问题。

1. 下列各项工作岗位，属于必须取得会计从业资格证书的岗位有（　）。

A. 出纳岗位　B. 会计稽核岗位　C. 总会计师岗位　D. 内部审计岗位

2. 对于公司领导任用小李担任出纳的行为，下列观点中正确的有（　）。

A. 领导的决定不违反会计法律制度的规定

B. 小李应取得会计从业资格证后才能从事出纳工作

C. 出纳岗位不属于会计从业资格的适用范围

D 小李应先学习一段时间会计，掌握了出纳工作技能后就可以担任出纳了

3. 小李工作刻苦钻研，认真学习，积极为领导提出合理化建议，多次被评为先进会计工作者，体现了小李具有会计职业道德中的（　）。

A. 爱岗敬业　B. 客观公正　C. 提高技能　D. 参与管理

4. 小李将在工作中接触到的公司新产品研发计划及相关资料复印件提供给了男朋友，给公司造成了较大的损失，小李的行为违背的会计职业道德有（　）。

A. 廉洁自律　B. 诚实守信　C. 客观公正　D. 强化服务

5. 对于小李违反职业道德的行为，可给予处罚的单位有（　）。

A. 人民法院　B. 财政部门　C. 本公司　D. 会计职业组织

附录一

中华人民共和国会计法

（1999 年 10 月 31 日修订）

第一章　总　　则

第一条　为了规范会计行为，保证会计资料真实、完整，加强经济管理和财务管理，提高经济效益，维护社会主义市场经济秩序，制定本法。

第二条　国家机关、社会团体、公司、企业、事业单位和其他组织（以下统称单位）必须依照本法办理会计事务。

第三条　各单位必须依法设置会计账簿，并保证其真实、完整。

第四条　单位负责人对本单位的会计工作和会计资料的真实性、完整性负责。

第五条　会计机构、会计人员依照本法规定进行会计核算，实行会计监督。

任何单位或者个人不得以任何方式授意、指使、强令会计机构、会计人员伪造、变造会计凭证、会计账簿和其他会计资料，提供虚假财务会计报告。

任何单位或者个人不得对依法履行职责、抵制违反本法规定行为的会计人员实行打击报复。

第六条　对认真执行本法，忠于职守，坚持原则，做出显著成绩的会计人员，给予精神的或者物质的奖励。

第七条　国务院财政部门主管全国的会计工作。

县级以上地方各级人民政府财政部门管理本行政区域内的会计工作。

第八条　国家实行统一的会计制度。国家统一的会计制度由国务院财政部门根据本法制定并公布。

国务院有关部门可以依照本法和国家统一的会计制度制定对会计核算和会计监督有特殊要求的行业实施国家统一的会计制度的具体办法或者补充规定，报国务院财政部门审核批准。

中国人民解放军总后勤部可以依照本法和国家统一的会计制度制定军队实施国家统一的会计制度的具体办法，报国务院财政部门备案。

第二章　会 计 核 算

第九条　各单位必须根据实际发生的经济业务事项进行会计核算，填制会计凭证，登记会计账簿，编制财务会计报告。

任何单位不得以虚假的经济业务事项或者资料进行会计核算。

第十条　下列经济业务事项，应当办理会计手续，进行会计核算：

（一）款项和有价证券的收付；

（二）财物的收发、增减和使用；

（三）债权债务的发生和结算；

（四）资本、基金的增减；

（五）收入、支出、费用、成本的计算；

（六）财务成果的计算和处理；

（七）需要办理会计手续、进行会计核算的其他事项。

第十一条　会计年度自公历1月1日起至12月31日止。

第十二条　会计核算以人民币为记账本位币。

业务收支以人民币以外的货币为主的单位，可以选定其中一种货币作为记账本位币，但是编报的财务会计报告应当折算为人民币。

第十三条　会计凭证、会计账簿、财务会计报告和其他会计资料，必须符合国家统一的会计制度的规定。

使用电子计算机进行会计核算的，其软件及其生成的会计凭证、会计账簿、财务会计报告和其他会计资料，也必须符合国家统一的会计制度的规定。

任何单位和个人不得伪造、变造会计凭证、会计账簿及其他会计资料，不得提供虚假的财务会计报告。

第十四条　会计凭证包括原始凭证和记账凭证。

办理本法第十条所列的经济业务事项，必须填制或者取得原始凭证并及时送交会计机构。

会计机构、会计人员必须按照国家统一的会计制度的规定对原始凭证进行审核，对不真实、不合法的原始凭证有权不予接受，并向单位负责人报告；对记载不准确、不完整的原始凭证予以退回，并要求按照国家统一的会计制度的规定更正、补充。

原始凭证记载的各项内容均不得涂改；原始凭证有错误的，应当由出具单位重开或者更正，更正处应当加盖出具单位印章。原始凭证金额有错误的，应当由出具单位重开，不得在原始凭证上更正。

记账凭证应当根据经过审核的原始凭证及有关资料编制。

第十五条　会计账簿登记，必须以经过审核的会计凭证为依据，并符合有关法律、行政法规和国家统一的会计制度的规定。会计账簿包括总账、明细账、日记账和其他辅助性账簿。

会计账簿应当按照连续编号的页码顺序登记。会计账簿记录发生错误或者隔页、缺号、跳行的，应当按照国家统一的会计制度规定的方法更正，并由会计人员和会计机构负责人（会计主管人员）在更正处盖章。

使用电子计算机进行会计核算的，其会计账簿的登记、更正，应当符合国家统一的会计制度的规定。

第十六条　各单位发生的各项经济业务事项应当在依法设置的会计账簿上统一登记、核算，不得违反本法和国家统一的会计制度的规定私设会计账簿登记、核算。

第十七条　各单位应当定期将会计账簿记录与实物、款项及有关资料相互核对，保证会计账簿记录与实物及款项的实有数额相符、会计账簿记录与会计凭证的有关内容相符、会计账簿之间相对应的记录相符、会计账簿记录与会计报表的有关内容相符。

第十八条　各单位采用的会计处理方法，前后各期应当一致，不得随意变更；确有必要变更的，应当按照国家统一的会计制度的规定变更，并将变更的原因、情况及影响在财务会计报告中说明。

第十九条　单位提供的担保、未决诉讼等或有事项，应当按照国家统一的会计制度的规定，在财务会计报告中予以说明。

第二十条　财务会计报告应当根据经过审核的会计账簿记录和有关资料编制，并符合本法和国家统一的会计制度关于财务会计报告的编制要求、提供对象和提供期限的规定；其他法律、行政法规另有规定的，从其规定。

财务会计报告由会计报表、会计报表附注和财务情况说明书组成。向不同的会计资料使用者提供的财务会计报告，其编制依据应当一致。有关法律、行政法规规定会计报表、会计报表附注和财务情况说明书须经注册会计师审计的，注册会计师及其所在的会计师事务所出具的审计报告应当随同财务会计报告一并提供。

第二十一条 财务会计报告应当由单位负责人和主管会计工作的负责人、会计机构负责人（会计主管人员）签名并盖章；设置总会计师的单位，还须由总会计师签名并盖章。

单位负责人应当保证财务会计报告真实、完整。

第二十二条 会计记录的文字应当使用中文。在民族自治地方，会计记录可以同时使用当地通用的一种民族文字。在中华人民共和国境内的外商投资企业、外国企业和其他外国组织的会计记录可以同时使用一种外国文字。

第二十三条 各单位对会计凭证、会计账簿、财务会计报告和其他会计资料应当建立档案，妥善保管。会计档案的保管期限和销毁办法，由国务院财政部门会同有关部门制定。

第三章 公司、企业会计核算的特别规定

第二十四条 公司、企业进行会计核算，除应当遵守本法第二章的规定外，还应当遵守本章规定。

第二十五条 公司、企业必须根据实际发生的经济业务事项，按照国家统一的会计制度的规定确认、计量和记录资产、负债、所有者权益、收入、费用、成本和利润。

第二十六条 公司、企业进行会计核算不得有下列行为：

（一）随意改变资产、负债、所有者权益的确认标准或者计量方法，虚列、多列、不列或者少列资产、负债、所有者权益；

（二）虚列或者隐瞒收入，推迟或者提前确认收入；

（三）随意改变费用、成本的确认标准或者计量方法，虚列、多列、不列或者 少列费用、成本；

（四）随意调整利润的计算、分配方法，编造虚假利润或者隐瞒利润；

（五）违反国家统一的会计制度规定的其他行为。

第四章 会 计 监 督

第二十七条 各单位应当建立、健全本单位内部会计监督制度。单位内部会计监督制度应当符合下列要求：

（一）记账人员与经济业务事项和会计事项的审批人员、经办人员、财物保管人员的职责权限应当明确，并相互分离、相互制约；

（二）重大对外投资、资产处置、资金调度和其他重要经济业务事项的决策和执行的相互监督、相互制约程序应当明确；

（三）财产清查的范围、期限和组织程序应当明确；

（四）对会计资料定期进行内部审计的办法和程序应当明确。

第二十八条 单位负责人应当保证会计机构、会计人员依法履行职责，不得授意、指使、强

令会计机构、会计人员违法办理会计事项。

会计机构、会计人员对违反本法和国家统一的会计制度规定的会计事项，有权拒绝办理或者按照职权予以纠正。

第二十九条 会计机构、会计人员发现会计账簿记录与实物、款项及有关资料不相符的，按照国家统一的会计制度的规定有权自行处理的，应当及时处理；无权处理的，应当立即向单位负责人报告，请求查明原因，作出处理。

第三十条 任何单位和个人对违反本法和国家统一的会计制度规定的行为，有权检举。收到检举的部门有权处理的，应当依法按照职责分工及时处理；无权处理的，应当及时移送有权处理的部门处理。收到检举的部门、负责处理的部门应当为检举人保密，不得将检举人姓名和检举材料转给被检举单位和被检举人个人。

第三十一条 有关法律、行政法规规定，须经注册会计师进行审计的单位，应当向受委托的会计师事务所如实提供会计凭证、会计账簿、财务会计报告和其他会计资料以及有关情况。

任何单位或者个人不得以任何方式要求或者示意注册会计师及其所在的会计师事务所出具不实或者不当的审计报告。

财政部门有权对会计师事务所出具审计报告的程序和内容进行监督。

第三十二条 财政部门对各单位的下列情况实施监督：

（一）是否依法设置会计账簿；

（二）会计凭证、会计账簿、财务会计报告和其他会计资料是否真实、完整；

（三）会计核算是否符合本法和国家统一的会计制度的规定；

（四）从事会计工作的人员是否具备从业资格。

在对前款第（二）项所列事项实施监督，发现重大违法嫌疑时，国务院财政部门及其派出机构可以向与被监督单位有经济业务往来的单位和被监督单位开立账户的金融机构查询有关情况，有关单位和金融机构应当给予支持。

第三十三条 财政、审计、税务、人民银行、证券监管、保险监管等部门应当依照有关法律、行政法规规定的职责，对有关单位的会计资料实施监督检查。

前款所列监督检查部门对有关单位的会计资料依法实施监督检查后，应当出具检查结论。有关监督检查部门已经作出的检查结论能够满足其他监督检查部门履行本部门职责需要的，其他监督检查部门应当加以利用，避免重复查账。

第三十四条 依法对有关单位的会计资料实施监督检查的部门及其工作人员对在监督检查中知悉的国家秘密和商业秘密负有保密义务。

第三十五条 各单位必须依照有关法律、行政法规的规定，接受有关监督检查部门依法实施的监督检查，如实提供会计凭证、会计账簿、财务会计报告和其他会计资料以及有关情况，不得拒绝、隐匿、谎报。

第五章 会计机构和会计人员

第三十六条 各单位应当根据会计业务的需要，设置会计机构，或者在有关机构中设置会计人员并指定会计主管人员；不具备设置条件的，应当委托经批准设立从事会计代理记账业务的中介机构代理记账。

国有的和国有资产占控股地位或者主导地位的大、中型企业必须设置总会计师。总会计师的任职资格、任免程序、职责权限由国务院规定。

第三十七条 会计机构内部应当建立稽核制度。

出纳人员不得兼任稽核、会计档案保管和收入、支出、费用、债权债务账目的登记工作。

第三十八条 从事会计工作的人员,必须取得会计从业资格证书。

担任单位会计机构负责人(会计主管人员)的,除取得会计从业资格证书外,还应当具备会计师以上专业技术职务资格或者从事会计工作三年以上经历。

会计人员从业资格管理办法由国务院财政部门规定。

第三十九条 会计人员应当遵守职业道德,提高业务素质。对会计人员的教育和培训工作应当加强。

第四十条 因有提供虚假财务会计报告,做假账,隐匿或者故意销毁会计凭证、会计账簿、财务会计报告,贪污,挪用公款,职务侵占等与会计职务有关的违法行为被依法追究刑事责任的人员,不得取得或者重新取得会计从业资格证书。

除前款规定的人员外,因违法违纪行为被吊销会计从业资格证书的人员,自被吊销会计从业资格证书之日起五年内,不得重新取得会计从业资格证书。

第四十一条 会计人员调动工作或者离职,必须与接管人员办清交接手续。

一般会计人员办理交接手续,由会计机构负责人(会计主管人员)监交;会计机构负责人(会计主管人员)办理交接手续,由单位负责人监交,必要时主管单位可以派人会同监交。

第六章 法律责任

第四十二条 违反本法规定,有下列行为之一的,由县级以上人民政府财政部门责令限期改正,可以对单位并处三千元以上五万元以下的罚款;对其直接负责的主管人员和其他直接责任人员,可以处二千元以上二万元以下的罚款;属于国家工作人员的,还应当由其所在单位或者有关单位依法给予行政处分:

(一)不依法设置会计账簿的;

(二)私设会计账簿的;

(三)未按照规定填制、取得原始凭证或者填制、取得的原始凭证不符合规定的;

(四)以未经审核的会计凭证为依据登记会计账簿或者登记会计账簿不符合规定的;

(五)随意变更会计处理方法的;

(六)向不同的会计资料使用者提供的财务会计报告编制依据不一致的;

(七)未按照规定使用会计记录文字或者记账本位币的;

(八)未按照规定保管会计资料,致使会计资料毁损、灭失的;

(九)未按照规定建立并实施单位内部会计监督制度或者拒绝依法实施的监督或者不如实提供有关会计资料及有关情况的;

(十)任用会计人员不符合本法规定的。

有前款所列行为之一,构成犯罪的,依法追究刑事责任。

会计人员有第一款所列行为之一,情节严重的,由县级以上人民政府财政部门吊销会计从业资格证书。

有关法律对第一款所列行为的处罚另有规定的,依照有关法律的规定办理。

第四十三条 伪造、变造会计凭证、会计账簿,编制虚假财务会计报告,构成犯罪的,依法追究刑事责任。

有前款行为,尚不构成犯罪的,由县级以上人民政府财政部门予以通报,可以对单位并处五千元以上十万元以下的罚款；对其直接负责的主管人员和其他直接责任人员，可以处三千元以上五万元以下的罚款；属于国家工作人员的，还应当由其所在单位或者有关单位依法给予撤职直至开除的行政处分；对其中的会计人员，并由县级以上人民政府财政部门吊销会计从业资格证书。

第四十四条 隐匿或者故意销毁依法应当保存的会计凭证、会计账簿、财务会计报告，构成犯罪的，依法追究刑事责任。有前款行为，尚不构成犯罪的，由县级以上人民政府财政部门予以通报，可以对单位并处五千元以上十万元以下的罚款；对其直接负责的主管人员和其他直接责任人员，可以处三千元以上五万元以下的罚款；属于国家工作人员的，还应当由其所在单位或者有关单位依法给予撤职直至开除的行政处分；对其中的会计人员，并由县级以上人民政府财政部门吊销会计从业资格证书。

第四十五条 授意、指使、强令会计机构、会计人员及其他人员伪造、变造会计凭证、会计账簿，编制虚假财务会计报告或者隐匿、故意销毁依法应当保存的会计凭证、会计账簿、财务会计报告，构成犯罪的，依法追究刑事责任；尚不构成犯罪的，可以处五千元以上五万元以下的罚款；属于国家工作人员的，还应当由其所在单位或者有关单位依法给予降级、撤职、开除的行政处分。

第四十六条 单位负责人对依法履行职责、抵制违反本法规定行为的会计人员以降级、撤职、调离工作岗位、解聘或者开除等方式实行打击报复，构成犯罪的，依法追究刑事责任；尚不构成犯罪的，由其所在单位或者有关单位依法给予行政处分。对受打击报复的会计人员，应当恢复其名誉和原有职务、级别。

第四十七条 财政部门及有关行政部门的工作人员在实施监督管理中滥用职权、玩忽职守、徇私舞弊或者泄露国家秘密、商业秘密，构成犯罪的，依法追究刑事责任；尚不构成犯罪的，依法给予行政处分。

第四十八条 违反本法第三十条规定，将检举人姓名和检举材料转给被检举单位和被检举人个人的，由所在单位或者有关单位依法给予行政处分。

第四十九条 违反本法规定，同时违反其他法律规定的，由有关部门在各自职权范围内依法进行处罚。

第七章 附 则

第五十条 本法下列用语的含义：

单位负责人，是指单位法定代表人或者法律、行政法规规定代表单位行使职权的主要负责人。

国家统一的会计制度，是指国务院财政部门根据本法制定的关于会计核算、会计监督、会计机构和会计人员以及会计工作管理的制度。

第五十一条 个体工商户会计管理的具体办法，由国务院财政部门根据本法的原则另行规定。

第五十二条 本法自 2000 年 7 月 1 日起施行。

附录二

中华人民共和国税收征收管理法

（2001 年 4 月 28 日修订）

第一章　总　　则

第一条　为了加强税收征收管理，规范税收征收和缴纳行为，保障国家税收收入，保护纳税人的合法权益，促进经济和社会发展，制定本法。

第二条　凡依法由税务机关征收的各种税收的征收管理，均适用本法。

第三条　税收的开征、停征以及减税、免税、退税、补税，依照法律的规定执行；法律授权国务院规定的，依照国务院制定的行政法规的规定执行。

任何机关、单位和个人不得违反法律、行政法规的规定，擅自作出税收开征、停征以及减税、免税、退税、补税和其他同税收法律、行政法规相抵触的决定。

第四条　法律、行政法规规定负有纳税义务的单位和个人为纳税人。

法律、行政法规规定负有代扣代缴、代收代缴税款义务的单位和个人为扣缴义务人。

纳税人、扣缴义务人必须依照法律、行政法规的规定缴纳税款、代扣代缴、代收代缴税款。

第五条　国务院税务主管部门主管全国税收征收管理工作。各地国家税务局和地方税务局应当按照国务院规定的税收征收管理范围分别进行征收管理。

地方各级人民政府应当依法加强对本行政区域内税收征收管理工作的领导或者协调，支持税务机关依法执行职务，依照法定税率计算税额，依法征收税款。

各有关部门和单位应当支持、协助税务机关依法执行职务。

税务机关依法执行职务，任何单位和个人不得阻挠。

第六条　国家有计划地用现代信息技术装备各级税务机关，加强税收征收管理信息系统的现代化建设，建立、健全税务机关与政府其他管理机关的信息共享制度。

纳税人、扣缴义务人和其他有关单位应当按照国家有关规定如实向税务机关提供与纳税和代扣代缴、代收代缴税款有关的信息。

第七条　税务机关应当广泛宣传税收法律、行政法规，普及纳税知识，无偿地为纳税人提供纳税咨询服务。

第八条　纳税人、扣缴义务人有权向税务机关了解国家税收法律、行政法规的规定以及与纳税程序有关的情况。

纳税人、扣缴义务人有权要求税务机关为纳税人、扣缴义务人的情况保密。税务机关应当依法为纳税人、扣缴义务人的情况保密。

纳税人依法享有申请减税、免税、退税的权利。

纳税人、扣缴义务人对税务机关所作出的决定，享有陈述权、申辩权；依法享有申请行政复议、提起行政诉讼、请求国家赔偿等权利。

纳税人、扣缴义务人有权控告和检举税务机关、税务人员的违法违纪行为。

第九条　税务机关应当加强队伍建设，提高税务人员的政治业务素质。

税务机关、税务人员必须秉公执法，忠于职守，清正廉洁，礼貌待人，文明服务，尊重和保护纳税人、扣缴义务人的权利，依法接受监督。

税务人员不得索贿受贿、徇私舞弊、玩忽职守、不征或者少征应征税款；不得滥用职权多征税款或者故意刁难纳税人和扣缴义务人。

第十条 各级税务机关应当建立、健全内部制约和监督管理制度。

上级税务机关应当对下级税务机关的执法活动依法进行监督。

各级税务机关应当对其工作人员执行法律、行政法规和廉洁自律准则的情况进行监督检查。

第十一条 税务机关负责征收、管理、稽查、行政复议的人员的职责应当明确，并相互分离、相互制约。

第十二条 税务人员征收税款和查处税收违法案件，与纳税人、扣缴义务人或者税收违法案件有利害关系的，应当回避。

第十三条 任何单位和个人都有权检举违反税收法律、行政法规的行为。收到检举的机关和负责查处的机关应当为检举人保密。税务机关应当按照规定对检举人给予奖励。

第十四条 本法所称税务机关是指各级税务局、税务分局、税务所和按照国务院规定设立的并向社会公告的税务机构。

第二章 税务管理

第一节 税务登记

第十五条 企业，企业在外地设立的分支机构和从事生产、经营的场所，个体工商户和从事生产、经营的事业单位（以下统称从事生产、经营的纳税人）自领取营业执照之日起三十日内，持有关证件，向税务机关申报办理税务登记。税务机关应当自收到申报之日起三十日内审核并发给税务登记证件。

工商行政管理机关应当将办理登记注册、核发营业执照的情况，定期向税务机关通报。

本条第一款规定以外的纳税人办理税务登记和扣缴义务人办理扣缴税款登记的范围和办法，由国务院规定。

第十六条 从事生产、经营的纳税人，税务登记内容发生变化的，自工商行政管理机关办理变更登记之日起三十日内或者在向工商行政管理机关申请办理注销登记之前，持有关证件向税务机关申报办理变更或者注销税务登记。

第十七条 从事生产、经营的纳税人应当按照国家有关规定，持税务登记证件，在银行或者其他金融机构开立基本存款账户和其他存款账户，并将其全部账号向税务机关报告。

银行和其他金融机构应当在从事生产、经营的纳税人的账户中登录税务登记证件号码，并在税务登记证件中登录从事生产、经营的纳税人的账户账号。

税务机关依法查询从事生产、经营的纳税人开立账户的情况时，有关银行和其他金融机构应当予以协助。

第十八条 纳税人按照国务院税务主管部门的规定使用税务登记证件。税务登记证件不得转借、涂改、损毁、买卖或者伪造。

第二节 账簿、凭证管理

第十九条 纳税人、扣缴义务人按照有关法律、行政法规和国务院财政、税务主管部门的规定设置账簿,根据合法、有效凭证记账,进行核算。

第二十条 从事生产、经营的纳税人的财务、会计制度或者财务、会计处理办法和会计核算软件,应当报送税务机关备案。

纳税人、扣缴义务人的财务、会计制度或者财务、会计处理办法与国务院或者国务院财政、税务主管部门有关税收的规定抵触的,依照国务院或者国务院财政、税务主管部门有关税收的规定计算应纳税款、代扣代缴和代收代缴税款。

第二十一条 税务机关是发票的主管机关,负责发票印制、领购、开具、取得、保管、缴销的管理和监督。

单位、个人在购销商品、提供或者接受经营服务以及从事其他经营活动中,应当按照规定开具、使用、取得发票。

发票的管理办法由国务院规定。

第二十二条 增值税专用发票由国务院税务主管部门指定的企业印制;其他发票,按照国务院税务主管部门的规定,分别由省、自治区、直辖市国家税务局、地方税务局指定企业印制。

未经前款规定的税务机关指定,不得印制发票。

第二十三条 国家根据税收征收管理的需要,积极推广使用税控装置。纳税人应当按照规定安装、使用税控装置,不得损毁或者擅自改动税控装置。

第二十四条 从事生产、经营的纳税人、扣缴义务人必须按照国务院财政、税务主管部门规定的保管期限保管账簿、记账凭证、完税凭证及其他有关资料。

账簿、记账凭证、完税凭证及其他有关资料不得伪造、变造或者擅自损毁。

第三节 纳 税 申 报

第二十五条 纳税人必须依照法律、行政法规规定或者税务机关依照法律、行政法规的规定确定的申报期限、申报内容如实办理纳税申报,报送纳税申报表、财务会计报表以及税务机关根据实际需要要求纳税人报送的其他纳税资料。

扣缴义务人必须依照法律、行政法规规定或者税务机关依照法律、行政法规的规定确定的申报期限、申报内容如实报送代扣代缴、代收代缴税款报告表以及税务机关根据实际需要要求扣缴义务人报送的其他有关资料。

第二十六条 纳税人、扣缴义务人可以直接到税务机关办理纳税申报或者报送代扣代缴、代收代缴税款报告表,也可以按照规定采取邮寄、数据电文或者其他方式办理上述申报、报送事项。

第二十七条 纳税人、扣缴义务人不能按期办理纳税申报或者报送代扣代缴、代收代缴税款报告表的,经税务机关核准,可以延期申报。

经核准延期办理前款规定的申报、报送事项的,应当在纳税期内按照上期实际缴纳的税额或者税务机关核定的税额预缴税款,并在核准的延期内办理税款结算。

第三章 税 款 征 收

第二十八条 税务机关依照法律、行政法规的规定征收税款,不得违反法律、行政法规的规定开征、停征、多征、少征、提前征收、延缓征收或者摊派税款。

农业税应纳税额按照法律、行政法规的规定核定。

第二十九条 除税务机关、税务人员以及经税务机关依照法律、行政法规委托的单位和人员外，任何单位和个人不得进行税款征收活动。

第三十条 扣缴义务人依照法律、行政法规的规定履行代扣、代收税款的义务。对法律、行政法规没有规定负有代扣、代收税款义务的单位和个人，税务机关不得要求其履行代扣、代收税款义务。

扣缴义务人依法履行代扣、代收税款义务时，纳税人不得拒绝。纳税人拒绝的，扣缴义务人应当及时报告税务机关处理。

税务机关按照规定付给扣缴义务人代扣、代收手续费。

第三十一条 纳税人、扣缴义务人按照法律、行政法规规定或者税务机关依照法律、行政法规的规定确定的期限，缴纳或者解缴税款。

纳税人因有特殊困难，不能按期缴纳税款的，经省、自治区、直辖市国家税务局、地方税务局批准，可以延期缴纳税款，但是最长不得超过三个月。

第三十二条 纳税人未按照规定期限缴纳税款的，扣缴义务人未按照规定期限解缴税款的，税务机关除责令限期缴纳外，从滞纳税款之日起，按日加收滞纳税款万分之五的滞纳金。

第三十三条 纳税人可以依照法律、行政法规的规定书面申请减税、免税。

减税、免税的申请须经法律、行政法规规定的减税、免税审查批准机关审批。地方各级人民政府、各级人民政府主管部门、单位和个人违反法律、行政法规规定，擅自作出的减税、免税决定无效，税务机关不得执行，并向上级税务机关报告。

第三十四条 税务机关征收税款时，必须给纳税人开具完税凭证。扣缴义务人代扣、代收税款时，纳税人要求扣缴义务人开具代扣、代收税款凭证的，扣缴义务人应当开具。

第三十五条 纳税人有下列情形之一的，税务机关有权核定其应纳税额：

（一）依照法律、行政法规的规定可以不设置账簿的；

（二）依照法律、行政法规的规定应当设置账簿但未设置的；

（三）擅自销毁账簿或者拒不提供纳税资料的；

（四）虽设置账簿，但账目混乱或者成本资料、收入凭证、费用凭证残缺不全，难以查账的；

（五）发生纳税义务，未按照规定的期限办理纳税申报，经税务机关责令限期申报，逾期仍不申报的；

（六）纳税人申报的计税依据明显偏低，又无正当理由的。

税务机关核定应纳税额的具体程序和方法由国务院税务主管部门规定。

第三十六条 企业或者外国企业在中国境内设立的从事生产、经营的机构、场所与其关联企业之间的业务往来，应当按照独立企业之间的业务往来收取或者支付价款、费用；不按照独立企业之间的业务往来收取或者支付价款、费用，而减少其应纳税的收入或者所得额的，税务机关有权进行合理调整。

第三十七条 对未按照规定办理税务登记的从事生产、经营的纳税人以及临时从事经营的纳税人，由税务机关核定其应纳税额，责令缴纳；不缴纳的，税务机关可以扣押其价值相当于应纳税款的商品、货物。扣押后缴纳应纳税款的，税务机关必须立即解除扣押，并归还所扣押的商品、货物；扣押后仍不缴纳应纳税款的，经县以上税务局（分局）局长批准，依法拍卖或者变卖所扣押的商品、货物，以拍卖或者变卖所得抵缴税款。

第三十八条 税务机关有根据认为从事生产、经营的纳税人有逃避纳税义务行为的，可以在规定的纳税期之前，责令限期缴纳应纳税款；在限期内发现纳税人有明显的转移、隐匿其应纳税的商品、货物以及其他财产或者应纳税的收入的迹象的，税务机关可以责成纳税人提供纳税担保。如果纳税人不能提供纳税担保，经县以上税务局（分局）局长批准，税务机关可以采取下列税收保全措施：

（一）书面通知纳税人开户银行或者其他金融机构冻结纳税人的金额相当于应纳税款的存款；

（二）扣押、查封纳税人的价值相当于应纳税款的商品、货物或者其他财产。

纳税人在前款规定的限期内缴纳税款的，税务机关必须立即解除税收保全措施；限期期满仍未缴纳税款的，经县以上税务局（分局）局长批准，税务机关可以书面通知纳税人开户银行或者其他金融机构从其冻结的存款中扣缴税款，或者依法拍卖或者变卖所扣押、查封的商品、货物或者其他财产，以拍卖或者变卖所得抵缴税款。

个人及其所扶养家属维持生活必需的住房和用品，不在税收保全措施的范围之内。

第三十九条 纳税人在限期内已缴纳税款，税务机关未立即解除税收保全措施，使纳税人的合法利益遭受损失的，税务机关应当承担赔偿责任。

第四十条 从事生产、经营的纳税人、扣缴义务人未按照规定的期限缴纳或者解缴税款，纳税担保人未按照规定的期限缴纳所担保的税款，由税务机关责令限期缴纳，逾期仍未缴纳的，经县以上税务局（分局）局长批准，税务机关可以采取下列强制执行措施：

（一）书面通知其开户银行或者其他金融机构从其存款中扣缴税款；

（二）扣押、查封、依法拍卖或者变卖其价值相当于应纳税款的商品、货物或者其他财产，以拍卖或者变卖所得抵缴税款。

税务机关采取强制执行措施时，对前款所列纳税人、扣缴义务人、纳税担保人未缴纳的滞纳金同时强制执行。

个人及其所扶养家属维持生活必需的住房和用品，不在强制执行措施的范围之内。

第四十一条 本法第三十七条、第三十八条、第四十条规定的采取税收保全措施、强制执行措施的权力，不得由法定的税务机关以外的单位和个人行使。

第四十二条 税务机关采取税收保全措施和强制执行措施必须依照法定权限和法定程序，不得查封、扣押纳税人个人及其所扶养家属维持生活必需的住房和用品。

第四十三条 税务机关滥用职权违法采取税收保全措施、强制执行措施，或者采取税收保全措施、强制执行措施不当，使纳税人、扣缴义务人或者纳税担保人的合法权益遭受损失的，应当依法承担赔偿责任。

第四十四条 欠缴税款的纳税人或者他的法定代表人需要出境的，应当在出境前向税务机关结清应纳税款、滞纳金或者提供担保。未结清税款、滞纳金，又不提供担保的，税务机关可以通知出境管理机关阻止其出境。

第四十五条 税务机关征收税款，税收优先于无担保债权，法律另有规定的除外；纳税人欠缴的税款发生在纳税人以其财产设定抵押、质押或者纳税人的财产被留置之前的，税收应当先于抵押权、质权、留置权执行。

纳税人欠缴税款，同时又被行政机关决定处以罚款、没收违法所得的，税收优先于罚款、没收违法所得。

税务机关应当对纳税人欠缴税款的情况定期予以公告。

第四十六条 纳税人有欠税情形而以其财产设定抵押、质押的，应当向抵押权人、质权人说明其欠税情况。抵押权人、质权人可以请求税务机关提供有关的欠税情况。

第四十七条 税务机关扣押商品、货物或者其他财产时，必须开付收据；查封商品、货物或者其他财产时,必须开付清单。

第四十八条 纳税人有合并、分立情形的,应当向税务机关报告,并依法缴清税款。纳税人合并时未缴清税款的,应当由合并后的纳税人继续履行未履行的纳税义务;纳税人分立时未缴清税款的,分立后的纳税人对未履行的纳税义务应当承担连带责任。

第四十九条 欠缴税款数额较大的纳税人在处分其不动产或者大额资产之前,应当向税务机关报告。

第五十条 欠缴税款的纳税人因怠于行使到期债权,或者放弃到期债权,或者无偿转让财产,或者以明显不合理的低价转让财产而受让人知道该情形,对国家税收造成损害的,税务机关可以依照合同法第七十三条、第七十四条的规定行使代位权、撤销权。

税务机关依照前款规定行使代位权、撤销权的,不免除欠缴税款的纳税人尚未履行的纳税义务和应承担的法律责任。

第五十一条 纳税人超过应纳税额缴纳的税款,税务机关发现后应当立即退还;纳税人自结算缴纳税款之日起三年内发现的,可以向税务机关要求退还多缴的税款并加算银行同期存款利息,税务机关及时查实后应当立即退还;涉及从国库中退库的,依照法律、行政法规有关国库管理的规定退还。

第五十二条 因税务机关的责任,致使纳税人、扣缴义务人未缴或者少缴税款的,税务机关在三年内可以要求纳税人、扣缴义务人补缴税款,但是不得加收滞纳金。

因纳税人、扣缴义务人计算错误等失误,未缴或者少缴税款的,税务机关在三年内可以追征税款、滞纳金;有特殊情况的,追征期可以延长到五年。

对偷税、抗税、骗税的,税务机关追征其未缴或者少缴的税款、滞纳金或者所骗取的税款,不受前款规定期限的限制。

第五十三条 国家税务局和地方税务局应当按照国家规定的税收征收管理范围和税款入库预算级次,将征收的税款缴入国库。

对审计机关、财政机关依法查出的税收违法行为,税务机关应当根据有关机关的决定、意见书,依法将应收的税款、滞纳金按照税款入库预算级次缴入国库,并将结果及时回复有关机关。

第四章 税务检查

第五十四条 税务机关有权进行下列税务检查:

(一)检查纳税人的账簿、记账凭证、报表和有关资料,检查扣缴义务人代扣代缴、代收代缴税款账簿、记账凭证和有关资料;

(二)到纳税人的生产、经营场所和货物存放地检查纳税人应纳税的商品、货物或者其他财产,检查扣缴义务人与代扣代缴、代收代缴税款有关的经营情况;

(三)责成纳税人、扣缴义务人提供与纳税或者代扣代缴、代收代缴税款有关的文件、证明材料和有关资料;

(四)询问纳税人、扣缴义务人与纳税或者代扣代缴、代收代缴税款有关的问题和情况;

(五)到车站、码头、机场、邮政企业及其分支机构检查纳税人托运、邮寄应纳税商品、货物或者其他财产的有关单据、凭证和有关资料;

(六)经县以上税务局(分局)局长批准,凭全国统一格式的检查存款账户许可证明,查询从事生产、经营的纳税人、扣缴义务人在银行或者其他金融机构的存款账户。税务机关在调查税收违法案件时，经设区的市、自治州以上税务局（分局）局长批准，可以查询案件涉嫌人员的储蓄存款。税务机关查询所获得的资料，不得用于税收以外的用途。

第五十五条 税务机关对从事生产、经营的纳税人以前纳税期的纳税情况依法进行税务检查时，发现纳税人有逃避纳税义务行为，并有明显的转移、隐匿其应纳税的商品、货物以及其他财产或者应纳税的收入的迹象的，可以按照本法规定的批准权限采取税收保全措施或者强制执行措施。

第五十六条 纳税人、扣缴义务人必须接受税务机关依法进行的税务检查，如实反映情况，提供有关资料，不得拒绝、隐瞒。

第五十七条 税务机关依法进行税务检查时，有权向有关单位和个人调查纳税人、扣缴义务人和其他当事人与纳税或者代扣代缴、代收代缴税款有关的情况，有关单位和个人有义务向税务机关如实提供有关资料及证明材料。

第五十八条 税务机关调查税务违法案件时，对与案件有关的情况和资料，可以记录、录音、录像、照相和复制。

第五十九条 税务机关派出的人员进行税务检查时，应当出示税务检查证和税务检查通知书，并有责任为被检查人保守秘密；未出示税务检查证和税务检查通知书的，被检查人有权拒绝检查。

第五章 法律责任

第六十条 纳税人有下列行为之一的，由税务机关责令限期改正，可以处二千元以下的罚款；情节严重的，处二千元以上一万元以下的罚款：

（一）未按照规定的期限申报办理税务登记、变更或者注销登记的；

（二）未按照规定设置、保管账簿或者保管记账凭证和有关资料的；

（三）未按照规定将财务、会计制度或者财务、会计处理办法和会计核算软件报送税务机关备查的；

（四）未按照规定将其全部银行账号向税务机关报告的；

（五）未按照规定安装、使用税控装置，或者损毁或者擅自改动税控装置的。

纳税人不办理税务登记的，由税务机关责令限期改正；逾期不改正的，经税务机关提请，由工商行政管理机关吊销其营业执照。

纳税人未按照规定使用税务登记证件，或者转借、涂改、损毁、买卖、伪造税务登记证件的，处二千元以上一万元以下的罚款；情节严重的，处一万元以上五万元以下的罚款。

第六十一条 扣缴义务人未按照规定设置、保管代扣代缴、代收代缴税款账簿或者保管代扣代缴、代收代缴税款记账凭证及有关资料的，由税务机关责令限期改正，可以处二千元以下的罚款；情节严重的，处二千元以上五千元以下的罚款。

第六十二条 纳税人未按照规定的期限办理纳税申报和报送纳税资料的，或者扣缴义务人未按照规定的期限向税务机关报送代扣代缴、代收代缴税款报告表和有关资料的，由税务机关责令限期改正，可以处二千元以下的罚款；情节严重的，可以处二千元以上一万元以下的罚款。

第六十三条 纳税人伪造、变造、隐匿、擅自销毁帐簿、记帐凭证，或者在帐簿上多列支出或者不列、少列收入，或者经税务机关通知申报而拒不申报或者进行虚假的纳税申报，不缴或者少缴应纳税款的，是偷税。对纳税人偷税的，由税务机关追缴其不缴或者少缴的税款、滞纳金，并处不缴或者少缴的税款百分之五十以上五倍以下的罚款；构成犯罪的，依法追究刑事责任。

扣缴义务人采取前款所列手段，不缴或者少缴已扣、已收税款，由税务机关追缴其不缴或者少缴的税款、滞纳金，并处不缴或者少缴的税款百分之五十以上五倍以下的罚款；构成犯罪的，依法追究刑事责任。

第六十四条 纳税人、扣缴义务人编造虚假计税依据的，由税务机关责令限期改正，并处五万元以下的罚款。

纳税人不进行纳税申报，不缴或者少缴应纳税款的，由税务机关追缴其不缴或者少缴的税款、滞纳金，并处不缴或者少缴的税款百分之五十以上五倍以下的罚款。

第六十五条 纳税人欠缴应纳税款，采取转移或者隐匿财产的手段，妨碍税务机关追缴欠缴的税款的，由税务机关追缴欠缴的税款、滞纳金，并处欠缴税款百分之五十以上五倍以下的罚款；构成犯罪的，依法追究刑事责任。

第六十六条 以假报出口或者其他欺骗手段，骗取国家出口退税款的，由税务机关追缴其骗取的退税款，并处骗取税款一倍以上五倍以下的罚款；构成犯罪的，依法追究刑事责任。

对骗取国家出口退税款的，税务机关可以在规定期间内停止为其办理出口退税。

第六十七条 以暴力、威胁方法拒不缴纳税款的，是抗税，除由税务机关追缴其拒缴的税款、滞纳金外，依法追究刑事责任。情节轻微，未构成犯罪的，由税务机关追缴其拒缴的税款、滞纳金，并处拒缴税款一倍以上五倍以下的罚款。

第六十八条 纳税人、扣缴义务人在规定期限内不缴或者少缴应纳或者应解缴的税款，经税务机关责令限期缴纳，逾期仍未缴纳的，税务机关除依照本法第四十条的规定采取强制执行措施追缴其不缴或者少缴的税款外，可以处不缴或者少缴的税款百分之五十以上五倍以下的罚款。

第六十九条 扣缴义务人应扣未扣、应收而不收税款的，由税务机关向纳税人追缴税款，对扣缴义务人处应扣未扣、应收未收税款百分之五十以上三倍以下的罚款。

第七十条 纳税人、扣缴义务人逃避、拒绝或者以其他方式阻挠税务机关检查的，由税务机关责令改正，可以处一万元以下的罚款；情节严重的，处一万元以上五万元以下的罚款。

第七十一条 违反本法第二十二条规定，非法印制发票的，由税务机关销毁非法印制的发票，没收违法所得和作案工具，并处一万元以上五万元以下的罚款；构成犯罪的，依法追究刑事责任。

第七十二条 从事生产、经营的纳税人、扣缴义务人有本法规定的税收违法行为，拒不接受税务机关处理的，税务机关可以收缴其发票或者停止向其发售发票。

第七十三条 纳税人、扣缴义务人的开户银行或者其他金融机构拒绝接受税务机关依法检查纳税人、扣缴义务人存款账户，或者拒绝执行税务机关作出的冻结存款或者扣缴税款的决定，或者在接到税务机关的书面通知后帮助纳税人、扣缴义务人转移存款，造成税款流失的，由税务机关处十万元以上五十万元以下的罚款，对直接负责的主管人员和其他直接责任人员处一千元以上一万元以下的罚款。

第七十四条 本法规定的行政处罚，罚款额在二千元以下的，可以由税务所决定。

第七十五条 税务机关和司法机关的涉税罚没收入，应当按照税款入库预算级次上缴国库。

第七十六条 税务机关违反规定擅自改变税收征收管理范围和税款入库预算级次的，责令限期改正，对直接负责的主管人员和其他直接责任人员依法给予降级或者撤职的行政处分。

第七十七条 纳税人、扣缴义务人有本法第六十三条、第六十五条、第六十六条、第六十七条、第七十一条规定的行为涉嫌犯罪的，税务机关应当依法移交司法机关追究刑事责任。

税务人员徇私舞弊，对依法应当移交司法机关追究刑事责任的不移交，情节严重的，依法追究刑事责任。

第七十八条 未经税务机关依法委托征收税款的，责令退还收取的财物，依法给予行政处分或者行政处罚；致使他人合法权益受到损失的，依法承担赔偿责任；构成犯罪的，依法追究刑事责任。

第七十九条 税务机关、税务人员查封、扣押纳税人个人及其所扶养家属维持生活必需的住房和用品的，责令退还，依法给予行政处分；构成犯罪的，依法追究刑事责任。

第八十条 税务人员与纳税人、扣缴义务人勾结，唆使或者协助纳税人、扣缴义务人有本法第六十三条、第六十五条、第六十六条规定的行为，构成犯罪的，依法追究刑事责任；尚不构成犯罪的，依法给予行政处分。

第八十一条 税务人员利用职务上的便利，收受或者索取纳税人、扣缴义务人财物或者谋取其他不正当利益，构成犯罪的，依法追究刑事责任；尚不构成犯罪的，依法给予行政处分。

第八十二条 税务人员徇私舞弊或者玩忽职守，不征或者少征应征税款，致使国家税收遭受重大损失，构成犯罪的，依法追究刑事责任；尚不构成犯罪的，依法给予行政处分。

税务人员滥用职权，故意刁难纳税人、扣缴义务人的，调离税收工作岗位，并依法给予行政处分。

税务人员对控告、检举税收违法违纪行为的纳税人、扣缴义务人以及其他检举人进行打击报复的，依法给予行政处分；构成犯罪的，依法追究刑事责任。

税务人员违反法律、行政法规的规定，故意高估或者低估农业税计税产量，致使多征或者少征税款，侵犯农民合法权益或者损害国家利益，构成犯罪的，依法追究刑事责任；尚不构成犯罪的，依法给予行政处分。

第八十三条 违反法律、行政法规的规定提前征收、延缓征收或者摊派税款的，由其上级机关或者行政监察机关责令改正，对直接负责的主管人员和其他直接责任人员依法给予行政处分。

第八十四条 违反法律、行政法规的规定，擅自作出税收的开征、停征或者减税、免税、退税、补税以及其他同税收法律、行政法规相抵触的决定的，除依照本法规定撤销其擅自作出的决定外，补征应征未征税款，退还不应征收而征收的税款，并由上级机关追究直接负责的主管人员和其他直接责任人员的行政责任；构成犯罪的，依法追究刑事责任。

第八十五条 税务人员在征收税款或者查处税收违法案件时，未按照本法规定进行回避的，对直接负责的主管人员和其他直接责任人员，依法给予行政处分。

第八十六条 违反税收法律、行政法规应当给予行政处罚的行为，在五年内未被发现的，不再给予行政处罚。

第八十七条 未按照本法规定为纳税人、扣缴义务人、检举人保密的，对直接负责的主管人员和其他直接责任人员，由所在单位或者有关单位依法给予行政处分。

第八十八条 纳税人、扣缴义务人、纳税担保人同税务机关在纳税上发生争议时，必须先依照税务机关的纳税决定缴纳或者解缴税款及滞纳金或者提供相应的担保，然后可以依法申请行政复议；对行政复议决定不服的，可以依法向人民法院起诉。

当事人对税务机关的处罚决定、强制执行措施或者税收保全措施不服的，可以依法申请行政复议，也可以依法向人民法院起诉。

当事人对税务机关的处罚决定逾期不申请行政复议也不向人民法院起诉、又不履行的，作出处罚决定的税务机关可以采取本法第四十条规定的强制执行措施，或者申请人民法院强制执行。

第六章 附　　则

第八十九条　纳税人、扣缴义务人可以委托税务代理人代为办理税务事宜。

第九十条　耕地占用税、契税、农业税、牧业税征收管理的具体办法，由国务院另行制定。

关税及海关代征税收的征收管理，依照法律、行政法规的有关规定执行。

第九十一条　中华人民共和国同外国缔结的有关税收的条约、协定同本法有不同规定的，依照条约、协定的规定办理。

第九十二条　本法施行前颁布的税收法律与本法有不同规定的，适用本法规定。

第九十三条　国务院根据本法制定实施细则。

第九十四条　本法自 2001 年 5 月 1 日起施行。

模拟试题一

一、单项选择题(本题共20题,每题1分,共20分)

1. 某小汽车专卖店为一般纳税人,2013年12月销售小汽车取得不含税收入500万元,另外取得价外费用11.7万元(含税),当期取得增值税专用发票上注明的增值税税款为45万元。则该专卖店当期应缴纳的增值税为(　　)万元。

A. 41.989　　B. 41.7　　C. 40　　D. 38.3

2. 纳税人进口下列货物适用13%低税率的是(　　)。

A. 小汽车　　B. 笔记本电脑　　C. 农机　　D. 自行车

3. 下列不属于税法构成要素的是(　　)。

A. 应纳税额　　B. 减免税　　C. 纳税期限　　D. 税率

4. 信用卡持卡人非现金交易享受免息还款期,免息还款期最长为(　　)。

A. 20天　　B. 30天　　C. 50天　　D. 60天

5. (　　)是出票人签发的、委托办理票据存款业务的银行在见票时无条件支付确定的金额给收款人或持票人的票据。

A. 支票　　B. 商业汇票

C. 银行汇票　　D. 本票

6. 甲公司向乙公司购买货物,以一张丙公司为出票人的汇票支付货款,乙公司要求甲公司提供担保,甲公司请丁公司为该汇票做保证;丁公司在汇票背书栏签注:若该汇票出票真实,本公司愿意保证。后丙公司拒绝付款,那么丁公司对该汇票承担的责任是(　　)。

A. 应承担一定赔偿责任

B. 只承担一般保证责任,不承担票据保证责任

C. 应当承担票据保证责任

D. 不承担任何责任

7. 下列各项中,(　　)不属于会计职业道德教育的途径。

A. 会计学历教育　　B. 会计人员继续教育

C. 会计人员自我教育　　D. 会计专业技术资格考试

8. 根据我国金融法律制度的规定,下列各项中,可以用于办理存款人借款转存、借款归还和其他结算的资金收付的是(　　)。

A. 个人储蓄存款账户　　B. 一般存款账户

C. 临时存款账户　　D. 专用存款账户

9. 行政处分的对象是(　　)。

A. 法人　　B. 公民

C. 国家工作人员　　D. 其他组织

10. 注册会计师在执业中应始终保持应有的谨慎态度,对客户和社会公众尽职尽责,以维护职业信誉。这体现了诚实守信的(　　)要求。

A. 做老实人、说老实话、办老实事、不弄虚作假

B. 保守秘密,不为利益所诱惑

C. 执业谨慎，信誉至上

D. 实事求是，不偏不倚

11. 会计人员要忠于职守，尽职尽责，这一基本要求体现的会计职业道德是(　　)。

A. 爱岗敬业　　B. 财务管理

C. 廉洁自律　　D. 客观公正

12. 下列岗位中，必须持有会计从业资格证书的是(　　)。

A. 人事管理　　B. 市场营销

C. 证券投资　　D. 会计机构内会计档案管理

13. (　　)是指财政部门代表国家对单位和单位中的相关人员的会计行为实施的监督检查，以及对发现违法会计行为实施的行政处罚，是一种外部监督。

A. 群众监督　　B. 社会监督

C. 单位内部监督　　D. 政府监督

14. 下列财政支出中，适用财政授权支付程序的是(　　)。

A. 单件服务为 1 万元的人民币支出

B. 单件物品为 15 万元的人民币采购支出

C. 财政投资为 80 万元的工程项目采购

D. 工资支出

15. 下列对编制财务会计报告基本表述不正确的是(　　)。

A. 财务会计报告应当依据会计账簿记录和有关会计资料编制

B. 财务会计报告的编制要求、提供对象、提供期限应当符合法定要求

C. 向不同的会计资料使用者提供的财务会计报告，其编制依据应当一致

D. 各单位的财务会计报告在上报有关部门前必须经注册会计师审核签字

16. 国务院财政部门编制中央决算草案，报国务院审定后，由(　　)审查和批准。

A. 国务院　　B. 全国人大常委会

C. 全国人大　　D. 本级人民政府财政部门

17. 下列关于各级预算的执行和负责机构的说法中，正确的是(　　)。

A. 各级预算由本级政府组织执行，具体工作由地方人民代表大会负责

B. 各级预算由本级政府财政部门组织执行，具体工作由本级政府负责

C. 各级预算由本级政府组织执行，具体工作由本级政府财政部门负责

D. 各级预算由国务院组织执行，具体工作由本级人民政府负责

18. 根据《中华人民共和国会计法》的规定，主管全国会计工作的政府部门是(　　)。

A. 财政部　　B. 国家税务总局

C. 审计署　　D. 人大常委会

19. 发票的种类由(　　)以上税务机关确定。

A. 县级　　B. 市级

C. 省级　　D. 国家税务总局

20. 会计职业道德中，(　　)就是间接参加管理活动，为管理者当参谋，为管理活动服务。

A. 廉洁自律　　B. 爱岗敬业

C. 参与管理　　D. 强化服务

二、多项选择题(本题共20题,每题2分,共40分)

1. 根据规定,下列关于商业汇票的承兑表述正确的有(　　)。

A. 承兑是指汇票付款人承诺在汇票到期日支付汇票金额的票据行为

B. 承兑是汇票特有的制度,本票和支票没有承兑

C. 商业承兑汇票可以由付款人签发并承兑,也可以由收款人签发交由付款人承兑

D. 商业承兑汇票可以由付款人签发并承兑,也可以由收款人签发交由银行承兑

2. 存款人在使用银行结算账户过程中,存在下列(　　)行为的,对非经营性的存款人,给予警告并处以1000元的罚款;经营性的存款人,给予警告并处以5000元以上3万元以下的罚款。

A. 违反规定将单位款项转入个人银行结算账户

B. 违反规定支取现金

C. 利用开立银行结算账户逃废银行债务

D. 出租、出借银行结算账户

3. 下列单位现金收支操作,错误的方式有(　　)。

A. 开户单位现金收入应于当日送存银行

B. 开户单位支付现金,从本单位的现金收入中直接支付

C. 将单位收入的现金按个人储蓄方式存入银行

D. 白条抵库

4. "提高技能"既是会计职业道德规范的基本要求,也是会计人员胜任本职工作的重要条件。下列各项中,属于会计技能的内容有(　　)。

A. 自动更新知识能力　　B. 会计实务能力

C. 职业判断能力　　D. 沟通职业经验

5. 会计工作的外部监督机关包括(　　)。

A. 财政机关　　B. 税务机关　　C. 人民法院　　D. 检察院

6. 下列情形中,体现政府采购功能中的"推进反腐倡廉"功能的有(　　)。

A. 通过各个职能部门的监督杜绝各种权钱交易的现象出现

B. 通过对采购地区的选择以平衡地区间的经济发展

C. 在竞标过程中执行严密、透明的"优胜劣汰"机制

D. 制止政府采购中幕后交易、暗箱操作

7. 某单位出纳人员胡某设置的库存现金日记账采用活页式账簿,银行存款日记账采用订本式账簿。为了分清每天的经济业务,胡某登记银行存款日记账时,在每一张账页上登记完当天的经济业务后,次日的经济业务则在另一张账页上重新登记,并按10天一次结出余额。下列各项中,属于更正胡某错误做法的有(　　)。

A. 库存现金日记账采用订本式账簿

B. 银行存款日记账逐日逐笔进行登记

C. 银行存款日记账每月结出一次余额

D. 银行存款日记账每日结出一次余额

8. 根据《中华人民共和国预算法》的规定,不属于国务院财政部门预算职权的是(　　)。

A. 提出中央预备费动用方案

B. 监督中央和地方预算的执行

C. 审查和批准中央预算的调整方案

D. 具体编制中央预算的调整方案

9. 预算法的颁布施行，对于(　　)具有重要意义。

A. 加强国家宏观调控

B. 强化预算的分配和监督职能

C. 健全财政预算制度

D. 保障经济和社会的健康发展

10. 下列各项中，属于个人所得税居民纳税人的有(　　)。

A. 在中国境内无住所，居住也不满一年的个人

B. 在中国境内无住所且不居住的个人

C. 在中国境内无住所，而在境内居住满 1 年的个人

D. 在中国境内有住所的个人

11. 下列属于会计行政法规的有(　　)。

A.《企业会计准则——基本准则》

B.《总会计师条例》

C.《小企业会计制度》

D.《企业财务会计报告条例》

12. 会计机构、会计人员在审核原始凭证时，对不真实、不合法的原始凭证应当(　　)。

A. 有权不予受理

B. 向单位负责人报告

C. 按照要求进行更正、补充

D. 予以退回，要求更正、补充

13. 下列有关各单位会计机构设置的说法中，正确的有(　　)。

A. 单位可根据领导意愿决定需不需要单独设置会计机构

B. 单位应当根据会计业务的需要设置会计机构或者在有关机构中设置会计人员并指定会计主管人员

C. 不具备会计机构设置条件的，应当委托具有代理记账资格的中介机构代理记账

D. 单位必须设置会计机构并指定会计机构负责人

14. 在下列各项中，属于会计从业资格考试报名基本条件的有(　　)。

A. 具备高中以上学历

B. 具有良好的道德品质

C. 遵守会计和财经法律、法规

D. 具备会计专业基本知识和技能

15. 下列情形中，应当办理会计人员工作交接的有(　　)。

A. 会计人员调动工作

B. 会计人员因病不能工作

C. 会计人员中午休息

D. 临时离职暂不能工作的会计人员恢复工作

16. 下列属于违反《中华人民共和国会计法》，应承担法律责任的行为有(　　)。

A. 不依法设置会计账簿

B. 为提高会计信息质量而变更会计处理方法

C. 私设会计账簿

D. 任用会计人员不符合《中华人民共和国会计法》规定

17. 下列各项中,开户单位可以使用现金的包括(　　)。

A. 职工工资

B. 支付给个人的奖金

C. 向个人收购农副产品的价款

D. 出差人员必须随身携带的差旅费

18. 银行结算账户的变更主要包括(　　)的变更。

A. 存款人名称　　B. 单位法定代表人

C. 总会计师　　D. 住址

19. 下列属于我国《人民币银行结算账户管理办法》中所规定的银行账户分类的有(　　)。

A. 基本存款账户　　B. 一般存款账户

C. 临时存款账户　　D. 专用存款账户

20. 下列存款人中,可以申请开立基本存款账户的有(　　)。

A. 企业法人　　B. 单位附属独立核算的食堂

C. 个体工商户　　D. 自然人

三、判断题(本题共 20 题,每题 1 分,共 20 分)

1. 采取直接收款方式销售货物,不论货物是否发出,其纳税义务发生时间为均为收到销售额或取得索取销售额的凭据,并将提货单交给买方的当天。(　　)

2. 会计职业道德情感、会计职业道德意志和会计职业道德信念,要通过内在的自我教育才能实现。因此,有效开展会计职业道德教育的唯一途径就是依靠自我教育。(　　)

3. 个人银行结算账户是存款人凭个人身份证件和取得个体工商户的营业执照以自然人名称开立的银行结算账户。(　　)

4. 银行对 1 年未发生收付活动且未欠开户银行债务的单位银行结算账户,应通知单位自发出通知之日起 30 日内办理销户手续,逾期视同自愿销户,未划转款项列入久悬未取专户管理。(　　)

5. 直接缴库方式是由预算单位或缴款人按规定,直接将收入缴入国库单一账户,属预算外资金的,则直接缴入预算外资金财政专户,不再设立各类过渡性账户。(　　)

6. 当年形成的会计档案,只能暂由本单位会计机构保管至本年年底。(　　)

7. 集中采购的范围由县级以上人民政府公布的集中采购目录确定。(　　)

8. 在实行政府集中采购的情况下,可以在保证产品性能与质量的前提下,压低产品与劳务的价格。(　　)

9. 实行定期定额征收方式的个体工商户需要停业的,应当向税务机关申请办理停业登记,说明停业的理由、时间、停业前纳税情况和发票领用、保存情况。(　　)

10. 利息、股息、红利所得应纳税额的计算公式为:应纳税额 = 应纳税所得额 × 适用税率 = 每次收入额 ×20%(或 5%)。(　　)

11. 会计法律制度指的就是全国人大及其常委会制定的《中华人民共和国会计法》。 （ ）

12. 会计专业职务分为高级会计师、会计师、助理会计师和会计员。高级会计师为高级职务，会计师和助理会计师为中级职务，会计员为初级职务。 （ ）

13. 注册会计师资格证书是指进入会计职业、从事会计工作的一种法定资质，是进入会计职业的“门槛”。有志从事会计工作的人员必须首先取得注册会计师资格证书，才能从事会计工作。 （ ）

14. 初级会计资格考试分初级会计实务、经济法基础两个科目，参加初级会计资格考试的人员在两个考试年度内通过全部科目的考试。 （ ）

15. 一个单位是否单独设置会计机构，主要取决于单位规模大小、经济业务和财务收支的繁简和经营管理的要求。 （ ）

16. 支票上的收款人名称不得更改，更改的支票无效。 （ ）

17. 支票是由银行签发的，由存款人委托办理支票存款业务的银行在见票时无条件支付确定的金额给收款人或者持票人的票据。 （ ）

18. 支票持票人在提示付款时，银行发现出票人账户中的资金不足以支付票据款项，此时应该按照签发空头支票的行为来依法对其进行处罚。这体现的支付结算原则是银行不垫款原则。 （ ）

19. 票据和结算凭证上的签章，只能为签名或者盖章其中一种。 （ ）

20. 商业信用、银行信用的票据化和结算手段的票据化，是市场经济高度发展的重要标志之一。 （ ）

四、案例分析题（本题共 2 题，每题 5 个小题，每小题 2 分，共 20 分）

1. 王某和张某是两个刚刚从事会计工作的年轻人，对相关财经法规不够熟悉。2013 年 10 月 10 日，王某向张某签发了一张 16000 元的转账支票以及一张 1200 元的现金支票，王某在签发支票时使用普通的蓝色水笔填写，没有签章。张某将 16000 元的转账支票交给银行，银行不予转账，退还了该支票，并且提出要对王某处以罚款。张某又将 1200 元的现金支票背书转让给徐某，徐某是一位从业多年经验丰富的财务人员，拒绝接受张某转让的现金支票，认为其不合法。王某的开户银行是 X 市城南支行，账户余额为 15000 元。

根据上述情况，回答下列问题：

（1）在王某对张某开具支票的行为中，支票基本的当事人中出票人、付款人和收款人分别是（ ）。

A. 王某、×市城南支行、张某

B. ×市城南支行、张某、王某

C. ×市城南支行、王某、张某

D. 张某、×市城南支行、王某

（2）银行有权要求出票人的赔偿金额为（ ）元。

A. 1500 B. 320 C. 800 D. 1000

（3）支票按照支付票款方式的不同，分为（ ）。

A. 4 类 B. 3 类 C. 5 类 D. 2 类

（4）下列各项中，可以支取现金的支票有（ ）。

A. 普通支票　　　　B. 转账支票　　　　C. 划线支票　　　　D. 现金支票

(5) 王某在对张某签发支票时,存在的错误之处有(　　)。

A. 没有签章　　　　　　　　　　B. 现金支票超出了最高限额

C. 账户余额不足　　　　　　　　D. 用普通蓝色水笔填写

2. 龙腾公司是一家国有企业,2013 年内,发生了如下事项:(1) 新调整的领导班子上任,决定精简内设机构,中层干部轮岗,将会计部撤并到厂部办公室,同时任命办公室主任朱某兼任会计负责人。撤并以后,会计主要工作重新分工如下:原会计部主管会计继续留任会计工作,原设备处工作人员、朱某的女儿小英调任出纳工作,兼任会计档案的保管。朱某毕业于某名牌师范大学,自从参加工作以来一直从事办公室文秘,恪守职责,兢兢业业,深受厂领导和同事们的好评。为了使其尽快胜任会计负责人岗位,领导要求朱某参加会计知识培训班,并参加当年全省会计从业资格的统一考试。(2) 撤并工作完成后,办理会计交接手续,由厂部纪检、监察部门严格监交。

根据以上资料回答下列问题。

(1) 根据法律规定,会计人员的交接,应当由(　　)负责监交。

A. 由单位的纪检、监察部门负责监交

B. 一般会计人员的交接,由会计机构负责人、会计主管人员负责监交

C. 会计机构负责人、会计主管人员办理交接,由单位负责人负责监交,必要时由上级部门会同监交

D. 会计机构负责人、会计主管人员办理交接,由上级部门负责监交

(2) 根据《中华人民共和国会计法》的规定,符合会计机构设置原则的为(　　)。

A. 单独设置会计机构

B. 在有关机构中设置会计人员并指定会计主管人员

C. 委托合法的代理记账中介机构代理记账

D. 委托其他企业代理记账

(3) 根据《中华人民共和国会计法》的规定,会计机构负责人(会计主管人员)的任职资格包括(　　)。

A. 取得会计从业资格证书

B. 具备会计师以上的专业技术职务资格

C. 从事会计工作 3 年以上的经历

D. 必须从事过两个以上会计岗位的工作

(4) 根据《中华人民共和国会计法》的规定,出纳不得兼管(　　)工作。

A. 稽核

B. 会计档案的保管

C. 收入、费用、债权债务账目的登记工作

D. 现金保管工作

(5) 在上述案例中,违反会计法律相关规定的事实有(　　)。

A. 将会计部撤并到厂部办公室

B. 任命办公室主任朱某兼任会计负责人

C. 朱某的女儿调任出纳工作

D. 朱某的女儿兼任会计档案的保管

参考答案及详细解析

一、单项选择题答案

1. B

【解析】 本题考核增值税的应纳税额。应缴纳的增值税 = [500 + 11.7 ÷ (1 + 17%)] × 17% − 45 = 41.7(万元)。

2. C

【解析】 本题考核增值税的税率。

3. A

【解析】 本题考核税法的构成要素。

4. D

【解析】 本题考核免息还款期待遇。银行记账日至发卡银行规定的到期还款日之间为免息还款期。免息还款期最长为60天。

5. A

【解析】 本题考核支票的概念。支票是出票人签发的、委托办理票据存款业务的银行在见票时无条件支付确定的金额给收款人或持票人的票据。

6. C

【解析】 本题考核票据保证。《中华人民共和国票据法》规定:“保证不得附有条件;附有条件的,不影响对汇票的保证责任。”

7. D

【解析】 本题考核会计职业道德教育的途径。会计职业道德教育的途径中不包括专业技术资格考试。

8. B

【解析】 本题考核一般存款账户的适用范围。一般存款账户用于办理存款人借款转存、借款归还和其他结算的资金收付。

9. C

【解析】 本题考核行政处分的对象。行政处分是国家工作人员违反行政法律规范所应承担的一种行政法律责任,因此其处分对象为国家工作人员。

10. C

【解析】 本题考核诚实守信的基本要求。

11. A

【解析】 本题考核爱岗敬业的基本要求。爱岗敬业的基本要求是热爱会计工作,敬重会计职业;严肃认真,一丝不苟;忠于职守,尽职尽责。

12. D

【解析】 本题考核会计从业资格证书的适用范围。根据规定,会计从业资格证书适用于:①会计机构负责人(会计主管人员);②出纳;③稽核;④资本、基金核算;⑤收入、支出、债权债务核算;⑥工资、成本费用、财务成果核算;⑦财产物资的收发、增减核算;⑧总账;⑨财务会计报告编制;⑩会计机构内会计档案管理。

13. D

【解析】 本题考核会计工作的政府监督。会计工作的政府监督是一种外部监督，主要是财政部门代表国家对各单位和单位中相关人员的会计行为实施的监督检查，以及对发现的违法会计行为实施的行政处罚。

14. A

【解析】 本题考核财政授权支付程序的适用范围。财政授权支付程序适用于未纳入工资支出、工程采购支出物品、服务采购支出管理的购买支出和零星支出。包括单件物品或单项服务购买额不足10万元人民币的购买支出；年度财政投资不足50万元人民币的工程采购支出；特别紧急的支出和经财政部门批准的其他支出。

15. D

【解析】 本题考核企业财务会计报告的相关内容。根据规定，财务会计报告须经注册会计师审计的，企业应当将注册会计师及其会计师事务所出具的审计报告随同财务会计报告一并对外提供。但并不是所有的财务会计报告在上报有关部门前都必须经过注册会计师签字的。

16. B

【解析】 本题考核决算草案的审批。国务院财政部门编制中央决算草案，报国务院审定后，由国务院提请全国人大常委会审查和批准。

17. C

【解析】 本题考核预算执行的相关规定。各级预算由本级政府组织执行，具体工作由本级政府财政部门负责。

18. A

【解析】 本题考核《中华人民共和国会计法》。根据《中华人民共和国会计法》的规定，主管全国会计工作的政府部门是财政部。

19. C

【解析】 本题考核发票。发票的种类由省级以上税务机关根据社会经济活动的需要确定。

20. C

【解析】 本题考核参与管理。参与管理，简单地讲就是间接参加管理活动，为管理者当参谋，为管理活动服务。

二、多项选择题答案

1. ABC

【解析】 本题考查商业汇票的承兑。承兑是指汇票的付款人愿意担负起票据金额的支付义务的行为，或者说是付款人承诺到期将无条件地支付汇票金额的行为。商业承兑汇票可以由付款人签发并承兑，也可以由收款人签发交由付款人承兑。

2. ABCD

【解析】 本题考核违反银行结算账户管理制度的罚则。

3. BCD

【解析】 本题考核现金管理。不得未经批准坐支或未按开户银行核定的坐支范围和限额坐支现金，所以选项B错误；不准用单位收入的现金按个人储蓄方式存入银行，不准公款私存,所以选项C错误;不得“白条抵库”和设置“小金库”,所以选项D错误。

4. ABCD

【解析】 本题考核会计技能的内容。就会计职业而言,会计技能包括会计理论水平,会计实务能力,职业判断能力,自动更新知识的能力,提供会计信息的能力,沟通交流的能力以及职业经验等。

5. AB

【解析】 本题考核会计工作的政府监督。根据规定,县级以上人民政府财政部门为各单位会计工作的监督检查部门,对各单位会计工作行使监督权,对违法会计行为实施行政处罚。审计、税务、人民银行、证券监管、保险监管等部门依照有关法律、行政法规规定的职责和权限,可以对有关单位的会计资料实施监督检查。

6. AD

【解析】 本题考核政府采购的功能。选项B的表述体现的是“强化宏观调控”的功能;选项C的表述体现的是“活跃市场经济”的功能。

7. ABD

【解析】 本题考核会计账簿和结账的相关规定。根据《会计基础工作规范》的规定,库存现金日记账和银行存款日记账必须采用订本式账簿,不能采用活页式账簿。登记账簿时应当按经济业务发生和完成时间的顺序,逐日逐笔连续登记,不得跳行、隔页,并且必须每天结出余额。

8. BC

【解析】 本题考核国务院财政部门的预算职权。选项B、C的表述是全国人民代表大会常务委员会的预算职权。

9. ABCD

【解析】 本题考核预算法的意义。

10. CD

【解析】 本题考核个人所得税居民纳税人的认定。根据规定,居民纳税人的判定标准有两个:一是在中国境内有住所;二是无住所,但在中国境内居住满一个纳税年度,两个标准只要符合其中之一,即为居民纳税人。

11. BD

【解析】 本题考核会计行政法规的代表性文件。《企业会计准则——基本准则》属于会计部门规章,《小企业会计制度》属于会计规范性文件。

12. AB

【解析】 本题考核原始凭证的审核。根据规定,会计机构、会计人员对不真实、不合法的原始凭证有权不予受理,并向单位负责人报告;对记载不准确、不完整的原始凭证予以退回,并要求按照国家统一的会计制度的规定更正、补充。

13. BC

【解析】 本题考核会计机构的设置。各单位应当根据会计业务的需要设置会计机构,或者在有关机构中设置会计人员并指定会计主管人员;不具备会计机构设置条件的,可委托经批准设立从事代理记账业务的中介机构代理记账。

14. BCD

【解析】 本题考核会计从业资格考试报名基本条件。基本条件共三项,其中没有学历条件。

15. AD

【解析】 本题考核会计人员的工作交接。根据规定，会计人员调动工作、离职或因病暂时不能工作需要接替，应当办理交接手续。选项 B 没有“需要接替”的前提，所以错误。

16. ACD

【解析】 本题考核违反会计制度规定的法律责任。根据《中华人民共和国会计法》规定，应承担法律责任的违法会计行为包括：①不依法设置会计账簿的行为，是指违反《中华人民共和国会计法》和国家统一的会计制度的规定，应当设置会计账簿的单位不设置会计账簿或者未按规定的种类、形式及要求设置会计账簿的行为。②私设会计账簿的行为。是指不在依法设置的会计账簿上对经济业务事项进行统一会计核算，而另外私自设置会计账簿进行会计核算的行为，即常说的“账外账”。③未按照规定填制、取得原始凭证或者填制、取得的原始凭证不符合规定的行为。④以未经审核的会计凭证为依据登记会计账簿或者登记会计账簿不符合规定的行为。⑤随意变更会计处理方法的行为。⑥向不同的会计资料使用者提供的财务会计报告编制依据不一致的行为。⑦未按照规定使用会计记录文字或者记账本位币的行为。⑧未按照规定保管会计资料，致使会计资料损毁、灭失的行为。⑨未按照规定建立并实施单位内部会计监督制度，或者拒绝依法实施监督，或者不如实提供有关会计资料及有关情况的行为。⑩任用会计人员不符合《中华人民共和国会计法》规定的行为。

17. ABCD

【解析】 本题考核现金使用范围。

18. ABD

【解析】 本题考核银行结算账户的变更。银行结算账户的变更是指开户资料发生变更，包括存款人名称、单位法定代表人、住址等发生变更。

19. ABCD

【解析】 本题考核银行结算账户的分类。

20. ABC

【解析】 本题考核基本存款账户申请人范围。凡是具有民事权利能力和民事行为能力，并依法独立享有民事权利和承担民事义务的法人和其他组织，均可开立基本存款账户。另外，有些单位虽然不是法人组织，但具有独立核算资格，有自主办理资金结算的需要，包括非法人企业、外国驻华机构、个体工商户、单位设立的独立核算的附属机构等，也可以开立基本存款账户。

三、判断题答案

1. √

【解析】 本题考核增值税的纳税义务发生时间。采取直接收款方式销售货物，不论货物是否发出，其纳税义务发生时间均为收到销售额或取得索取销售额的凭据，并将提货单交给买方的当天。

2. ×

【解析】 本题考核会计职业道德教育的途径。会计职业道德的途径包括岗前职业道德教育和岗位职业道德继续教育。

3. ×

【解析】 本题考核个人银行结算账户。个人银行结算账户是指存款人有投资、消费、结算等需要而凭个人身份证件以自然人名称开立的银行结算账户。

4. √

【解析】 本题考核银行结算账户的撤销。

5. √

【解析】 本题考核财政收入直接缴库方式。

6. ×

【解析】 本题考核会计档案。会计档案,在会计年度终了后可暂由本单位会计机构保管一年。

7. ×

【解析】 本题考核集中采购。集中采购的范围由省级以上人民政府公布的集中采购目录确定。

8. √

【解析】 本题考核政府采购的功能。

9. √

【解析】 本题考核停业、复业登记。

10. √

【解析】 本题考核个人所得税的计算公式。

11. ×

【解析】 本题考核会计法律制度的概念。会计法律制度是指国家权力机关和行政机关制定的各种会计规范性文件的总称。

12. ×

【解析】 本题考核会计专业职务的概念。高级会计师为高级职务,会计师为中级职务,会计员和助理会计师为初级职务。

13. ×

【解析】 本题考核会计从业资格证书的概念。会计从业资格是指进入会计职业、从事会计工作的一种法定资质,是进入会计职业的"门槛"。有志从事会计工作的人员必须首先取得会计从业资格证书,才能从事会计工作。

14. ×

【解析】 本题考核初级会计专业技术资格考试。初级会计资格考试分初级会计实务、经济法基础两个科目,参加初级会计资格考试的人员必须在一个考试年度内通过全部科目的考试。

15. √

【解析】 本题考核会计机构的设置。

16. √

【解析】 本题考核支票的记载事项。

17. ×

【解析】 本题考核支票的概念。支票是由出票人签发的,委托办理支票存款业务的银行在见票时无条件支付确定的金额给收款人或者持票人的票据。

18. √

【解析】 本题考核办理支付结算的原则。银行是办理支付结算业务的中介机构,应按照付款人的委托,将资金支付给付款人指定的收款人,或者按照收款人的委托,将收款人所有的资金转账到收款人的账户上。这是银行应承担的责任。因此,在实际工作中,要将银行资金与存款人资金严格区分开来,二者不能混淆,银行在遇到出票人签发空头支票的情况时,不能垫款支付。

19. ×

【解析】 本题考核票据的签章。根据规定,票据和结算凭证上的签章,为签名、盖章或者签名加盖章。

20. √

【解析】 本题考核票据的功能。商业信用、银行信用的票据化和结算手段的票据化,是市场经济高度发展的重要标志之一。

四、案例分析题答案

1. (1)A

【解析】 王某对张某开具支票的行为中,支票基本当事人中出票人是王某,付款人是王某的开户行X市城南支行,收款人是张某。

(2)D

【解析】 根据规定,出票人签发空头支票的,应按票面金额处以5%但不低于1000元的罚款,16000×5% =800元,800小于1000,所以应该处以罚款1000元。

(3)B

【解析】 支票按支付票款的方式不同,分为现金支票、转账支票和普通支票。现金支票只能用于支取现金,不能用于转账;转账支票只能用于转账,不能支取现金;普通支票可以用于支取现金,也可以用于转账。

(4)AD

【解析】 现金支票只能用于支取现金,不能用于转账;转账支票只能用于转账,不能支取现金;普通支票可以用于支取现金,也可以用于转账。

(5)ACD

【解析】 王某在签发支票时使用普通的蓝色水笔填写,根据相关规定,签发支票时应使用碳素墨水或墨汁填写;王某在签发支票时没有签章,根据相关规定签发支票没有签章,支票视为无效;支票的出票人所签发的支票金额不得超过其付款时在付款人处实有的存款金额。

2. (1)BC

【解析】 一般会计人员办理交接手续,由单位的会计机构负责人(会计主管人员)负责监交。会计机构负责人、会计主管人员办理交接手续,由单位负责人负责监交,必要时上级主管部门可以派人会同监交。

(2)ABC

【解析】 会计法规定,各单位设置会计机构要根据本单位会计业务的需要具体决定。有三种办法:一是设置专门的会计机构;二是在有关机构中设置会计人员并指定会计主管人员;三是确实不具备设置条件的,应当委托经批准设立从事会计代理记账业务的中介机构代理记账。国有的和国有资产占控股地位或主导地位的大、中型企业还必须设置总会计师。

(3)ABC

【解析】《中华人民共和国会计法》规定,担任单位会计机构负责人(会计主管人员)的,除取得会计从业资格证书外,还应当具备会计师以上专业技术职务资格或者从事会计工作3年以上经历。

(4)ABC

【解析】 根据规定,会计工作岗位可以一人一岗、一人多岗或者一岗多人。但出纳人员不得兼管稽核、会计档案保管和收入、费用、债权债务账目的登记工作。

(5)BCD

【解析】《中华人民共和国会计法》规定,担任单位会计机构负责人(会计主管人员)的,除取得会计从业资格证书外,还应当具备会计师以上专业技术职务资格或者从事会计工作3年以上经历。朱某不具备会计机构负责人的任职资格;《会计工作基础规范》中规定:国家机关、国有企业、事业单位任用会计人员应当实行回避制度。单位负责人的直系亲属不得担任本单位会计机构负责人、会计主管人员;会计机构负责人、会计主管人员的直系亲属不得在本单位会计机构中担任出纳工作。朱某是会计机构负责人,其女儿不得担任出纳工作;出纳人员不得兼管稽核、会计档案保管和收入、费用、债权债务账目的登记工作,因此朱某的女儿兼任会计档案的保管是不正确的。

模拟试题二

一、单项选择题(本题共20题,每题1分,共20分)

1. 营业税的计税依据是(　　)。

A. 销售额　　B. 营业额　　C. 所得额　　D. 收入总额

2. 甲私刻乙公司的财务专用章,假借乙公司名义签发一张转账支票交给收款人丙,丙将该支票背书转让给丁,丁又背书转让给戊。当戊主张票据权利时,下列表述中正确的是(　　)。

A. 甲不承担票据责任　　B. 乙公司承担票据责任

C. 丙不承担票据责任　　D. 丁不承担票据责任

3. 在票据当事人中,由出票人委托付款或自行承担付款责任的人称为(　　)。

A. 背书人　　B. 出票人　　C. 收款人　　D. 付款人

4. 关于个人银行结算账户的使用,下列表达不正确的是(　　)。

A. 个人银行结算账户用于办理个人转账收付和现金支取

B. 个人银行结算账户具有普通转账结算功能

C. 不能通过个人银行结算账户使用支票等信用工具

D. 保险理赔款可以转入个人银行结算账户

5. (　　)的基本要求就是会计人员要有强烈的服务意识,服务要文明,质量要上乘。

A. 坚持准则　　B. 爱岗敬业

C. 诚实守信　　D. 强化服务

6. 某出票人于2月12日签发一张现金支票。根据《票据支付结算管理办法》的规定,对该支票"出票日期"中"月"、"日"的下列说法,符合规定的是(　　)。

A. 贰月拾贰日　　B. 贰月壹拾贰日

C. 零贰月零拾贰日　　D. 零贰月壹拾贰日

7. 中国现代会计学之父(　　)认为诚信是会计职业道德的重要内容。

A. 潘序伦　　B. 卢卡　　C. 金人庆　　D. 葛家澍

8. 会计人员对于工作中知悉的商业秘密应依法保密,不得泄露,这是会计职业道德规范中(　　)的具体体现。

A. 诚实守信　　B. 廉洁自律　　C. 客观公正　　D. 坚持准则

9. 根据规定,实行回避制度的单位,会计机构负责人、会计主管人员的直系亲属不得在本单位会计机构中担任(　　)工作。

A. 稽核　　B. 登记总账　　C. 出纳　　D. 成本会计

10. 根据《中华人民共和国会计法》的规定,财务会计报告不包括(　　)。

A. 会计报表　　B. 会计报表附注

C. 财务报告分析　　D. 财务情况说明书

11. (　　)是会计核算工作得以正常进行的前提条件。

A. 及时填制或取得原始凭证

B. 及时填制或取得记账凭证

C. 会计账簿登记

D. 会计账簿核对

12. 下列关于预算的编制,说法正确的是(　　)。

A. 预算草案是具有法律效力的国家预算

B. 预算的编制是国家制定取得和分配使用预算资金的年度计划的活动

C. 预算草案的编制并非是基础性的程序

D. 预算草案也是经过法定程序审查和批准的预算收支计划

13. 下列关于各级预算的执行和负责机构的说法中,正确的是(　　)。

A. 各级预算由本级政府组织执行,具体工作由地方人民代表大会负责

B. 各级预算由本级政府财政部门组织执行,具体工作由本级政府负责

C. 各级预算由本级政府组织执行,具体工作由本级政府财政部门负责

D. 各级预算由国务院组织执行,具体工作由本级人民政府负责

14. 国务院财政部门主管(　　)。

A. 全国的会计工作

B. 国务院各部门的会计工作

C. 财政部门的会计工作

D. 地方各部门会计工作

15. 作为我国的财政分配和宏观调控的主要手段,具有分配、调控和监督职能的是(　　)。

A. 地方预算　　B. 国家预算

C. 税收征纳　　D. 财政收入

16. 企业有下列(　　)情形的,不得领购开具增值税专用发票。

A. 借用他人增值税专用发票

B. 会计核算不健全,不能准确提供增值税进项税额、销项税额、应纳税额等资料

C. 私自印制增值税专用发票

D. 未按规定保管增值税专用发票

17. 根据《中华人民共和国税收征收管理法》的规定,税务机关有权对纳税人采取税收保全措施的情形是(　　)。

A. 纳税人账目混乱难以查账的

B. 纳税人未按规定期限办理纳税申报,经税务机关限期申报,逾期仍不申报的

C. 纳税人有明显转移、隐匿其应纳税收入迹象的

D. 纳税人有明显转移、隐匿其应纳税收入迹象且拒绝提供纳税担保的

18. 税务机关征收税款,必须向纳税人出具(　　)。

A. 完税凭证　　B. 收据

C. 发票　　D. 扣款凭证

19. 从事生产经营的纳税人未办理工商营业执照也未经有关部门批准设立的,应当自(　　)起30日内申报办理税务登记。

A. 纳税义务发生之日

B. 正式开业之日

C. 税务部门通知之日

D. 产生利润之日

20. 停业、复业登记适用于(　　)。

A. 所有纳税人

B. 实行定期定额征收方式的纳税人

C. 扣缴义务人

D. 小规模企业

二、多项选择题(本题共 20 题,每题 2 分,共 40 分)

1. 下列关于税法的构成要素表述正确的有(　　)。

A. 征税人是指税务机关,其他机构无权征税

B. 征税对象是区别不同类型税种的主要标志

C. 我国现行的税率主要有比例税率、定额税率和累进税率

D. 计税依据分为从价计征、从量计征和复合计征

2. 存款人在使用银行结算账户过程中,违反规定开立或不及时撤销银行结算账户的,正确的处罚表述为(　　)。

A. 非经营性的存款人,给予警告并处以 1000 元的罚款

B. 经营性的存款人,给予警告并处以 5000 元以上 3 万元以下的罚款

C. 经营性的存款人,给予警告并处以 1 万元以上 3 万元以下的罚款

D. 构成犯罪的,移交司法机关依法追究刑事责任

3. 下列情形中,存款人可以申请开立临时存款账户的有(　　)。

A. 设立临时机构　　B. 异地建筑施工

C. 注册验资　　D. 证券交易结算

4. 普及会计职业道德基础知识的目的,就是使广大会计人员养成良好的会计职业道德行为,包括(　　)。

A. 提高会计服务质量

B. 了解会计职业道德对社会经济秩序影响

C. 了解会计职业道德对会计信息质量的影响

D. 了解违反会计职业道德,不仅受到良心和道义上的谴责,而且还会受到惩戒和处罚

5. 下列各项情形中,应由会计从业资格管理机构责令限期改正的有(　　)。

A. 参加从业资格考试舞弊

B. 不参加继续教育

C. 未按照规定办理调转登记

D. 未按照规定进行信息更新

6. 下列关于会计职业道德和会计法律制度的关系的说法中,正确的有(　　)。

A. 两者在目标、调整对象和职责上具有统一性

B. 两者在内容上相互渗透

C. 两者在地位上相互转化

D. 两者在实施过程中相互作用

7. 下列关于会计档案的表述中,符合《会计档案管理办法》规定的有(　　)。

A. 单位会计档案经本单位会计机构负责人批准后可以对外提供查询

B. 单位会计档案销毁须经单位负责人批准

C. 保管期满但未结清债权债务的原始凭证,不得销毁

D. 正在项目建设期间的建设单位,其保管期满的会计档案不得销毁

8. 根据规定,政府采购的对象包括(　　)。

A. 货物　　B. 工程　　C. 服务　　D. 商标

9. 根据《中华人民共和国预算法》的规定,不属于全国人民代表大会预算职权的是(　　)。

A. 批准中央预算和中央预算执行情况的报告

B. 审查和批准中央预算的调整方案

C. 监督中央和地方预算的执行

D. 改变或者撤销全国人民代表大会常务委员会关于预算、决算的不适当的决议

10. 根据规定,下列关于背书表述正确的有(　　)。

A. 汇票转让只能采用背书的方式

B. 在汇票上记载“不得转让”字样的,不得转让

C. 背书是一种要式行为,必须符合法定的形式

D. 背书不得记载的内容包括附有条件的背书和部分背书两项

11. 根据《企业财务会计报告条例》的规定,会计期间分为(　　)。

A. 年度　　B. 半年度　　C. 季度　　D. 月度

12. 在下列税种中,属于行为税类的有(　　)。

A. 印花税　　B. 增值税　　C. 车辆购置税　　D. 企业所得税

13. 按照税法法律级次划分,可将税法分为(　　)。

A. 税收法律　　B. 税收行政法规

C. 税收规章　　D. 税收规范性文件

14. 下列关于居民企业缴纳企业所得税纳税地点的表述中,说法正确的有(　　)。

A. 企业一般在实际经营管理地纳税

B. 企业一般在登记注册地纳税

C. 登记注册地在境外的,以登记注册地纳税

D. 登记注册地在境外的,以实际管理机构所在地为纳税地点

15. 我国发票按其用途及反映的内容不同,可以分为(　　)。

A. 增值税专用发票　　B. 普通发票

C. 专用发票　　D. 行业发票

16. 国家预算的作用有(　　)。

A. 财力保证作用　　B. 调节制约作用

C. 反映监督作用　　D. 平衡收支作用

17. 下列对会计人员形成正确的会计职业道德认知的方法中,说法正确的有(　　)。

A. 学习有关的职业道德知识

B. 正确理解和掌握会计职业道德规范、道德理想和道德品质的基本内容

C. 提高自己判断和识别善恶的能力

D. 增强履行职责和道德义务的自觉性

18. 会计职业道德与会计法律制度的区别反映为(　　)。

A. 性质不同　　B. 作用范围不同

C. 表现形式不同　　D. 实施保障机制不同

19. 某单位领导要求本单位出纳员石某将收到的下脚料销售款 1 万元另行存放不入账。石某没有按照该领导的要求执行,而是按规定作为零星收入入账,致使该领导很不高兴。财务科长王某知道后对石某进行了批评,他提出作为会计人员应该服从领导安排,领导让干什么就干什么。请问财务科长王某的做法违背了会计职业道德规范中的(　　)。

A. 客观公正　　B. 坚持准则

C. 爱岗敬业　　D. 强化服务

20. 忠于职守、尽职尽责,要求会计人员忠实于(　　)。

A. 服务主体　　B. 家人和亲戚朋友

C. 社会公众　　D. 国家

三、判断题(本题共 20 题,每题 1 分,共 20 分)

1. 某综合性超市以批发和零售商品为主,其年应税销售额达到 90 万,应当向主管税务机关申请一般纳税人资格认定。(　　)

2. 单位租赁或者承包给其他单位或者个人经营的,以出租人或者发包人为纳税人。(　　)

3. 与借记卡和提款卡不同,信用卡不会由用户的账户直接扣除资金。(　　)

4. 会计人员继续教育中会计职业道德教育的内容主要包括:形势教育、品德教育和法制教育。(　　)

5. 需要增加或减少库存现金限额的,应当向开户银行提出申请,由开户银行核定。(　　)

6. 会计从业资格考试大纲由国务院统一制定并公布。(　　)

7. 单位内部会计管理制度是为搞好单位内部的会计工作管理而制定的一种内部工作制度,因此各单位应以自身类型和内部管理的需要进行制定。(　　)

8. 决算草案由各级政府、各部门、各单位,在每一预算年度终了后按照国务院规定的时间编制。(　　)

9. 我国预算采取的是农历年制,预算年度自农历 1 月 1 日起,至 12 月 31 日止。(　　)

10. 参加会计从业资格考试舞弊的,应由会计从业资格管理机构取消其考试成绩,对于已经取得从业资格的,可以由从业资格管理机构审定是否合格来决定是否撤销其资格。(　　)

11. 单位的法定代表人或主要负责人、住址以及其他开户资料发生变更时,应于 5 个工作日内书面通知开户银行并提供有关证明。(　　)

12. 纳税人申请办理变更税务登记时,应向主管税务机关领取《税务登记变更表》,如实填写变更登记事项、变更登记前后的具体内容。(　　)

13. 税收的固定性只包括时间上的连续性,不包括征收比例的固定性。(　　)

14. 年应税销售额超过小规模纳税人标准的其他个人、非企业性单位、不经常发生应税行为的企业可选择按小规模纳税人纳税。(　　)

15. 允许纳税人将购置物质资料的价值和用于生产经营的固定资产价值中所含的税款,在购置当期全部一次扣除的增值税是收入型增值税。(　　)

16. 纳入集中采购目录的政府采购项目,因特殊情况也可以实行分散采购。(　　)

17. 国务院财政部门编制中央决算草案,报国务院审定后,由国务院提请全国人民代表大会常务委员会审查和批准。(　　)

18. 会计人员违反会计职业道德,情节严重的,由财政部门吊销其会计从业资格证书。 ( )

19. 慎独既是一种道德修养方法,又是一种很高的道德境界。 ( )

20. 违反会计职业道德必将受到法律惩戒。 ( )

四、案例分析题(本题共2题,每题5个小题,每小题2分,共20分)

1. B市财政部门在对辖区内的一个生产企业进行会计法执法检查中发现下列问题:

(1)企业将生产用剩余废残料出售,共计18000元,因卖给的是私人废品回收站,回收站不要求开具收款凭证,该企业便另立账簿登记。

(2)对外报送的财务会计报告上没有单位负责人签章。该单位负责人厂长认为:财务会计报告专业性很强,看不懂,自己在财务会计报告上签字盖章也只是履行程序。企业对外报送的财务会计报告一律改由公司会计主管小刘一人签字盖章后报出。

(3)由于厂内部机构调整,将原来的档案管理部门撤销,一批保管期满的会计档案由厂长委派办公室主任在垃圾箱旁烧毁,其中有未了结的债权凭证。

(4)会计主管小刘对销毁会计档案的做法提出意见,告知厂长这样做违反了会计法规定,厂长认为会计主管故意在找茬,便将小刘解聘,同时宣布仓库保管兼记账员暂时兼任会计工作,等过一段时间再找新的会计来替代。

根据题意回答下列问题:

(1)将生产剩余废料出售不入法定账簿,下列表述错误的有( )。

A. 办理经济业务事项必须填制或取得原始凭证,并及时送交会计机构

B. 单位发生的各项经济业务应当在依法设置的会计账簿上统一登记核算,禁止设账外账

C. 因卖给的是私人回收站,可以不开具收款凭证

D. 卖方不要求开其收款凭证的,企业可以另立账薄登记

(2)公司对外报送的财务会计报告一律改由会计主管一人签字盖章后报出,下列表述正确的有( )。

A. 单位对外提供的财务会计报告应当由单位负责人和主管会计工作的负责人、会计机构负责人签名并盖章

B. 作为单位负责人应当依法对本单位的会计工作和会计资料的真实性、完整性负责

C. 作为单位负责人应当对本单位的财务会计报告的真实性、完整性负责

D. 作为单位负责人可以将权力下放由会计主管人员全权负责

(3)对保管期满的会计档案销毁应符合以下( )程序。

A. 应由单位档案管理机构会同会计机构编造销毁清册

B. 报单位负责人批准后,由单位档案部门和会计部门共同派员监销

C. 保管期满但未结清的债权债务原始凭证及其他未了事项的原始凭证不得销毁,应单独抽出立卷,保管到未了事项解决时为止

D. 正在项目建设期间的建设单位,其保管期满的会计档案不得销毁

(4)单位负责人对依法履行职责、抵制违反《中华人民共和国会计法》规定行为的会计人员实行打击报复的法律责任有( )。

A. 构成犯罪的,应当依法追究其刑事责任

B. 情节恶劣的,处3年以下有期徒刑或者拘役

C. 尚不构成犯罪的,属于国家工作人员的由其所在单位或者有关单位依法给予行政处罚

D. 尚不构成犯罪的,属于国家工作人员的由其所在单位或者有关单位依法给予行政处分

(5)仓库记账员兼任会计工作违反了下列(　　)条款。

A. 记账人员与经济业务事项和会计事项的审批人员、经办人员、财务保管人员的职责权限应当明确,并相互分离、相互制约

B. 对会计资料定期进行内部审计的办法和程序应当明确

C. 资产保管应该与资产会计记录的职责相分离

D. 货币资金收支与记账岗位应当分离

2. 某商业企业属于增值税小规模纳税人,5月有关购销业务如下:(1)购进服装100套,进价150元/套,取得普通发票,价款已付;另支付进货运费200元。取得运输单位开具的运输发票;(2)购入办公设备,取得普通发票,注明价款5500元;(3)销售服装80套,售价412元/套,开具普通发票上注明价款32960元,价款已全部收到;(4)转让厂房,取得转让收入100000元,厂房成本为80000元。

要求:根据上述材料,回答下列问题。

(1)下列关于增值税小规模纳税人的说法中,正确的有(　　)。

A. 从事货物生产或提供应税劳务的纳税人,以及以从事货物生产或提供应税劳务为主,并兼营货物批发或零售的纳税人,年应税销售额在50万元以下的,属于小规模纳税人

B. 从事货物批发或零售的纳税人,年应税销售额在80万元以下的,属于小规模纳税人

C. 年应税销售额超过小规模纳税人标准的个人、非企业性单位、不经常发生应税行为的企业,视同小规模纳税人纳税

D. 小规模纳税人应纳增值税与购进货物没有关系,购进货物的全部支出都将计入货物的成本

(2)小规模纳税人增值税的征收率为(　　)。

A. 3%　　B. 7%　　C. 10%　　D. 13%

(3)该企业销售服装应缴纳的增值税税额为(　　)元。

A. 960　　B. 988.8　　C. 966　　D. 976

(4)该企业转让厂房应缴纳的营业税为(　　)元。

A. 3000　　B. 4000　　C. 5000　　D. 6000

(5)下列各项说法正确的是(　　)。

A. 该企业外购服装可抵扣的进项税额为0

B. 该企业外购服装发生的运费可抵扣的进项税额为14元

C. 该企业购入办公用品可抵扣的进项税额为165元

D. 该企业可按3%的征收率计算可抵扣的进项税额

参考答案及详细解析

一、单项选择题答案

1. B

【解析】 本题考核营业税的计税依据。营业税的计税依据是营业额。

2. A

【解析】 本题考核票据伪造的责任承担。票据伪造行为中,对伪造人而言,由于票据上没有以自己名义所做的签章,因此不应承担票据责任。但是,如果伪造人的行为给他人造成损害的,必须承担民事责任,构成犯罪的,还应承担刑事责任。本题中,甲公司作为伪造人不承担票据责任,乙公司作为被伪造人由于没有以自己的真实意思在票据上签章,也不承担票据责任,但是丙公司和丁公司的签章是合法有效的,因此应该承担票据责任。

3. D

【解析】 本题考核票据的当事人。付款人是指由出票人委托付款或自行承担付款责任的人。

4. C

【解析】 本题考核个人银行结算账户的使用。个人银行结算账户也是可以使用支票等信用工具的。

5. D

【解析】 本题考核强化服务的主要内容。强化会计职业服务的基本要求就是会计人员要有强烈的服务意识,服务要文明,质量要上乘。

6. D

【解析】 本题考核票据的出票日期。

7. A

【解析】 本题考核诚实守信。

8. A

【解析】 本题考核诚实守信。诚实守信的要求是保密守信,不为利益所诱惑。

9. C

【解析】 本题考核会计人员回避制度。根据规定。单位领导人的直系亲属不得担任本单位的会计机构负责人、会计主管人员;会计机构负责人、会计主管人员的直系亲属不得在本单位会计机构中担任出纳工作。

10. C

【解析】 本题考核财务会计报告的内容。根据《中华人民共和国会计法》的规定,财务会计报告由三部分组成,即:会计报表、会计报表附注、财务情况说明书。

11. A

【解析】 本题考核原始凭证的填制。及时填制或取得原始凭证,是会计核算工作得以正常进行的前提条件。

12. B

【解析】 本题考核我国预算的编制。预算草案,是指各级政府、各部门、各单位编制的未经法定程序审查和批准的预算收支计划，因而不是具有法律效力的国家预算，因此选项 A、D 的说法错误；预算草案的编制是一种基础性的程序，因此选项 C 的说法错误。

13. C

【解析】 本题考核预算执行的相关规定。各级预算由本级政府组织执行，具体工作由本级政府财政部门负责。

14. A

【解析】 本题考核主管全国会计工作的部门。国务院财政部门主管全国的会计工作，县级以上地方各级人民政府财政部门管理本行政区域内的会计工作。

15. B

【解析】 本题考核国家预算的概念。国家预算作为财政分配和宏观调控的主要手段，具有分配、调控和监督职能。

16. B

【解析】 本题考核增值税专用发票的领购使用。选项 A、C、D 是经责令限期改正而仍不改正的，才不能领购和开具增值税专用发票。

17. D

【解析】 本题考核适用税收保全的情形。选项 A、B 的情形，税务机关有权核定其应纳税额；如果纳税人在税务机关规定的期限内有明显转移、隐匿其应纳税收入迹象的，税务机关可以责成纳税人提供纳税担保。但纳税人拒绝提供纳税担保或无力提供纳税担保的，经县级以上税务局（分局）局长批准，税务机关才可以采取税收保全措施，因此选项 C 是错误的。

18. A

【解析】 本题考核完税凭证。根据《中华人民共和国税收征管法》第三十四条规定，税务机关征收税款时，必须给纳税人开具完税凭证。

19. A

【解析】 本题考核开业税务登记的时间。

20. B

【解析】 本题考核停业、复业登记的适用范围。停业、复业登记适用于实行定期定额征收的纳税人。

二、多项选择题答案

1. BCD

【解析】 本题考核税法的构成要素。征税人是指代表国家行使税收征管职权的各级税务机关和其他征收机关。

2. ACD

【解析】 本题考核违反银行结算账户管理制度的罚则。

3. ABC

【解析】 本题考核临时存款账户。证券交易结算的存款人不可以申请开立临时存款账户，应开立专用存款账户。

4. BCD

【解析】 本题考核会计职业道德。会计职业道德观念教育是通过学习会计职业道德知识，树立会计职业道德观念，了解会计职业道德对社会经济秩序、会计信息质量的影响，以及违反会计职业道德将受到惩戒和处罚。

5. BCD

【解析】 选项A,若有此情形,在2年之内不得参加会计从业资格考试,并由会计从业资格管理机构取消其考试成绩,已取得会计从业资格的,由会计从业资格管理机构撤销其会计从业资格。

6. ABCD

【解析】 本题考核会计职业道德与会计法律制度的关系。

7. BCD

【解析】 本题考核有关会计档案的相关规定。选项A应当经过单位负责人的批准。

8. ABC

【解析】 本题考查政府采购的对象范围。政府采购的对象范围涉及货物、工程和服务。

9. BC

【解析】 本题考核全国人民代表大会的预算职权。

10. ABCD

【解析】 本题考查汇票的背书。

11. ABCD

【解析】 本题考核会计期间的划分。根据《企业财务会计报告条例》的规定,会计期间分为年度、半年度、季度、月度。

12. AC

【解析】 本题考核行为税包括的税种。选项B增值税属于流转税,选项D企业所得税属于所得税。

13. ABCD

【解析】 本题考核税法的分类。按照税法法律级次划分,可将税法分为税收法律、税收行政法规、税收规章和税收规范性文件。

14. BD

【解析】 本题考核企业所得税的纳税地点。除税收法律、行政法规另有规定外,居民企业一般以企业登记注册地为纳税地点;但登记注册地在境外的,以实际管理机构所在地为纳税地点。

15. AB

【解析】 本题考核发票的种类。发票的种类由省级以上税务机关根据社会经济活动的需要确定,按照不同管理工作的需要,我国发票按其用途及反映的内容不同。可以分为增值税专用发票,普通发票和专业发票。

16. ABC

【解析】 本题考核国家预算的作用。国家预算的作用包括财力保证作用、调节制约作用和反映监督作用。

17. ABCD

【解析】 本题考核会计职业道德修养环节。

18. ABCD

【解析】 本题考核会计职业道德与会计法律制度的区别。会计职业道德与会计法律制度的区别包括:①性质不同;②作用范围不同;③表现形式不同;④实施保障机制不同。

19. AB

【解析】 本题考核会计职业道德的内容。财务科长王某没有站在公正的立场上支持石某的做法,反而批评石某,并提出了错误的观点,很显然违背了会计职业道德规范中的“客观公正”和“坚持准则”的要求。

20. ACD

【解析】 本题考核爱岗敬业的基本要求。忠于职守主要表现为三个方面,即忠实于服务主体,忠实于社会公众,忠实于国家。

三、判断题答案

1. √

【解析】 本题考核增值税的纳税人。

2. ×

【解析】 本题考核增值税的纳税人。单位租赁或者承包给其他单位或者个人经营的,以承租人或者承包人为纳税人。

3. √

【解析】 本题考核信用卡的相关规定。与借记卡和提款卡不同,信用卡不会由用户的账户直接扣除资金。

4. √

【解析】 本题考核会计职业道德教育。

5. √

【解析】 本题考核现金管理。

6. ×

【解析】 本题考核会计从业资格的取得。会计从业资格考试大纲由财政部统一制定并公布。

7. ×

【解析】 本题考核单位内部会计管理制度的概念。根据我国《会计基础工作规范》的规定,各单位应当根据《中华人民共和国会计法》和国家统一的会计制度的规定,结合单位类型和内部管理的需要,建立健全相应的内部会计管理制度。因此,尽管内部会计管理制度是单位内部的一种工作制度,但其还必须遵循一定的原则,首先应以国家相关的会计法律制度为依据,而不能仅仅考虑单位的类型和内部管理的要求。

8. √

【解析】 本题考核决算的编制。

9. ×

【解析】 本题考核预算组织程序。我国采取的是公历年制。《中华人民共和国预算法》第十条规定,预算年度自公历 1 月 1 日起,至 12 月 31 日止。

10. ×

【解析】 参加会计从业资格考试舞弊的,两年内不得参加会计从业资格考试,并由会计从业资格管理机构取消其考试成绩,已取得会计从业资格的,由会计从业资格管理机构撤销其会计从业资格。

11. √

【解析】 本题考核银行结算账户的变更。

12. √

【解析】 本题考核变更税务登记。纳税人申请办理变更税务登记时，应向主管税务机关领取《税务登记变更表》，如实填写变更登记事项、变更登记前后的具体内容。

13. ×

【解析】 本题考核税收的特征。税收的固定性既包括时间上的连续性，又包括征收比例的固定性。

14. ×

【解析】 年应税销售额超过小规模纳税人标准的其他个人按小规模纳税人纳税；非企业性单位、不经常发生应税行为的企业可选择按小规模纳税人纳税。

15. ×

【解析】 本题考核增值税的概念。允许纳税人将购置物质资料的价值和用于生产经营的固定资产价值中所含的税款，在购置当期全部一次扣除的增值税是消费型增值税。

16. √

【解析】 凡属纳入政府集中采购目录的项目，必须参加政府集中采购。纳入政府集中采购目录，但因特殊情况不能参加集中采购的项目，必须报经相关部门批准后方可在法律、法规允许的范围内分散采购。

17. √

【解析】 本题考核决算的相关内容。

18. √

【解析】 本题考核会计人员违反会计职业道德行为的责任。根据规定，会计人员违反会计职业道德，情节严重的，由财政部门吊销其会计从业资格证书。

19. √

【解析】 本题考核会计职业道德修养的方法。

20. ×

【解析】 本题考核会计职业道德与会计法律制度的区别。有些会计人员没有很好的遵守会计职业道德，但不能说其违反了会计法律制度，因此也不一定受到法律的制裁。

四、案例分析题答案

1. (1) CD

【解析】 本题考核会计核算。《中华人民共和国会计法》规定，办理需进行会计核算的经济业务事项必须填制或者取得原始凭证并及时送交会计机构；各单位发生的各项经济业务事项应当在依法设置的会计账簿上统一登记、核算，不得违反《中华人民共和国会计法》私设会计账簿进行登记、核算。

(2) ABC

【解析】 本题考核财务会计报告。财务会计报告应当由单位负责人和主管会计工作的负责人、会计机构负责人(会计主管人员)签名并盖章；设置总会计师的单位，还需由总会计师签名盖章；单位负责人应当保证财务会计报告真实、完整。因此，本题中厂长的观点是违反法律规定的。

(3) ABCD

【解析】 本题考核会计档案管理。由单位档案管理部门会同会计机构根据保管期已满的会计档案和单位对这些档案的利用要求，提出销毁意见，编制会计档案销毁清册，列明所要销毁会计档案的名称、卷号、起止年度和档案编号、应保管期限、已保管期限、销毁日期等内容，单位档案管理部门和会计机构将编制好的会计档案销毁清册意见报本单位负责人，单位负责人对所要销毁的会计档案进行复核后在会计档案销毁清册上签署销毁意见；在对保管期满的会计档案进行整理以备销毁时，对于未结清的债权债务原始凭证和涉及其他未了事项的原始凭证，《会计档案管理办法》规定：一是此类凭证不得销毁，应当单独保管到未了事项完结后方可按规定的程序进行销毁，二是在会计档案销毁清册和会计档案保管清册中注明不予销毁的原因和单位立卷情况。

(4) ABD

【解析】 本题考核单位负责人对依法履行职责抵制违反《中华人民共和国会计法》规定行为的会计人员实行打击报复的法律责任。

(5) AC

【解析】 本题考核会计工作岗位设置。在设置会计工作岗位时，必须遵循"不相容职位相分离原则"。

2. (1) ABD

【解析】 根据《中华人民共和国增值税暂行条例》及其《中华人民共和国增值税暂行条例实施细则》的规定，小规模的认定标准是：①从事货物生产或者提供应税劳务的纳税人，以及以从事货物生产或者提供应税劳务为主，并兼营货物批发或者零售的纳税人，年应征增值税销售额(以下简称应税销售额)在50万元以下(含本数，下同)的；"以从事货物生产或者提供应税劳务为主"是指纳税人的年货物生产或提供应税劳务的销售额占全年应税销售额的比重在50%以上。②对上述规定以外的纳税人，年应税销售额在80万元以下的。③年应税销售额超过小规模纳税人标准的其他个人按小规模纳税人纳税。④非企业性单位、不经常发生应税行为的企业可选择按小规模纳税人纳税。

(2) A

【解析】 小规模纳税人增值税的征收率一律为3%。

(3) A

【解析】 销售服装应缴纳的增值税 $=32960/(1+3\%)\times 3\% =960$(元)

(4) C

【解析】 转让厂房应缴纳的营业税 $=100000\times 5\% =5000$(元)。

(5) A

【解析】 增值税小规模纳税人购进货物不允许抵扣进项税。